走向真实的学习

小学主题式综合实践活动
课程设计 30 问

杨 燕 邢至晖 编著

华东师范大学出版社
·上海·

图书在版编目(CIP)数据

走向真实的学习：小学主题式综合实践活动课程设计30问/杨燕,邢至晖编著. —上海：华东师范大学出版社,2021

ISBN 978-7-5760-1716-8

Ⅰ.①走… Ⅱ.①杨… ②邢… Ⅲ.①活动课程—课程设计—小学 Ⅳ.①G622.3

中国版本图书馆 CIP 数据核字(2021)第 114822 号

走向真实的学习：
小学主题式综合实践活动课程设计 30 问

编　　著　杨　燕　邢至晖
责任编辑　刘　佳
项目编辑　林青荻
特约审读　洪昱珩
责任校对　樊　慧　时东明
装帧设计　卢晓红

出版发行　华东师范大学出版社
社　　址　上海市中山北路 3663 号　邮编 200062
网　　址　www.ecnupress.com.cn
电　　话　021-60821666　行政传真 021-62572105
客服电话　021-62865537　门市(邮购)电话 021-62869887
地　　址　上海市中山北路 3663 号华东师范大学校内先锋路口
网　　店　http://hdsdcbs.tmall.com/

印 刷 者　上海华顿书刊印刷有限公司
开　　本　787×1092　16 开
印　　张　16.25
字　　数　163 千字
版　　次　2021 年 8 月第 1 版
印　　次　2021 年 8 月第 1 次
书　　号　ISBN 978-7-5760-1716-8
定　　价　58.00 元

出 版 人　王　焰

(如发现本版图书有印订质量问题,请寄回本社客服中心调换或电话 021-62865537 联系)

上海市黄浦区小学低年级主题式综合活动课程研究项目

项目指导：谭轶斌　陈群波

项目主持：杨　燕　邢至晖

项目组核心成员：（以姓氏笔画为序）

马园根　王　平　支　炜　卢　雨　杨　荣
余　祯　张　烨　张奕春　陈　瑾　呼琼霞
季峻岭　金　羿　傅　璟　虞怡玲

项目组成员：（以姓氏笔画为序）

王燕萍　朱　勤　朱惠芳　李激文　杨伟敏
杨洁慧　吴　玮　吴蓉瑾　谷　峰　张　敏
张　琦　张叶清　陆燕萍　秦蔚莲　钱　红
倪玉琴　高晓敏　程迎红　潘　琼

目 录

前　言　　　　　　　　　　　　　　　　　　　　　　　　　　　1

第一章　确立素养导向的课程目标　　　　　　　　　　　　　　1

主题式综合活动课程从"我与自己""我与社会""我与自然"三个维度入手，培育学生爱国爱党、勇于担当、勤于动脑、主动探究等价值观念、必备品格和关键能力。以课程目标为桥梁，实现国家培养目标与学校育人目标的均衡统一；厘清课程目标的取向，注重生成性目标和表现性目标的价值，进行整合性活动设计，实现学科知识的自然融入。结合学校实际，实现课程目标的校本化表达与诠释，培育特色课程，彰显独特的育人理念和办学特色。

第1问　主题式综合活动课程目标有何价值导向？　　　　　　　2
　　创意1-1　方言学习的乡土认同　　　　　　　　　　　　　7
　　创意1-2　头脑风暴　创新随行　　　　　　　　　　　　　10
第2问　主题式综合活动课程如何彰显学校育人理念和办学特色？　14
　　创意2-1　童心乐飞翔，仪式伴成长　　　　　　　　　　　17
　　创意2-2　垃圾分类从"新时尚"到"好习惯"　　　　　　20
第3问　如何在教育方针引领下对育人目标进行校本化表达和诠释？　25
　　创意3　"五会"目标　校本诠释　　　　　　　　　　　　28
第4问　主题式综合活动课程如何叙写凸显过程和经历的活动目标？　33
　　创意4　"我与自然＋"主题式综合活动课程活动目标体系建构　37

第二章　从生活出发生成课程主题　41

　　确定主题式综合活动课程的主题需要从学生实际生活出发，遵循学生年龄特点，尊重学生多样化的兴趣与需要。按照"选题要小，立意要巧，挖掘要深，效果要好"的标准进行课程主题设计。通过创设情境、任务驱动等方法培养学生的问题意识，并将有价值的问题转化为课程主题，回应学生的现实关切和实际需求；从跨学科角度选择学生感兴趣的主题，整合学科学习经验、活动经验和生活经验，实现学科学习经验的拓展、延伸与提升；通过挖掘和利用已有课程资源，不断更新和拓展，生成贴近学生生活，满足学生需求、凸显学校特色的课程主题。

第5问　　主题式综合活动课程如何从生活出发，了解、满足学生的兴趣和需求？　　42
　　　　　创意5-1　和风儿做游戏　　45
　　　　　创意5-2　消防小卫士　　48

第6问　　主题式综合活动课程如何将学生的问题转化为课程主题？　　52
　　　　　创意6　"我爱春夏"的有趣与有得　　55

第7问　　主题式综合活动课程如何拓展学生生活经验，以问题为导向确立课程主题？　　59
　　　　　创意7-1　书票小乐园　　61
　　　　　创意7-2　神奇水世界　　66

第8问　　主题式综合活动课程如何拓展学科学习经验，形成有价值的课程主题？　　71
　　　　　创意8　数字万花筒　　74

第9问　　主题式综合活动课程如何利用学校原有的课程和资源，将特色课程合理转化为课程主题？　　78
　　　　　创意9　立足特色校本课程的主题式综合活动课程建设　　80

第三章　设计递进性的实践活动与任务　　　　　　　　　85

在设计主题式综合活动课程内容时，需要基于活动目标要求，遵循学生成长规律，还要厘清主题、活动与任务之间的关系：主题统领各类活动，活动与活动层层递进，同时以任务推动活动。"综合实践活动课程的价值在学生活动过程中。"在实践中要依据不同类型活动的特点，整合校内外各种资源，创设真实的情境，设计有趣的任务，帮助儿童整体感知世界，引导儿童自主探究，学会自己解决问题，提高实践创新能力，让学生有所知、有所得、有所悟，真正做到融"综合性、实践性、主体性、创造性"于一体。

第 10 问　主题式综合活动课程中活动、主题、任务之间有怎样的关系？　　86
　　　　　创意 10-1　书上的魔法　　　　　　　　　　　　　　　　89
　　　　　创意 10-2　绿娃娃学本领　　　　　　　　　　　　　　　91

第 11 问　主题式综合活动课程如何通过专项练习提升活动的综合性？　　94
　　　　　创意 11　拓展阅读资源　助力学生成长　　　　　　　　　96

第 12 问　如何设计不同类型的综合实践活动？　　　　　　　　　　100
　　　　　创意 12　动手 DIY　　　　　　　　　　　　　　　　　103

第 13 问　主题式综合活动课程如何设计富有童趣、能引导学生自主学习的
　　　　　驱动性任务？　　　　　　　　　　　　　　　　　　　107
　　　　　创意 13-1　猜猜我是谁　　　　　　　　　　　　　　　109
　　　　　创意 13-2　用一颗种子让课堂"动"起来　　　　　　　112

第 14 问　如何在主题式综合活动课程实施过程中生成新任务、新活动？　117
　　　　　创意 14　玩转幸福豆　　　　　　　　　　　　　　　　119

第四章　丰富学生的实践性学习经历　　123

　　主题式综合活动课程要以学生的兴趣为出发点,引导学生积极参与,主动获取知识,分析并解决问题,逐步形成理性思维、批判质疑和勇于探究的精神;通过精心设计社会服务、设计制作、职业体验等活动,以任务驱动的方式积极引导学生在学习活动中获得生动、活泼、可持续的发展,在活动中培养学习能力,丰富学生的实践性学习经历,引导学生自主探索与深度学习;引导学生基于体验和感悟建构价值认知,在实践中不断调整优化,逐步形成稳定的价值体认。

第15问	主题式综合活动课程如何有效设计和组织开展考察探究活动?	124
	创意15　小小农场管理员	126
第16问	主题式综合活动课程如何有效设计与组织开展社会服务活动?	131
	创意16　社区义卖　爱聚思南	133
第17问	主题式综合活动课程如何有效设计与组织开展设计制作活动?	137
	创意17-1　金秋拾穗——动手制作树叶画	140
	创意17-2　设计制作,变废为宝	143
第18问	主题式综合活动课程如何有效设计与组织开展职业体验活动?	146
	创意18-1　体验地铁里的奥秘	148
	创意18-2　"探秘航海　圆梦蔚蓝"职业体验活动课程设计与实施	151
第19问	教师在主题式综合活动课程实施中的主要作用是什么?	155
	创意19　包青团	157
第20问	主题式综合活动课程中如何用任务单等工具引导学生自主探索与深度学习?	160
	创意20　小小道路规划师	162

第五章 关注活动过程与表现性的评价

对主题式综合活动课程的评价需要根据活动的目标综合选择评价方式以提升评价的有效性和合理性。常用的评价方式有观察法、调查法、档案袋法等。在实践中可以据学生特点和活动目标设置表现性评价任务,支持学生选择适合自己的个性化表达表现方式;运用恰当的语言引导学生进行自我反思与改进,如提供自我评价表、展示交流、反思日志等方式。评价时不仅要关注学生参与活动的态度、能力以及效果,还要关注教师对活动主题和教学目标设定的合理性、活动组织的有序性和灵活性以及指导和评价的及时性。

第21问　对主题式综合活动课程的评价应关注哪些方面?　　168
　　　　创意21　在评价中展现个性——寻找口琴中的音乐奥秘　　172
第22问　如何评价学生在主题式综合活动课程中的表现?　　175
　　　　创意22-1　任务导向,多维评价——动物世界大探秘　　178
　　　　创意22-2　评价贯穿活动全过程——乒乓世界奇妙之旅　　181
第23问　主题式综合活动课程如何支持学生选择适合自己的个性化
　　　　表达方式,表现性评价任务如何设计?　　185
　　　　创意23-1　走近神奇的朋友,走进生命教育　　189
　　　　创意23-2　设置情境化的表现性评价任务——寻找季节的变化　　192
第24问　主题式综合活动课程如何引导学生进行反思与改进?　　195
　　　　创意24　"书画童缘"活动评价策略　　198

第六章　保障主题式综合活动课程落地　201

　　主题式综合活动课程设计和实施具有较大的挑战性，教师需要变"单兵作战"为"协同作战"，不同学科教师合作形成教师团队。学校可以通过开展校本培训和教研，引导教师自主学习和反思等途径，提升教师设计和实施主题式综合活动课程的能力，增强课程的实效性。此外，需要建立详细的评价指标体系，基于客观评价，寻找问题和对策，有效整合校内外资源，提供多方保障，不断优化和改进主题式综合实践活动。

第25问　如何组建有利于主题式综合活动课程设计与实施的教师团队？　202
　　创意25　教师跨学科合作　开展主题式综合活动　205
第26问　如何提高教师设计与实施主题式综合活动课程的能力？　208
　　创意26　依托"戏剧课程"，加强教师培训，提升课程质量　210
第27问　如何评估主题式综合活动课程的实施成效？　214
　　创意27　基于目标，关注特性，设计多维评价　217
第28问　如何优化和改进主题式综合活动课程？　221
　　创意28　建工作群"直播课堂"　驻云端"动态管理"　225
第29问　主题式综合活动课程如何开发、利用好校内课程资源？　229
　　创意29　善用家长资源，推进主题式活动　232
第30问　主题式综合活动课程如何开发、利用校外课程资源？　236
　　创意30-1　开发社区资源：玩转石库门　239
　　创意30-2　博物馆里的美丽邂逅　242

后　记　247

前言

2017年,上海市启动了小学低年级主题式综合活动课程实践试点,让小学生"玩中学""做中学",以此来深化小学"零起点""等第制"的实施,进一步培养小学生的社会适应性,增强学生的学习兴趣和主动性。主题式综合活动课程以能力发展为目标,呼应了当前教育改革发展的趋势与要求。2017年以来,国家层面出台了《中小学综合实践活动课程指导纲要》《关于深化教育教学改革全面提高义务教育质量的意见》等文件,为高品质设计与实施低年级主题式综合活动课程指明了方向,也提出了更高的要求。

为促成儿童从幼儿园到小学的平稳过渡,全面落实教育部和上海市教委相关文件精神,促进儿童健康快乐成长,黄浦区率先开展了小学低年级主题式综合活动课程的整体试点。两年多来,黄浦区以"整体谋划、顶层设计,点上实验、点面结合"为路径,以"政府推动、项目引领、典型示范、整体推进"为策略,坚持区域层面的推动和学校自主实践相结合、坚持统筹规划和重点突破相结合、坚持项目研究和同步培训相结合、坚持学校特色和区域经验共享相结合。依托五大教育协作块,内合外联不断整合优质课程资源和教师资源,实现课程共享,内涵优化;发挥八所试点"种子校"的示范辐射作用,以点带面,引领全区各小学低年级主题式综合活动课程建设,集群式推进项目落地,开展内容丰富、形式多样、富有特色的主题式综合活动课程,满足学生的个性需求,成就学生的发展、教师的专业成长及学校特色形成的共赢局面。

在实践中我们不断深化项目内涵:遵循儿童立场探索学习形态变革,面向学生的生活世界,着力培育学生的价值观念、必备品格和关键能力,构建综合性、实践性的课程形态,激发和维持学生的学习兴趣,丰富学生的直接经验,从而顺利完成幼小衔接与入学适应;打破学科知识的逻辑,将真实生活中有价值的问题转化为课程主题，以问题的生发、探索与解决为主线串起各个活动；变革学习方式，强化体验式学习、探究式学习，引导学生亲历实践、自主探究，丰富学习体验；强化过程性评价、表现性评价、多元化评价，以融于活动过程的评价引领学生创新精神、实践能力和社会责任感等核心素养发展。

　　低年级主题式综合活动的实施，为黄浦区学校课程改革提供了新的抓手。我们立足实践，聚焦课程设计与实施中的重难点问题，依托原有的校本课程基础，精心设计符合儿童认知水平与特点的主题式综合活动课程。综合活动的设计从拓展型、探究型课程逐步渗透至基础型课程，体验式的学习方法逐步深入语数外等传统学科课堂，体现出鲜明的学习方式改革的效能。综合活动逐步从低年级向高年级延伸，全区呈现出别具一格、百花齐放的课程生态，推动课程改革向纵深发展。

　　本书是对区域推进小学低年级主题式综合活动课程思考与实践经验的阶段性总结，我们征集来自实践一线的真实问题，梳理形成主题式综合活动课程30问。基于问题导向，我们立足实践进行点上突破，面上推进，通过案例研究、分析和提炼，形成活动主题确定、活动任务设计、活动实施方式以及活动环境创设等策略、路径和工具，既有理念层面的深入思考，也有实践层面的鲜活事例。随着实践和研究的深入，主题式综合活动课程建设也必将产生新的认识、新的做法和新的工具。个中不足，相信随着今后深入研究，会不断得到完善。同时，也请各位读者批评指正。

　　谨以此书稿的问世，向在推进小学低年级主题式综合活动课程中奉献智慧、作出贡献的领导和专家、校长及教师，表示衷心的感谢。

第一章
确立素养导向的课程目标

主题式综合活动课程从"我与自己""我与社会""我与自然"三个维度入手,培育学生爱国爱党、勇于担当、勤于动脑、主动探究等价值观念、必备品格和关键能力。以课程目标为桥梁,实现国家培养目标与学校育人目标的均衡统一;厘清课程目标的取向,注重生成性目标和表现性目标的价值,进行整合性活动设计,实现学科知识的自然融入。结合学校实际,实现课程目标的校本化表达与诠释,培育特色课程,彰显独特的育人理念和办学特色。

第1问 主题式综合活动课程目标有何价值导向？

我们的经验：从"我与自己""我与社会""我与自然"三个维度入手，关注"价值体认""责任担当""问题解决""创意物化"四大目标培育学生爱国爱党、勇于担当、勤于动脑、主动探究等适应未来发展的价值观念、必备品格和关键能力。

上海市小学主题式综合活动课程从"我与自己""我与社会""我与自然"三个维度入手，着眼于"价值体认""责任担当""问题解决""创意物化"四大目标，注重培育爱国爱党、勤于动脑、勇于尝试、敢于表达等适应未来发展的价值观念、必备品格和关键能力。主题式综合活动课程从学生生活出发选取主题，围绕主题设计活动和学习任务，通过各类活动提供丰富、综合的学习经历，引导学生在"玩玩做做"中学习，引领学生认识并发展自我，参与并融入社会，亲近并探索自然，初步形成对自我、社会和自然的整体认识，养成良好的生活、学习和交往习惯，为学生后继学习和终身发展奠定基础，落实立德树人根本任务，培养学生核心素养。

一、以立德树人为导向，聚焦儿童价值体认的培养

主题式综合活动课程作为必修课程，与各学段的学科课程一起，共同承担着立德树人的根本任务；同时，又从自身的课程性质、任务、特点出发，在根本任务的落实中发挥着独特而重要的作用，其作用又聚焦于学生的价值体认中。2017年颁布的《中小学综合实践活动课程指导纲要》中，价值体认处于课程目标的首要位置，具有重要的价值导向作用。

主题式综合活动课程的价值附着在活动中，价值体认是在活动过程中孕育、形成和提升的。离开综合活动课程，离开综合实践活动中的问题探究、行为观察、现象分析，就不可能有价值的透射和生成。但价值又总是透过事实，看到理想的光芒，听从理想的召唤。因此，在综合活动课程中，价值体认不仅要通过具体的事

件,体认出具体的价值来,更为重要的是要有崇高、伟大的理想追求。这一崇高、伟大的理想追求就是中华民族复兴的中国梦。这样的价值体验才是更有积极意义的,也才是最为根本的责任担当,问题解决、创意物化也才有正确的方向感和鲜明的价值定位。

实现价值体认目标的行动逻辑是:价值体验——价值澄清——价值内化——价值引领,这是一条相互衔接、相互依存、相互支撑的价值链。价值体验是基础,价值体认总是从价值体验开始,而价值体验是一个以身体之、以心悟之的过程。价值澄清是价值体认的关键,价值澄清是对价值的梳理和分析的过程,是对价值体验进行辨别和选择的过程,在这一过程中"积极意义"才会显现出来。价值体验和价值澄清是对价值的筛选,其目的则是要让价值内化,即从价值认知走向价值认同,让理想的价值种子栽种在学生的内心深处。价值在内化之后,一定会外显出来,引领实践的方向,引领社会主义核心价值观的培育和践行。[①] 因此,主题式综合活动课程要从立德树人的根本要求出发,设定合理的目标要求,遵循活动内容及其组织原则,设计活动方式,把握关键要素,促使综合活动课程在价值轨道上运行,最终形成价值信念、价值信仰,这样立德树人的根本任务就会有效地落实在其中。

二、以多元活动为载体培养责任担当,提升儿童综合素质

责任担当既是对中华民族传统文化的继承和发展,也是社会主义核心价值观的重要体现,更是教育实现从培养人到培养合格的社会公民的重要途径。责任担当同时作为《中小学综合实践活动课程指导纲要》的四大目标之一和《中国学生发展核心素养》的六大模块之一,可见其重要地位。上海市小学主题式综合活动课程也十分重视对于学生责任担当意识的培养与塑造,力图帮助儿童通过参与各类各项活动,在小学阶段实现"围绕日常生活开展服务活动,能处理生活中的基本事务,初步养成自理能力、自立精神、热爱生活的态度,具有积极参与学校和社区生活的意愿"的目标。

---

① 成尚荣:《价值体认:综合实践活动课程核心目标的价值引领》,中华人民共和国教育部网,http://www.moe.gov.cn/jyb_xwfb/moe_2082/zl_2017n/2017_zl60/201710/t20171030_317774.html,检索日期 2017 - 10 - 30。

责任担当强调学生在社会生活中承担的责任和使命,强调其为建设和谐社会所应履行的义务。即当个体具备了一定的道德修养和正确的价值观后,能够主动履行社会义务、承担社会责任。它既要求学生能够从自身出发,自尊自律,主动作为,履行社会、家庭赋予的使命,又要求他们具有明辨是非和判断对错的能力,积极履行公民义务,理性行使公民权利,当遇到不平之事时,还能够自觉维护社会的公平和正义。①

对于小学生责任担当意识的培养,既是综合实践活动课程发展的迫切呼唤,也是提升学生综合素质的现实需求。主题式综合活动课程意在打破传统学科知识的壁垒,创设贴合实际应用的学习情境,强调学生的综合知识与技能,认识、分析与解决问题,提升综合素质。通过引导儿童走进生活,走进自然,利用自己真实的实践体验感悟自我的成长、社会的义务和对自然的敬畏之心,奠基参与未来社会生活的强大竞争力;同时引领学生进行跨界学习,进一步促进以创新精神、实践能力为重点的综合素质的提高,进而培育学生的核心素养。

三、关注个人、社会、自然的内在联系,培养儿童问题解决能力

儿童有着独特的心理特征和精神生活,游戏、画画、唱歌、跳舞、交流、探究、接触大自然等都是他们真实的需要。上海市小学主题式综合活动课程充分遵循儿童立场,从儿童的生活出发设计主题,利用主题来有效统整各类学习内容,以实践、体验、探究为主要活动形式,引导儿童整体感受和探索世界,为学生开辟了一条与之生活于其中的世界交互作用、持续发展的渠道,倡导学生整体认识与体验自我、社会和自然之间内在联系。

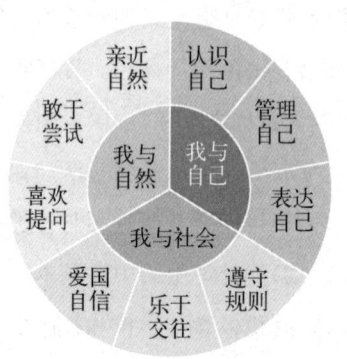

图 1-1 主题式综合活动课程目标结构图

《上海市小学低年级主题式综合活动课程指导纲要(征求意见稿)》提出,小学低年级主题式综合活动课程旨在引领儿童认识并发展自我,参与

---

① 郅广武:《学生发展核心素养中的责任担当意识探析》,《中国教育学刊》,2017 年第 S1 期。

并融入社会,亲近并探索自然,初步形成对自我、社会和自然的整体认识。从儿童的家庭、社区、校园和自然环境等真实生活中寻找主题,关注个人、社会、自然的内在联系,整合利用各类课程资源,注重儿童价值观念、必备品格、关键能力和个性特长的培养。

(一)"我与自己":体验生命成长,培养问题解决能力

上海市小学主题式综合活动课程的重要理念之一即是遵循儿童立场,关注学生生命成长,引导学生认识并发展自我,积极参与各项有益身心健康的活动,在过程中养成良好的生活习惯,培养儿童的问题解决能力。学校可依据学生的认知水平,贴近学生生活实际,各有侧重,梳理、确定各年级的综合实践活动课程目标。教师可以根据学生情况设计简单可行的班级主题式综合活动,如成长礼、放学礼、升旗礼等,让学生在主题式综合活动中感受、经历和成长。

此外,"问题解决"是每一门课程都着力培养的重要能力之一,学科课程中的问题解决侧重于知识的探究与学以致用,而综合活动课程中的问题解决在知识探究与学以致用的基础上更加注重问题选择的开放性、社会性、价值性,综合活动中的问题不受任何一门学科的限制,问题与学生的兴趣相关联、与社会发展相关联、与现实需要相关联,这样的问题更能激发学生参与实践体验的兴趣,更有助于培养学生问题解决的意识与能力。

(二)"我与社会":参与社会生活,塑造多维优秀品质

上海市小学主题式综合活动课程注重从儿童的家庭、社区、校园和自然环境等真实生活中寻找主题,关注生活热点,整合利用各类课程资源,从校内到校外社区场馆、德育基地等,为学生创造更多、更广域的教育情景,帮助他们在活动过程中学习关注周围的人和事,关心尊重他人以及体验参与社会生活的责任与义务,塑造爱国自信、团结互助、文化认同等多维度的优秀品质。

例如"欢乐社区"主题,即是以社区为载体,从校园周边环境、社区布局及功能(如派出所、居委会、社区服务站)等方面入手,开展参观、讨论、游戏、绘画等活动,帮助儿童了解社区环境、结构,知道并逐步接受群体的生活方式、行为规范,建立其安全感和初步的规则意识。"伟大的祖国"主题,则是在了解五星红旗、国歌的基础上,感知中国具有代表性的省、市、自治区等地方,感受各地的民俗,培养学生

接纳、尊重、爱国、自信等品质。

(三)"我与自然":激发探究兴趣,树立环保节约意识

上海市小学主题式综合活动课程强调以尊重每一个学生的兴趣、爱好与特长为前提,仔细观察他们的兴趣和关注点,选择合适的活动主题和内容开展综合活动。兴趣是最好的老师,儿童本身对周围世界有强烈的好奇心。学生对活动主题感兴趣,参与度自然就高,教师在过程中就能引导学生积极探索和思考,让他们在过程中学会提出问题并自主探究,探索自己感兴趣的、与日常生活和社会密切相关的现象和浅显的规律,逐渐培养孩子用感官和简单工具进行观察、测量、调查、实验和记录的能力。同时树立亲近自然、爱护自然的意识,爱护身边的动植物和自然环境,具有保护环境和节约资源的意识和行为。

例如"我们的地球"主题,即是以地球为载体,引导学生从地球上常见的现象(如昼夜更替、天气现象、自然灾害等)、物质(水、空气、土壤等)、自然环境入手,开展观察、交流、实验、制作等各种活动,初步了解我们生活的地球,感受地球自然环境的美,激发探究自然的兴趣,产生亲近自然、热爱自然的情感,激发探究宇宙的兴趣。"绿色的生活"主题则是以环境保护为载体,引导儿童从身边的生活环境、校园环境、自然环境、节约用水、节约用电、有毒有害物品的处理等方面入手,开展观察、记录、调查、制作、实验等活动,关注身边的环境问题,感受保护环境的意义,树立保护环境、节约资源的意识。

四、鼓励儿童在实践中创新,实现创意物化

"创意"是打破常规,是思维的碰撞,是智慧的闪现,是破而立的创造过程。"物化"是把创意、设想转化为实际作品的过程,考查的是学生综合运用各种知识解决问题的能力。综合言之,创意物化就是将开创性的想法、构思等精神形态转化为物质形态的过程。创意物化作为《中小学综合实践活动课程指导纲要》的四大目标之一,在小学阶段的具体目标是"通过动手操作实践,初步掌握手工设计与制作的基本技能;学会运用信息技术,设计并制作有一定创意的数字作品。运用常见、简单的信息技术解决实际问题,服务于学习和生活。"

创意物化目标强调"实践""探索"的重要性,目的是让学生在学以致用的造物

过程中,激发学习兴趣,提高实践能力,加深对知识的理解。这一目标的实现不仅需要"设计制作"活动和"造物"工具的支持,还需要综合应用多学科知识与能力。只有重视创意物化目标,才能让综合实践活动从普通的学生活动升级为能激发学生高阶思维的跨学科学习活动。①

在实践过程中,学校和教师经常遇到的困惑是:小学生的创意从哪里来？如何落地？上海市小学主题式综合活动课程注重坚持儿童视角,强调创意的主题源于儿童的生活,求异思维则是创意的重要源泉。因此提倡教师要创设安全、平等的学习氛围,鼓励学生大胆地联想和想象,敢于质疑权威,发表不同的见解,不拘泥于常规,培养学生的求异思维,在反思中促进创意的产生。创意物化的实现路径则是,在学习生活情境中确立主题——在研究中转化主题——在实践中解决问题——在创意制作中回应现实。除此之外,上海市小学主题式综合活动课程还强调充分相信儿童的创造力,善于发现儿童在活动中的问题,将问题转化为主题,在活动中拓展活动时空和活动内容,为儿童自主活动留出余地,最大程度助力创意物化目标的实现。

创意 1-1　方言学习的乡土认同

一、研究编制科目纲要,形成课程框架体系

为彰显课程鲜明的本土文化特征,我们在课程开发中对于建构上海特色的海派文化情境投注了更多的精力,积极树立乡土语言资源观,增强乡土方言认同感。作为科目纲要,所筛选的各个专题内容不仅要符合学生、学习、社会发展需要,还要根据学生的身心发展规律和课程运行规律进行合理安排统筹规划。如"基础认知"模块中我们选择了"欣赏了解沪语历史"这一主题作为课程伊始,提出了"初步了解沪语的发展历史,知道上海方言的多种表现形式"的要求;在"自主选择"模块中,我们围绕"数字""时间""天气""景点"等不同主题开展专题教学;在"综合呈现"模块

---

① 张春莉,王艳芝,程黎,王本陆,胡巍森:《创意物化的理论探析与实践思考》,《中国教育学刊》,2020年第9期。

中，我们以"沪语等级考"为载体，促使学生以考官和考生的双重身份参加沪语水平能力小测试，课程教师最后对考官和考生的表现运用即时评价系统进行评价。这种安排使得整个专题内容在纵向以三大板块为纬，由浅入深，分层推进，构成系列，在横向以十大主题为经，围绕中心、环环相扣、融为一体，整个内容经纬交织、纵横相联、社会需要与学生自我发展需要有机结合，构成了一个有机统一的整体。

"沪语小学堂"蓬莱小镇课程科目纲要

科目背景

  "沪语小学堂"是蓬莱小镇第一社区中的一个科目，通过主题性的活动学习，让学生掌握上海话的基本发音方法和一些常用词汇，以童谣诵读、情景对话、小品编写、说唱表演等形式，激发学生想说上海话、能说上海话、爱说上海话的兴趣，使上海方言文化得以传承。

科目目标

  1. 激发学生对上海话的使用兴趣，使上海方言得以传承。
  2. 掌握上海话的基本发音方法和一些常用词汇。
  3. 能够借助上海方言，在特定的场合交流和使用。
  ……

二、开发教学资源，整合知识材料，完成活动手册的撰写

  为了确保读本的编写质量，我们先确定了专题的编写体例与要求。每个专题均由"唱一唱""读一读""讲一讲"三个基本部分构成，再根据实际素材增加"连一连""猜一猜""演一演"等拓展内容，力求增加学生对沪语的体验感和使用感。所选择的语言材料真实、典型、具体、有趣，能密切联系学生的现实生活世界，有较好的引导性和趣味性，目的是引起学生学习的兴趣。活动形式要注意与内容相适应，可设计娱乐式、欣赏式课程，让学生在轻松愉悦中受到乡土语言的启迪和教育；针对容易引发争议的素材，可选择讨论式、探究式课程，让学生通过思维碰撞、观点交锋来消除分歧。

  编写出教材后，我们采取了两条腿走路的方式，一是把教材交给有关专家、教师、家长乃至社会有关人士去阅读，请他们提出修改意见；二是在课程中进行试点，让学生与教师在活动后，提出意见和建议，再对专题内容进行增删修改，通过

多次反复修改,直到大家都觉得满意才定稿,定稿后再正式出版,全面实施。

三、依据学习内容尝试学习活动新方式,整合各类活动资源

我们把握方言学习内容特点,整合各类资源,尝试学习活动的新方式,实现学与用有机统一,收获良好教学实效。这里我们从两个方面进行探索:

(一)探索教学新程序,实现"学"与"用"有机统一

我们将方言教学中的"学"与"用"两个环节有机地结合到一起。其操作程序是:设计教案——导读引思——活动(游戏)体验——评议交流。如在感受沪语方言多样性表演形式的魅力时,我们指导学生打着拍子学习上海说唱《金陵塔》:金陵塔,塔金里格陵,金陵宝塔第一层,一层宝塔有四只角。四只角上有金铃,风吹金铃旺旺响,雨打金铃唧呤又唧呤,这座宝塔造的真伟大,全是古代劳动人民汗血结晶品啊,名胜古迹传流到如今……"小镇民们"在学习了经典的沪语童谣和说唱后,还自编动作进行表演。由于该模式把"学"和"用"结合到一起,无论是对沪语有一定基础的学生还是零基础学生都能在课程中有新的收获。

图1-2 "小镇民们"课程活动

(二) 利用各类活动机会,实现课堂之外的教学新收获

在每一次活动中,我们围绕"环保""阅读""足球"等学生关心的热点问题,设计活动方案。将"沪语小学堂"的活动模式通过校园嘉年华的平台辐射至全校师生,增强师生们的沪语文化认同感。此外,我们还与上海滑稽剧团、新闻晚报、新闻坊等社会媒体合作,让更多"沪语小学堂"的"小镇民们"有机会走出校园一展风采,而且还促使学校与社会形成沪语教学的合力,为学生创造了良好的环境与氛围,提高了方言教学的效果。

(上海市黄浦区蓬莱路第二小学　郑凯)

创意 1-2　头脑风暴　创新随行

一、背景陈述

OM头脑奥林匹克创新活动是曹光彪小学坚持20多年的传统项目,是涵盖科学、艺术、技术、动手DIY等多个领域的创新项目,学校曾获该项目世界冠军6个。为了传承学校特色项目,让更多学生参与活动,感受创新氛围、获得创新支持和体验,学校2012年起开发普及课程。

2018年,随着低年级主题式综合活动课推进,学校将原有课程进行二次开发,形成二年级主题式综合活动——OM启蒙,引导儿童"做中学""玩中创新",感受、体验与探索真实世界的创新活动,增强创新意识。

案例所描述的"圈圈变变变"是"OM启蒙"主题下"我与社会"维度的子主题,内容包括"圈圈脑力大爆炸""圈圈变形记""吃豆人变身记""吃豆人大创意"。通过让学生在想一想、说一说、做一做中体验"头脑风暴——创意设计——动手制作——产品发布"这一创新过程,感悟创新与生活的关系,体验创新并不是难事,从而更好地激发创新需求。

二、案例描述

1. 主题的选择

孩子们的世界充满想象、充满童趣。一个普通的圈圈,添上几笔就会"变身"

成光芒四射的太阳、顽皮的气球、好吃的苹果……几块简单的吃豆人的拼图可以被想象为美味的披萨、自由的小鱼、大声说话的娃娃……当孩子们把奇思妙想记录下来，用简单的材料把想法变成作品、甚至商品时，成功的体验让他们充满兴趣和成就感，创新的种子在心中萌芽，静待花开。

2. 基于创意物化目标导向下的内容选择与教学任务设计

基于主题，根据学生的年龄特点、思维发展水平，设计了四个内容："圈圈脑力大爆炸"，说一说"圆圈像什么？给圆添上几笔使它成为另一样东西。"圈圈变形记"，创意拼搭不同大小圆的组合。"吃豆人变身记"，在前两个活动基础上创意吃豆人拼图动画角色。"吃豆人大创意"，创编吃豆人拼图连环画书。

前两课采用个别发言、小组交流、开火车说等方法让学生从不敢说到开口说再到不停地说，在头脑风暴和老师点赞中脑洞大开，思维的流畅性和发散性得到训练和提升，后两课则更侧重于学生的创意设计和创新体验。

3. 活动实施中的小发现

实施"吃豆人变身记"时，骆老师先拿出演示拼图 ![吃豆人] 让大家拼。小贺首先拼出了小鱼 ![小鱼]，汪汪接着拼出小树 ![小树]，受到启发的孩子们纷纷举起手来。随即骆老师给每人发了材料，要求独立拼出5个不同的答案。随后小组交流相当踊跃，有的拼出了自然现象山间日出、八月十五的月亮、有人拼出了食物匹萨和小花，还有人拼出了说话的人、流口水的娃娃等。

"吃豆人大创意"是综合任务，要求利用多个吃豆人拼图小组合作完成一幅拼图连环画。由于拼图造型简单、纸片和固体胶的粘合对孩子没有任何难度，因此创意活动很顺利。孩子们的作品也充满了童趣。

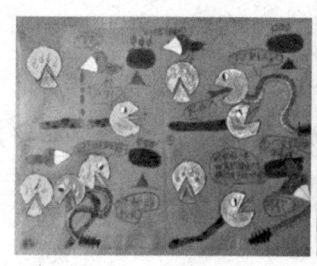

图1-3 活动展示与作品展示

课后学生兴奋地七嘴八舌：有的说小组里连环画的故事是自己编的，有的秀自己画的作品，还有孩子说感觉自己在出书。

学生的感言引起骆老师思考，如果把活动设计成模拟真实社会生活中的"新书策划、设计和发售"学生会有不同的体验吗？

4. 课程设计的小调整

第二个班的"吃豆人大创意"在"新书发布"筹备会的生活情境中展开。创编连环画变成了"编书"和"卖书"。

学生们你一言我一语地确立了主题和书名。骆老师将原设计中整张连环画的彩纸切割成小纸片，改变后每个学生都成了"小书"的编写者之一，负责一页。课堂展示环节，骆老师把纸片装订成册，一本本小绘本诞生了，有小组以组员生活为素材创编《胡同学的一天》，拼图时纸片一会儿被当做主人公的脑袋、一会儿变身食物匹萨、一会儿又成了宠物小刺猬。有的小组创编了《春游》，讲述了拼图一家野外郊游的故事，还有的小组编了《女孩变身公主的故事》。各小组讲述了绘本故事并进行了推销。之后骆老师又将各小组的新书复印，全班赠阅分享。

活动总结时骆老师组织学生交流新书的创作过程——"头脑风暴——创意设计——动手制作——产品发布"，告诉他们这就是一般产品的创意流程，大家纷纷表示创新并不是难事，大家都可以做到。传统的课程内容在创意物化的目标导向下，经过生活情境、真实任务的改造，让学生有了更多的创新体验和感悟。

三、反思进阶

1. "玩中学"是实现创意物化价值导向的基础

案例中的多个任务骆老师都没有给出标准答案，给予学生充分"玩"的空间。

在说一说游戏中不断给出答案,思维的流畅性和发散性得到提升。在拼一拼和创编游戏中一直保持"脑洞打开"状态,学生的新书作品涉及校园生活、卡通故事、科幻世界……思维相当活跃,玩得很开心。

2. 设计接近真实生活中的任务驱动让创意物化价值导向落到实处

让学生在自然真实、模拟真实的问题及应用情境中体会、学习和应用知识,激发学生参与活动的动机。学生在课堂上完成的真实任务越多,应用现实生活知识的机会也就越多,解决问题能力也就越强。

案例中"吃豆人大创意"原设计是创编连环画,调整为编书后更接近真实生活情境,在课堂上学生模拟了生活中做出某种实际作品或"产品"的过程,历经了"头脑风暴——创意设计——动手制作——产品发布"的过程,人人参与任务,有了实实在在的"获得感"。相信这段创新经历一定会让孩子们感受到创新带来的快乐。

(上海市黄浦区曹光彪小学 骆琳)

第2问　主题式综合活动课程如何彰显学校育人理念和办学特色？

我们的经验：通过主题式综合活动课程建设，打造课程特色，进而培育特色课程，彰显学校独特育人理念和办学特色，最大程度凸显课程育人价值，实现主题式综合活动课程育人功能。

课程作为落实学校育人理念和育人目标的载体，是打造和凸显学校育人特色的重要抓手。主题式综合活动课程作为基于学生直接经验、密切联系学生自身生活和社会生活、体现对知识综合运用的课程形态，在这方面潜藏着巨大能量，发挥了重大作用。

一所学校的办学特色必定是由课程的特色来呈现的，课程特色作为学校特色课程培育的基础，对于特色课程的发展具有助推作用。而特色课程是学校育人特色的载体，凸显学校育人的特质。通过主题式综合活动课程建设，打造课程特色，培育特色课程，进而凸显学校育人特色，是学校办学质量和品位提升的必由之路。

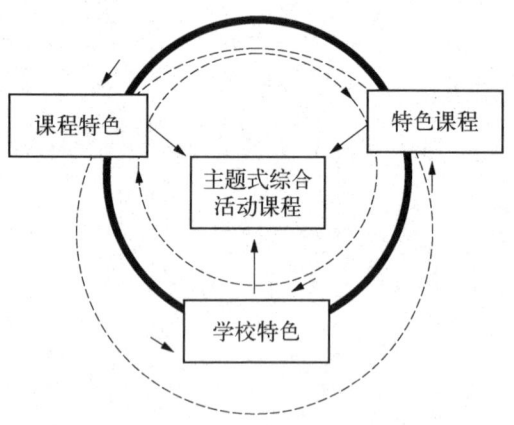

图1-4　主题式综合活动课程与课程特色、特色课程及学校特色的关系

一、以主题式综合活动课程为抓手，打造课程特色

对学校课程的开发与建设而言，如何在众多的课程中脱颖而出，凸显出独一无二的课程特色？主题式综合活动课程为这一问题的回答提供了很好的思路。

在我国基础教育新课程体系中，综合实践活动课程是一种与各学科课程领域有着本质区别的新的课程领域,是我国基础教育课程体系的结构性变革。对任何一所学校而言,综合实践活动课程是其学校文化的有机构成,集中体现着学校课程特色。因此,学校可以以主题式综合活动课程为有力抓手,打造课程特色,并使其成为特色学校建设的重要环节。

在厘清这一思路之后,进一步需要思考的则是如何通过主题式综合活动课程的开发实施实现打造课程特色的目标?对这一问题的回答可以从以下三个角度进行考虑,即:人无我有、人有我优、人优我精。首先是"人无我有"的蜕变,要想凸显与众不同的课程特色,学校的首要工作是进行背景分析,即系统梳理学校已有课程的历史传承和未来的发展路径与方向以及区域内其他学校相关课程的特长所在;其次是"人有我优"的优化,想要使开发的主题式综合活动课程不断完善、持续改进,学校必须对课程内容、结构、评价等多要素进行持续的打磨与雕琢,使之在保持独树一帜特色的同时凸显其与其他相关课程的质量超越;最后则是"人优我精"的进阶,即在继续保持和发展其课程特色的前提下,通过进一步完善、革新,使之成为学校的精品课程,并在一定区域范围内脱颖从而发挥辐射影响作用。

二、以课程特色为依据,培育学校特色课程

课程特色的凸显,使学校特色课程的建设有了最重要的依据。学校立足学生各异的课程需求,出于不同的课程目标,依托独特的课程资源,开发出形态各异的主题式综合活动课程,呈现出百花齐放的课程特色,进而培育出千姿百态的特色课程。

课程特色不仅为建设校本特色课程打下了基础,还为学校完整课程体系的打造和课程育人功能的发挥提供了依据。学校特色课程呈现形态的差异,体现的是学校课程资源与发展基础的不同。体现了学校在课程开发和实施中的校本意蕴。但其终极意义却是殊途同归,都是在追求学校办学的个性化和内涵化的同时,共同聚焦于为学生实现多样、个性化发展提供更大程度的可能性,并将这些凝结着学校文化底蕴的课程或课程群作为学校课程体系的重要组成部分,充分发挥课程应有的育人功能。

此外,值得注意的是特色课程及其成效与否,必须在实践中检验。主题式综

合活动课程在实践中孕育出课程特色,课程特色的打造又助推着特色课程的培育与发展。一个符合校情、有完整结构体系、可操作性强的课程方案是学校课程实施的行动指南,但课程方案只有置身于实践中才能发挥作用,否则便是一纸空文。学校在实践过程中经常遇到的难题是如何确保课程方案在实践中"不走样",使课程特色"不变形",要想切实解决这一普遍问题,就必须注重对于实践过程中证据的采集、分析与应用。学校在这一过程中,可以采用问卷调查、访谈等形式,邀请特色课程的两大主体——教师和学生对课程进行评价,了解他们的意见和建议,并将获取的数据资料用于后续的课程完善。

三、以特色课程为支撑,彰显学校育人理念和办学特色

课程是学校育人的载体,是推进学生核心素养培养的重要渠道。学校为学生提供什么样的教育,开设什么样的课程,学生就有什么样的素养;一所学校有什么样的特色课程,就有什么样的办学特色。学校要办出特色,只有用高质量的特色课程做支撑才具有生命力。

特色课程与学校办学特色之间有着内在、必然的联系,特色课程开发的实质是为了发展学生个性、办出学校特色,但并不等于有了特色课程就会自然而然生成学校特色。学校的办学特色需要有与之配套的特色课程作为保证,特色课程是打造学校特色的前提和基础,而彰显学校育人理念和办学特色是特色课程的生命力所在。具体说来,学校特色课程是打造学校办学特色的关键载体,学校办学特色是特色课程开发的重要旨归。[①]

作为彰显学校育人理念和办学特色的主题式综合活动特色课程,其开发和实施要以学校的传统、文化和办学优势以及学生的需求与特点为基本立足点,课程的核心价值应是对学校发展和学生发展价值取向的提炼。其次,要充分体现综合性的基本特点,即学生核心素养养成中价值观念、必备品格和关键能力的统一。再次,也应体现科学性与人文性的统一,校本和国家的统一,社会需求与个人发展

---

① 上海市教育委员会教学研究室编著:《学校特色课程在行动》,上海科技教育出版社,2020年5月,第212页。

的统一。为此,这样的核心价值目标必然是有高度的、综合性的,指向的是教育的终极关怀,以人为本,为学生的未来发展、终身发展奠基,体现综合性的育人目标。从这个角度来看,主题式综合活动课程不应仅仅停留在对学生兴趣特长的培养上,也不应该停留在以个别学生的成就与否来分辨课程特色彰显与否上,而应将特色课程的育人目标定位在全体学生的发展上。例如上海市黄浦区淮海中路小学围绕关注每位学生健康成长的育人理念,参照当下社会热点话题"垃圾分类",开设相关特色课程,帮助学生养成良好生活行为习惯,培养环境保护意识。(详见创意2-2)

创意 2-1　童心乐飞翔,仪式伴成长

一、基于学校特色,发现问题,拟定各年级仪式教育主题

依据《基础教育课程改革纲要》和《上海市普通中小学课程方案》中对未来人才的要求,结合"陪伴孩子,走向明天"的课程理念,其中的清影(立德树人)遵守行为规范,善待身边的人,懂得做人的道理。

表1-1　仪式安排表

年　级	仪　式　名　称
一年级	争章入队仪式
二年级	少先队入队
三年级	十岁生日
四年级	大手牵小手
五年级	毕业典礼

二、彰显学校特色,基于问题,确定各年级仪式教育目标

(一) 创新活动仪式,增强意义感

一年级小学生自进入小学的期间,对新的校园环境慢慢熟悉,对新的老师、伙伴慢慢知晓,对新的生活作息慢慢适应。在幼小衔接的过程中,他们学会了礼貌用语,他们学会了举手发言,他们尝试着自我管理,自己的事情自己做;他们尝试

着人际交往,学习沟通和谦让,孩子们的能力和习惯有着点滴的变化与进步。学校将以此作为德育教育契机,开展主题教育活动,培养一年级学生的仪式感。让学生知道少先队员的标准,培养一年级学生主动参与、自信表达的意识,帮助一年级学生养成规范意识。

仪式感不仅仅止于举动,将某样东西赋予某种超过本身功能价值的意义,也是体现仪式感的一种。每学期学校都会组织许多主题教育活动,主题教育活动从本质上说就是"仪式",学校要精心设计,增强活动的仪式感。仪式感越强,学生的心灵成长就越快。

(二) 营造教育氛围,增强庄重感

根据"儿童为本、道德为先、队建为基、发展为重"的少先队工作理念,开展规范、庄严、隆重、神圣的二年级新队员入队仪式,让新队员在庄严、神圣的仪式下戴上红领巾,进一步强化广大学生加入少先队组织的光荣感、使命感、责任感。如何在入队仪式中彰显学校的育人理念及特色,我们的工作安排如下。

1. "我为队旗增光彩"活动。我校利用少先队红领巾广播站,向全体队员宣传少先队的队章知识:队的创立者和领导者、队的性质、队的目的、队的标志、队礼队旗和队徽、队的呼号、队的作风等。

2. 举行新少先队员入队仪式。我学校大队部吸收优秀学生入队,进一步提高了少先队员的数量和质量。新队员在庄严的队歌声中,戴上了鲜艳的红领巾,在大队辅导员的带领下向队旗宣誓。通过这次活动,队员们了解了少先队的光辉历史,增强了光荣感和自豪感。

3. 观看一部反映红军长征的影片。观看长征影片《长征》《井冈山》《四渡赤水》,并写出了感受很深的观后感。

4. 以"红领巾相约中国梦"为主题召开一次主题班会。少先队开展以追忆历史、缅怀先烈、讲述我心目中的英雄人物为主要内容的主题班会。"长征精神在我心"系列活动的开展,使队员们体悟到了长征精神,激发队员的爱国热情,增强队员的使命感。

仪式的氛围是学生人生的重要体验。有些仪式对于管理部门的人来说,也许只是常规,可是,对于学生来说,却是生命中一段最重要的经历。因此,应该把它作为教育的一个重要环节,认真对待,精心策划,周密安排。在学校教学教育活动中,我们要善于渲染氛围,让学生充分感受事物和行为的意义,增强庄重感和认真感。学校和教师能够持续不断地营造浓厚的教育氛围,学生就能始终保持积极向上的心态和热情,从而源源不断地焕发学习的动力和创造力。

(三) 规范节日仪式,增强文化感

三年级十岁生日以"感恩"为教育主线,由"孕育篇""成长篇""生命篇""感恩篇"四个篇章组成。

仪式中,少先队员唱响嘹亮的队歌,敬上崇高的队礼,在庄严的氛围中,十岁生日仪式教育主题活动拉开序幕。学校老师寄语少先队员们从此懂得生命的价值、亲情的伟大、成长的责任,要珍爱生命、心怀感恩、心怀梦想,培育和践行社会主义核心价值观,迎接新的征程,共筑中国梦!

在老师的祝福中,在父母的期盼中,同学们认真阅读家信,静静体会着爸爸妈妈深沉的爱意,细细感受着爸爸妈妈无尽的关怀,点点泪光在他们眼中闪动……整个会场充满了柔情温馨。随着《生日歌》旋律的响起,全场唱响生日歌,烛光中,每个人的脸上都露出了快乐和幸福的微笑。学校为三年级每位队员准备了一本精美的成长纪念册,记录了同学们成长过程中的点点滴滴,更承载着老师对同学们的爱和期望。

十岁生日活动让队员们回顾了自己的成长经历,懂得珍惜,学会感恩,并能以阳光、积极、乐观的姿态展望未来,增强了队员的责任意识。通过集体庆祝十岁生日的活动,我们的学生感受到爸爸妈妈的辛苦,并体验成长的快乐、更体验到了未来的责任。通过家长、学生、学校的共同参与,学生在活动中增进亲情、友情,融合互助,和谐进步。

节日是人类社会发展到一定阶段的产物,节日活动则是民风习俗的集中体现和重要组成部分。一位哲人曾经说过:"构成民族界限的,不是河流也不是山脉,而是跨越河流和山脉的传统文化。"节日文化是民族性格、民族文化的集中展示,是文化认同、民族认同、国家认同的重要标志。日常社会中的各种重要节日、纪念日,都蕴藏着宝贵的教育资源。规范节日仪式,精心设计活动仪式,挖掘丰富文化内涵,营造庄重热烈的节日氛围,让学生产生心灵的震撼,无疑是进行传统文化教育和中外文化融通教育的有效途径。

结语：教育是一种培养人的社会活动。学校教育则是教育者依据一定的社会要求，依据受教育者的身心发展规律，有目的、有计划、有组织地对受教育者施加影响，促使其朝着所期望的方向发展变化的活动。教育目的的实现必须依靠设置一定的情景，采取一定的方式和方法，教育活动中仪式感的营造和利用能有效地增强教育的影响力和感染力。在学校教育教学活动过程中，注重仪式感的渲染和营造，能有效提升学生素养，放大教育影响力，促进心灵成长和生命绽放。

（上海市黄浦区光明小学　宋琼楠）

创意 2-2　垃圾分类从"新时尚"到"好习惯"

一、主题教育活动

一、二年级围绕"垃圾分类我能行，绿色生活我先行"开展环保主题教育活动，在各班开展的中队会上，学生了解到城市垃圾一般分为"可回收垃圾""有害垃圾""厨余垃圾"和"其他垃圾"这四类；此外，通过"帮垃圾宝宝找家"的游戏，同学们学会将垃圾正确分类。孩子们积极举手，踊跃参加，很快把垃圾宝宝送回了家；同学们还学唱了一首关于垃圾分类的拍手歌："你拍一，我拍一，不要随手扔垃圾；你拍二，我拍二，垃圾分成四大类……你拍十，我拍十，垃圾分类我做起。"

围绕主题设计的活动形式多样，让孩子们在新奇中感受垃圾分类的意义、学会垃圾分类。这种化繁为简、化难为易的学习方式就是学校所倡导的："学习是快乐的，生活是幸福的"办学宗旨和办学理念。小学阶段的学习就是要引导学生运用多种学习方式，在小组合作、同伴互助、师生互动中将学习的过程变得轻松、将学习的内容掌握得更为牢固。同时，在合作探究与实践体验中解决问题、克服困难，这样通过学习获得的快乐也就越多、校园生活的幸福体验也就越多。为了更好地让这一习惯渗透到每天的日常生活中，我们按照年级、班级的层级管理，在班中设立"管理员"、年级中设立"巡查员"、大队部设立"督察员"，执行"每日一检查""每周一反馈"和"每月一点评"。同时，我们还将垃圾分类工作融入校园文化建设之中，结合科技节，展示创意作品，还开展"倡导垃圾分类，共建绿色校园"为主题的绘画比赛以及黑板报评比等,极大地营造了全校师生共同参与垃圾分类,人人争做环保卫士的热烈氛围。

图1-5　环保主题中队会

二、沪语童谣进社区

一、二年级的孩子们在掌握了垃圾分类的基本知识之后,希望能在更多的地方进行宣传。于是,孩子们在同伴间的合作中,在教师的指导下创编了垃圾分类的《沪语童谣》。为了达到更好的宣传效果,小朋友们都积极投入排练,还对表演的每个动作进行了精心的设计,对道具设置也进行了多次改动,使得童谣的内容

图1-6　学生宣传垃圾分类

更加贴近生活,形式也更加具有亲和力,希望通过上海童谣表演,将垃圾分类的方式和理念口口相传、时时践行。童谣朗朗上口,在社区邻里之间广为传唱,还非常荣幸地上了黄浦区新闻,让更多的人看到孩子们在为垃圾分类行动着。我们希望淮海中路小学的"五小少年"们能越来越多地把创建文明城区落实到实际行动上,争做文明礼仪小使者,传播文明的理念,绽放新时代"五小少年"的美丽。

学生们都觉得能够去不同的地方进行宣传是一件非常有意义的事情,也希望通过表演让更多的人能够有垃圾分类的意识,知道如何分类,并开始垃圾分类,家长们也能够在我们的宣传之后将垃圾分类落实得更加到位。

三、在游戏中学会垃圾分类

利用周末的时间,学校组织了一、二年级的学生参与志愿者活动,到了人民广场进行宣传,邀请路人一同参与垃圾分类的室外游戏,包括垃圾分类七巧板、飞行棋小游戏、拼图、套环、微型垃圾分类桶等游戏,并引入积分兑换小礼物的形式。孩子们在教师的带领下大胆地向路人宣传,邀请他们参与活动,并合影留念。孩子们说虽然在学校里也学到了很多垃圾分类的小知识,但在体验这些小游戏的过程中发现自己还需要不断积累才行。此外,参与这样的志愿者活动让自己变得更加勇敢了,自己也可以为上海的垃圾分类尽一份绵薄之力,同学们感到高兴,表示

图1-7 志愿者活动

以后还想有更多的积会参与。

孩子们能走出校园,走进社会生活,在各种不同的体验中感受垃圾分类,不仅能加深自己的垃圾分类意识,也能感染身边的人。作为学校,我们会继续合理开发利用社会资源,给孩子们创造更多的机会。

四、废旧物品巧收集、巧利用

低年级的学生被邀请进行垃圾分类小调查,调查大家对垃圾分类的支持度,对垃圾分类具体分法的知晓度,还以统计图的方式呈现并进行展示,组织学生进行讨论,发表观点说说从这些统计的结果中得出了什么结论。孩子们发现虽然每次家里的可回收垃圾并不多,但是每家人家都有,汇集起来数量可观。于是便开展了废旧物品巧收集、巧利用的活动。

学生首先观看玻璃瓶在送到可回收垃圾桶之前如何正确处理的小视频,并和小伙伴一起动手尝试报纸、纸盒和塑料瓶的处理,通过小组互评、教师点评的方式发现优缺点,评选"我是小小环保者"的荣誉称号。为了让这一理念深入家庭,我们邀请家长和孩子参与校园开放日、读书漂流的活动,体验小游戏,互换课外阅读书籍,让可回收垃圾得到最大化的利用,并展示孩子们和家长共同制作的环保作品,活动获得了学生和家长的喜爱和认可。

图 1-8 校园开放日

总的来说,行为习惯的养成要从小抓起,更要从细微的方面去引导小学生良好行为习惯的养成。其中,垃圾分类环保意识和环保行为的养成,也不是一蹴而就的。在创设垃圾分类的活动时,要根据学生的年龄特点,发挥自身优势,从知、情、意、行等方面正确地引导学生。小学阶段特别是低年级的学生向师性和模仿能力比较强,是良好行为习惯养成的最佳时期。在教育学生养成垃圾分类良好行为习惯时,应该以实际行动为主,知识理论为辅,从根本上改变学生的认知,培养学生良好的行为习惯。

垃圾分类活动是多种多样的,在培养学生良好的垃圾分类行为习惯时,组织学生开展垃圾分类知识的宣传普及工作,切实提高全体师生对垃圾分类工作的知晓率和参与率。在提高小学生的垃圾分类意识,培养学生良好的行为习惯这一方面,既需要加强垃圾分类的宣传工作,也要强化教师垃圾分类的渗透意识,充分利用每一节课,适时地教育学生在生活中要进行垃圾分类,并让学生明白垃圾分类的好处和意义。同时进行家校联合,在校内外给学生和家长提供共同参与的活动,提高家庭的环保意识。

本课程的设计基于学生在生活、活动、实践中接受事物、习得知识更为快捷的特点,探索通过重体验、重经历的学习,激发学生的兴趣和潜能,促进"传承中华民族优秀文化,培育现代文明好少年"的学生培养目标的实现,让每一个学生今天的学习,更好地促进明天的可持续发展。

(上海市黄浦区淮海中路小学　李奕雯)

第3问 如何在教育方针引领下对育人目标进行校本化表达和诠释？

我们的经验：从综合性的本质特点出发，对主题式综合活动课程进行整体性设计。以课程目标为桥梁，实现国家培养目标与学校育人目标的均衡统一；同时密切联系学校切身实际，实现课程目标的校本化表达与诠释，充分调动和发挥学校的能动作用。

明确课程目标，并不只是为了表述一种理想或愿望，而是要明确作为指导整个课程编制过程的准则。

——施良方

综合实践活动课程是基于学生的直接经验、密切联系学生自身生活和社会生活，体现对知识的综合运用的课程形态。这是一种以学生的经验和生活为核心的实践性课程，具有整体性、综合性的特点。上述本质特点决定了主题式综合活动课程必须整体性进行考量与设计，既要落实国家要求的培养目标和地方的课程目标，又要联系学校切身实际进行均衡设计，在国家培养目标与学校育人目标之间保持平衡，同时立足学校本位进行校本化表达与阐释。

一、以课程目标为桥梁，保持国家培养目标与学校育人目标的统一

培养目标是国家对各级各类学校的具体培养要求，是根据国家教育目的和学校的性质及任务，对培养对象提出的特定要求。而培养目标的实现，主要是通过学校开设的课程达成的，但培养目标通常不涉及具体的学习领域。因此，为了使学校课程切实有效，必须使培养目标具体化，即要确定课程目标。课程目标作为连接上位国家培养目标和下位学校育人目标的"桥梁"，具有不可忽视的中介作用。

在主题式综合活动课程目标设计中,国家课程目标具有重要的统领作用,2017年教育部颁布的《中小学综合实践活动课程指导纲要》中明确提出:综合实践活动课程的课程目标以培养学生综合素质为导向,课程总目标是学生能从个体生活、社会生活及与大自然的接触中获得丰富的实践经验,形成并逐步提升对自然、社会和自我之内在联系的整体认识,具有价值体认、责任担当、问题解决、创意物化等方面的意识和能力。①

同时鉴于综合实践活动课程是一门国家设定、地方管理、校本化开发与实施的课程,地方和学校在国家制定的课程指导纲要的指导下,有责任根据实际情况对其做必要的补充。如《上海市小学低年级主题式综合活动课程指导纲要(征求意见稿)》就提出:主题式综合活动课程旨在引领儿童认识并发展自我,参与并融入社会,亲近并探索自然,初步形成对自我、社会和自然的整体认识。并从"我与自己""我与社会""我与自然"三个维度对课程目标进行了阐释。

除此之外,学校根据国家和地方课程指导纲要的目标指向和要求,可结合本校办学理念、育人目标和特色,进行校本化设计。但应涵盖"我与自己""我与社会""我与自然"三个维度,应强化时间管理、情绪管理、任务意识、同伴合作、表达表现、反思改进等意识和能力,强化爱国爱党等价值认同。②

二、联系学校实际,实现课程目标的校本化表达与阐释

主题式综合活动课程需要依靠学校的校本化实施才能最终落实,学校对课程理念的理解和对课程的整体规划,决定了该校综合活动课程所能达到的水平和所能取得的成效。因此,学校层面对于主题式综合活动课程目标的理解、表达与阐释是至关重要的。

(一) 通过顶层设计实现"以小成大"

朱熹曾说,大成者,首先是"大",没有大视野、大胸怀、大执著,不可能有大成;

---

① 《关于印发〈中小学综合实践活动课程指导纲要〉的通知》,中华人民共和国教育部,http://www.moe.gov.cn/srcsite/A26/s8001/201710/t20171017_316616.html,检索日期2017-9-27。
② 陈群波:《从纲要走向实践:小学低年级主题式综合活动课程的校本化设计》,《上海课程教学研究》,2018年第11期。

其次是小,没有小的细节、小的坚持、小的实践,也不可能实现大成。宁静致远,以小成大者也。① 主题式综合活动课程规划不仅需要这样的大视野,在"立德树人"的教育大背景与引领学生全面发展核心素养的时代号召下进行设计与建构,也需要在课程设计中关注来自于学校本位的小细节:关注校情、学情、教师队伍状况、课程结构等。

上海市主题式综合活动课程的区域实践探索,一大成功经验即在于调动并发挥学校的能动作用,提倡从学校本位出发进行课程设计,确定课程目标,以提高课程的有效性和针对性。既落实顶层设计,也不忽视小问题,确保主题式综合活动课程的校本化、常态化运行。

(二) 自上而下落实,在实践中逐步求精

当今社会发展日新月异,信息技术、人工智能的发展带来了知识爆炸,社会发展对人才素质的要求与希望不断高涨。面对新的社会环境,学校课程应该积极应对,主动革新,从而培养能够适应未来社会发展的未来公民。主题式综合活动课程的价值,除了体现在对学生发展需求和发展价值的满足上,更体现在对新时代所提出的新要求的关注和回应上。学生要面向未来,课程同样如此。

国家课程目标是对下位课程建设的统领,地方课程目标是对地方经济社会发展和文化传统相适应情况思索后的进一步细化,而学校课程目标则是在依据国家和地方课程目标的前提下,根据本校独特的育人目标继续精细化。需要注意的是,学校在规划设计主题式综合活动课程目标时,应高屋建瓴,站位要高,从一个较高的视域和全局的角度进行思考。此外,从国家课程总目标到地方课程目标,再到校本化课程目标,是一个"自上而下,逐步求精"的过程。每一层下位的目标都要对上位目标进行补充、完善,赋予更清晰的操作指向。

(三) 有效利用课程资源,密切联系学校实际

学校在设计主题式综合活动课程目标的过程中,除了以国家相应课程目标和地方设定的课程目标为依据之外,还应该密切联系学校自身实际,考虑以下两大

---

① 何丽梅:《小学综合实践活动课程主题活页文本设计与实施》,海峡文艺出版社,2019年3月第一版,第25页。

因素:一是学校所拥有的课程资源,综合活动课程对学校的要求是比较高的,它要求学校具备开发和利用好各种教育资源的意识和能力。但对于学校来说,不是每种资源都适用和好用,如果设计的课程目标脱离了学校实际,缺乏足够的资源作支撑,目标也就无从实现了。二是学校的办学理念和特色,每所学校都拥有自己的办学历史和文化氛围,也有自己独特的教育理念和追求,这也是主题式综合活动课程校本化目标表达的重要来源。例如黄浦区卢湾三中心小学在设计本校主题式综合活动课程之前,首先回顾学校办学历史,明晰学校的办学哲学、育人目标。在回顾、确认的基础上,审视学校的课程体系,并梳理学校课程体系和育人目标之间的结构谱系,进而提炼出学校课程目标的关键词,并用主流的目标概念对其进行科学的诠释。在国家目标、地方目标和学校育人目标之间寻找平衡点,从而确保既充分体现国家和地方的培养目标,又能在国家和地方的目标定位框架内进行校本化的目标表达和诠释。(详见创意3)

创意3　　"五会"目标　校本诠释

一、梳理目标定位,提炼关键词和核心要求

（一）国家对综合实践活动课程目标定位的关键词与核心要求

教育部组织颁发的《中小学综合实践活动课程指导纲要》对小学阶段综合实践活动的具体目标做了如下的表述:

1. 价值体认:通过亲历、参与少先队活动、场馆活动和主题教育活动,参观爱国主义教育基地等,获得有积极意义的价值体验。理解并遵守公共空间的基本行为规范,初步形成集体思想、组织观念,培养对中国共产党的朴素感情,为自己是中国人感到自豪。

2. 责任担当:围绕日常生活开展服务活动,能处理生活中的基本事务,初步养成自理能力、自立精神、热爱生活的态度,具有积极参与学校和社区生活的意愿。

3. 问题解决:能在教师的引导下,结合学校、家庭生活中的现象,发现并提出自己感兴趣的问题。能将问题转化为研究小课题,体验课题研究的过程与方法,提出自己的想法,形成对问题的初步解释。

4. 创意物化：通过动手操作实践，初步掌握手工设计与制作的基本技能；学会运用信息技术，设计并制作有一定创意的数字作品。运用常见、简单的信息技术解决实际问题，服务于学习和生活。

梳理国家实践活动课程目标定位，提炼关键词和核心要求：价值体认、责任担当、问题解决、创意物化。

（二）聚焦目标定位的关键词与核心要求

《上海市小学低年级主题式综合活动课程指导纲要（征求意见稿）》提出，小学低年级主题式综合活动课程旨在引领儿童认识并发展自我，参与并融入社会，亲近并探索自然，初步形成对自我、社会和自然的整体认识。从"我与自己""我与社会""我与自然"三个维度确立课程目标，具体为：

1. 积极参与各项有益身心健康的活动，养成良好的生活习惯，珍爱生命。体悟和适应从幼儿园到小学环境、生活与学习的变化，发展自理能力、情绪控制能力和自我保护能力。能用图画、实物、语言、文字、肢体动作或艺术等形式，自信地表达自己的需求、感受、认知和想象。

2. 理解并遵守社会基本行为规范，喜欢与同学、师长沟通交往，能与同伴友好相处与合作，文明礼貌，诚信待人。关注周围的人和事，关心尊重他人，积极参与学校、社区、社会生活与劳动，初步形成对所在群体的归属感，逐步养成劳动精神。感受和体验祖国、民族、地域的历史、传统文化和社会发展成果，逐步养成民族自尊心、自信心和自豪感。

3. 对周围世界有强烈的好奇心，善于观察和思考，喜欢提出问题。探索自己感兴趣的、与日常生活和社会密切相关的现象和浅显的规律，愿意尝试自己的想法，能用感官和简单工具进行观察、测量、调查、实验和记录等。爱护身边的动植物和自然环境，具有保护环境的意识和行为，积极参与环保志愿者等行动。

梳理上海市小学低年级实践活动课程目标定位，提炼关键词和核心要求：珍爱生命、自我保护、自信表达、沟通合作、文化自信、探究钻研。

二、梳理学校办学理念和育人目标，形成校本化的课程目标结构

上海市黄浦区卢湾三中心小学，在已有发展的基础上，将"在这里，童言可以

无忌;在这里,童心可以飞扬;在这里,童年可以难忘"确立为办学理念,提出了"童味教育"的办学哲学。学校以"营造童味浓郁、童趣盎然的'童味校园',培育童心踊跃、飞扬梦想的'童真学生',培养流淌童心、呵护儿童的'童心教师',开发浸润童味、满足需求的'童味课程',实施弥漫童趣、放大童声的'童味课堂'"为实践探索路径,通过富有"童味"的教育教学方式促进师生关系和谐,家校联动踊跃,教师学生快乐地同成长,从而凸显本校的特色。

(一)学校办学理念

"童味教育"是一种忠贞不渝的信仰,教育的文化,简言之,即教师的价值引导与学生自主建构相统一的过程。教育内容与儿童的生活实际密切结合,学校教育就是要让孩子在"童话王国"中体验"童味"的魅趣。我们以"基于儿童立场"的表达,作为我们的教育追求——"童味教育"。我们相信,"童味教育"能为学生的发展提供持久的营养和动力。

(二)学校育人目标

学校在育人过程中既关注学生核心素养的培养,又注重沿袭传统、展望未来,在梳理与对照中调整和优化学校的育人目标,将"五会"目标具体化为"会健体、会求知、会做人、会沟通、会审美"。

我们根据"五会"目标将课程建构为五个模块,分别从运动健康、数学科学、社会生活、语言交流、艺术审美五个维度进行课程结构分类,并建构相对应的课程。

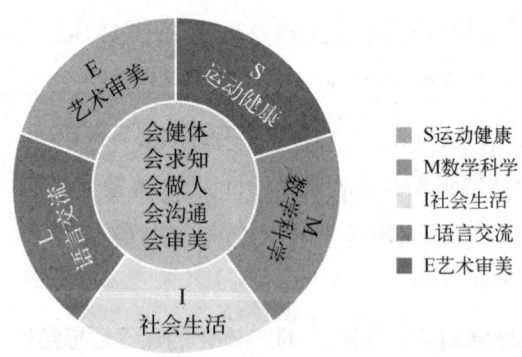

图1-9 SMILE课程模块对接育人目标图谱

课程结构:将学校课程对接育人目标,分为五类,即:运动健康、科学探索、社会生活、语言交流、艺术审美。形成了学校"基于儿童立场"的学校课程总体框架(简称 SMILE 课程,即童味课程)。

三、用主流的目标概念和校本特色目标来诠释

学校在"童味教育"办学理念下,以儿童的视角充分挖掘各类教育资源,结合本校师生的特点与发展需求,创设"让学生以自己喜欢的方式学,让教师以自己擅长的方式教"为价值取向的教学文化,力求不断优化课程整体结构,努力探索并形成较为完善的课程体系。《中小学综合实践活动课程指导纲要》和《上海市小学低年级主题式综合活动课程指导纲要(征求意见稿)》恰巧为学校课程的整体优化提供了指导性框架。

将《中小学综合实践活动课程指导纲要》中强调的四大目标与《上海市小学低年级主题式综合活动课程指导纲要(征求意见稿)》中三个领域目标进行对比梳理,结合学校的育人目标,形成了小学低年级综合实践活动课程的校本特色目标,即"五会目标"——会健体、会求知、会做人、会沟通、会审美。

为审视三个领域目标是否实现以及国家强调的价值观念、责任担当、问题解决、创意物化是否得到充分体现,我们认真解读了国家和上海市对综合实践活动课程目标定位,回顾了学校办学理念和育人目标,并梳理了三者之间的关系:

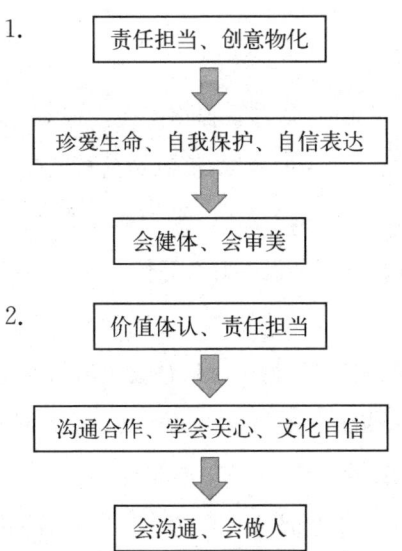

3.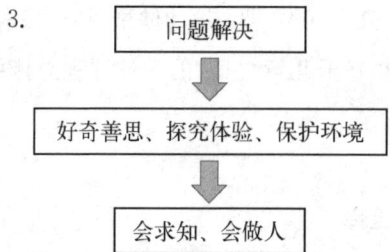

我们努力在三者之间寻找平衡点,力求既充分体现国家和地方的培养目标,又能在国家和地方的目标定位框架内进行校本化的目标表达和诠释。从而形成了上海市黄浦区卢湾三中心小学关于小学低年级主题式综合实践活动课程的目标:

◆ 会健体

能积极参与各项有益身心健康的活动,养成良好的生活习惯,发展自理能力、情绪控制能力和自我保护能力,珍爱生命。

◆ 会审美

能用图画、实物、语言、文字、肢体动作或艺术等形式,自信地表达自己的需求、感受、认知和想象。

◆ 会沟通

理解并遵守社会基本行为规范,喜欢与同学、师长沟通交往,能与同伴友好相处与合作,文明礼貌,诚信待人。

◆ 会求知

对周围世界有强烈的好奇心,善于观察和思考,喜欢提出问题。探索自己感兴趣的、与日常生活和社会密切相关的现象和浅显的规律,愿意尝试自己的想法,能用感官和简单工具进行观察、测量、调查、实验和记录等。爱护身边的动植物和自然环境,具有保护环境的意识和行为,积极参与环保志愿者等行动。

◆ 会做人

关注周围的人和事,关心尊重他人,积极参与学校、社区、社会生活与劳动,初步形成对所在群体的归属感,逐步养成劳动精神。感受和体验祖国、民族、地域的历史、传统文化和社会发展成果,逐步养成民族自尊心、自信心和自豪感。

(上海市黄浦区卢湾三中心小学　冷长燕)

第4问 主题式综合活动课程如何叙写凸显过程和经历的活动目标?

我们的经验:主题式综合活动课程活动目标的叙写,首要工作是厘清课程目标的取向,注重生成性目标和表现性目标的价值。立体化三维叙写活动目标,注重知识与能力、过程与方法、情感态度与价值观的相关联系和贯通,同时进行整合性活动设计,实现学科知识的自然融入。

一、明确课程目标取向,注重生成性和表现性目标价值

从课程论学科的历史发展看,由于不同学者对于学生身心发展规律、社会发展需求以及知识的性质价值看法的差异导致不同的课程目标取向,进而影响到不同的课程目标选择。对于主题式综合活动课程而言,其首要工作是厘清从何种取向看待课程目标进而叙写。

基于美国课程论专家舒伯特(W. H. Schubert)的见解,课程目标取向可分为"普遍性目标"取向、"行为目标"取向、"生成性目标"取向和"表现性目标"取向四种类型。具体来看,"普遍性目标"取向的特点是把一般教育宗旨或原则和课程目标等同起来,因而具有普遍性、模糊性、指令性,可普遍运用于所有教育实践中。"行为目标"取向强调以具体的、可操作的行为陈述课程目标,指明通过课程期望学生所发生的行为变化,基本特点是目标的精确性、具体性、可操作性。该取向起始于博比特(John Franklin Bobbitt),经由泰勒(Ralph W. Tyler)的阐发得以系统发展,并通过布鲁姆(Benjamin Bloom)等人的"教育目标分类学"理论进一步深化。"生成性目标"取向强调在教育情境中随着教育过程的展开而自然生成的目标,基本特点是过程性,具有实践理性的价值取向,强调学生、教师与教育情境的交互作用,并在这种交互作用中生成课程目标。该取向最早可追溯至杜威(John Dewey)的"教育即生长"思想,之后的代表人物则是斯腾豪斯(Lawrence Stenhouse)和罗杰斯(Carl Ransom Rogers)。"表现性目标取向"由美国学者艾斯纳(E. W. Eisner)

提出,强调学生在教育情境随着"际遇"的不同所产生的个性化表现,它是"课程活动的结果"。基本特点是开放性,追求学生(反应)的多样性、个体性。具有解放理性的价值取向,强调学生的个性发展和创造性,强调学生的自主性和主体性,尊重学生个性差异,指向人的自由与解放。

明确课程目标的基本价值取向,就能够增强反省意识,提高制定课程目标的自觉性、自主性。在厘清课程目标取向及其特点之后,对标主题式综合活动课程理念与目标,可以发现生成性目标与表现性目标在主题式综合活动课程中具有重要的导向价值。首先,主题式综合活动课程是过程取向的,它强调学习者与具体情境的交互作用,因此尽管要对活动内容进行预先规划与设计,但更强调随着活动过程的展开和活动情境的需要不断生成新的目标、新的主题。学生在与教育情境的交互作用过程中会产生自己的目标、同时随着问题的解决和兴趣的满足,学生还将产生出新的问题,新的价值观和新的对结果的设计,而这些目标和主题并不是预先设定的。所以主题式综合活动课程特别强调在活动具体展开过程中产生的生成性目标和生成性主题的核心地位。① 此外,主题式综合活动课程关注学生的体验性和创造性,尊重学生的个体差异性和重视培养学生的个性特征,鼓励学生探索与发现,因而课程目标具有明显的开放性与表现性的特点。综上所述,在确定及叙写主题式综合活动课程活动目标时,要提高对于生成性目标和表现性目标的关注,引导儿童整体感受生活和探索世界。

二、三维叙写活动目标,凸显学习过程与经历

国内著名课程论学者崔允漷从三个角度提出了新的课程目标分类设想,一是指向习得结果的三类目标:成果性目标、过程性目标、创造性目标;二是指向意义形成的三阶目标:知识与技能目标、过程与方法目标、意义与价值目标;三是指向教学实践的三维目标:知识与技能、过程与方法、情感态度和价值观。

而目标的确定及叙写应该遵循的逻辑是:以三类目标定位,以三阶目标立意,

---

① 钟启泉,崔允漷,张华主编:《为了中华民族的复兴 为了每位学生的发展:〈基础教育课程改革纲要(试行)〉解读》,华东师范大学出版社,2001年8月第一版,第83页。

以三维目标叙写。他同时指出,学生学会了什么是一个完整的立方体,每一条目标都是该立方体中的一个点,因此,每条目标与三维都是有关的,只是侧重点有所不同而已。在陈述具体目标时,我们不能将三维分割开来,否则,"三维"就成了"三类"了,"立体"就成了"平面"了。① 具体而言,我们不能将一次活动的目标写成"知识与技能目标""过程与方法目标""情感态度价值观目标",而应该将三维结合在一起陈述,尽管经常是出于"简洁、清晰的目标需要",陈述的目标看上去只有两维。但对于主题式综合活动课程的活动目标而言,需要整体考量上述三维目标进行叙写。之所以这样要求,是因为主题式综合活动课程中学生收获的知识、能力、情感、态度和价值观都是相互联系并贯通的,其具体特点如下:

主题式综合活动课程的知识,是指学生通过亲身经历、亲自探索而获得的直接经验和各种感受的总和,是淡化了学科界限和逻辑体系的整合性知识。主题式综合活动课程的能力,是指学生通过参与活动所获得的整体思维能力和综合实践能力,包括问题解决能力、语言表达能力、独立思考和自主完成任务的能力、搜集信息并进行分析和综合的能力等。主题式综合活动课程的过程与方法,是指学生通过实践,使获得的基础知识与基本技能的过程同时成为学习的过程,在实际过程中去"实做""考察""探究""实验",去"感受""体验""热爱"生活;在实践过程中,健康而愉悦地、自由而负责任地、智慧而富有创意地生活。主题式综合活动课程的情感、态度和价值观,是要增强学生的社会责任感和责任担当的态度,培养他们对自我、对他人、对自然、对社会、对人类的自觉关爱情怀,养成参与各种社会活动的积极态度和积极进取、勇于创新、奋发向上的精神风貌,确立科学正确的世界观、人生观和价值观。

因此,要避免把情感、能力和知识割裂开来,把感性认识、直接经验和理性认识、间接经验割裂开来,狭隘、偏执,从而忽视活动的整体功能。除此之外,还应充分考虑主题式综合活动课程的"实践性"和"生成性"

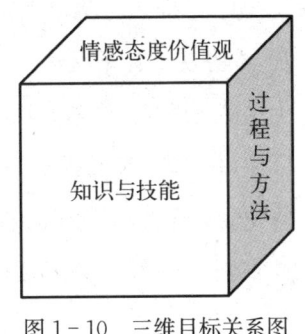

图1-10 三维目标关系图

---

① 崔允漷:《追问"学生学会了什么"——兼论三维目标》,《教育研究》,2013年第34期。

特点,因此在叙写活动目标时,要加强对学生学习过程与学习经历目标的关注,从而最大程度保护学生在活动过程中的自主性,培养学生的综合实践能力、探究与创新精神,以及社会责任感,并为学生确立正确的价值观,形成良好的情感和态度奠定基础,进而为学生核心素养的培养助力。

三、统整课程学习,实现学科知识的自然融入

相比学科课程,主题式综合活动课程在调动学生主体性、发挥学生能动作用、培养学生创造精神和实践能力方面具有明显优势。但需要注意的是,主题式综合活动课程的开展,只是淡化知识性的学习,并不是忽视和排斥知识性的学习,相反,实践过程中还提倡学科知识的自然融合,实现统整学习。

要想实现上述目标,首先要厘清综合活动课程与学科课程的关系。按照我国著名课程论学者钟启泉的观点,综合活动课程与各学科领域课程既有其相对独立性,又存在紧密的联系。具体来说,第一,学科领域的知识可以在综合实践活动中延伸、综合、重组与提升;第二,综合实践活动中所发现的问题、所获得的知识技能可以在各学科领域的教学中拓展和加深;第三,在某些情况下,综合实践活动也可以和某些学科教学打通进行。① 因此,在实践中妥善处理综合活动课程与各学科领域课程的关系,既是一个意义重大的课题,又是一个富有创造性和艺术性的课题。

其次,应进行整合性活动设计。主题式综合活动课程作为跨学科实践性课程,本身就具有课程整合的内核。在设计与实施综合实践活动课程中,要引导学生主动运用各门学科知识分析解决实际问题,使学科知识在综合实践活动中得到延伸、综合、重组与提升。学生在综合实践活动中所发现的问题要在相关学科教学中分析解决,所获得的知识要在相关学科教学中拓展加深。同时防止用学科实践活动取代综合实践活动的倾向。②

---

① 钟启泉,崔允漷,张华主编:《为了中华民族的复兴 为了每位学生的发展:〈基础教育课程改革纲要(试行)〉解读》,华东师范大学出版社,2001年8月第一版,第81页。
② 《关于印发〈中小学综合实践活动课程指导纲要〉的通知》,中华人民共和国教育部,http://www.moe.gov.cn/srcsite/A26/s8001/201710/t20171017_316616.html,检索日期2017-9-27。

除此之外,活动设计要注意以下三点。第一,要淡化学科知识的教学,应体现以游戏、参观、情景模拟、现场体验、小实验、小制作、对话表演等为主要实施方式。第二,一个主题下的活动要尽可能体现综合性,能够整合歌唱、舞蹈、绘画、运动、探究等各类活动,不要局限在某一类活动中。第三,主题下的多个活动应体现问题的探索与解决,前一个活动是后一个活动的基础,后一个活动是前一个活动的拓展和延伸,活动之间应具有更加紧密的关系。①

创意 4　"我与自然＋"主题式综合活动课程活动目标体系建构

一、建构以"我与自然＋"为核心的主题式综合活动课程模型

小学低年级主题式综合活动课程,旨在采用体验、探究、游戏等方式,为学生提供丰富的课程体验和活动经历。本活动课程模型是以"我与自然＋"为核心,由主题内容、"我与自然""我与自己""我与社会"课程目标三个同心圆组成。

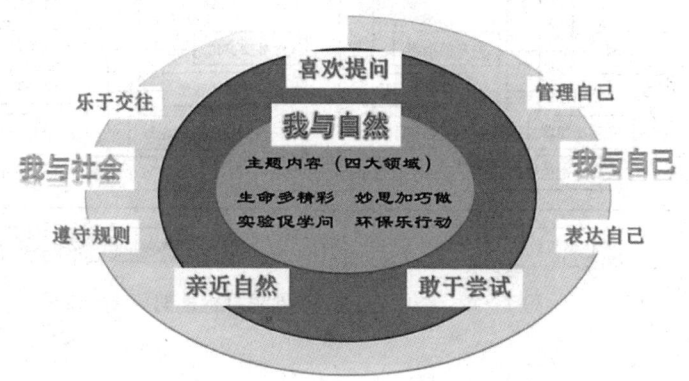

图 1-11　"我与自然＋"为核心的课程模型

二、建构以"我与自然＋"为核心的主题式综合活动课程目标框架

本活动课程从"我与自然"维度以及喜欢提问、敢于尝试与亲近自然三条细则

---

① 陈群波:《从纲要走向实践:小学低年级主题式综合活动课程的校本化设计》,《上海课程教学研究》,2018 年第 11 期。

确定了四个主题内容:"生命多精彩""实验促学问""妙思加巧做"与"环保乐行动"。再针对一、二年级共四个学期,最终拟定了与主题内容相对应的十六个子主题。"生命多精彩"关注的是学生身边的动植物,拟定了"绿色的校园""多彩的金鱼""我爱小绿萝"与"神奇的蚯蚓"四个子主题,同时也蕴含了保护环境的内涵。"实验促学问"关注的是学生感兴趣的、自然学科可拓展的内容,拟定了"多彩的泡泡""有趣的磁铁""小小气象站"和"最棒的纸桥"四个子主题。"妙思加巧做"主题旨在培养低年级小学生的创新精神与实践能力,为此拟定了"纸杯变身忙""我来造张纸""美丽的花灯"和"创意万花筒"四个子主题。"环保乐行动"关注的是提高低年级小学生的环保素养,为此拟定了"文具总动员""垃圾要分类""香蕉皮妙用"与"百变饮料瓶"四个子主题。每个主题内容中的前两个子主题还指向"我与自己"维度:管理自己与表达自己,而后两个子主题还指向"我与社会"维度:遵守规则与乐于交往。

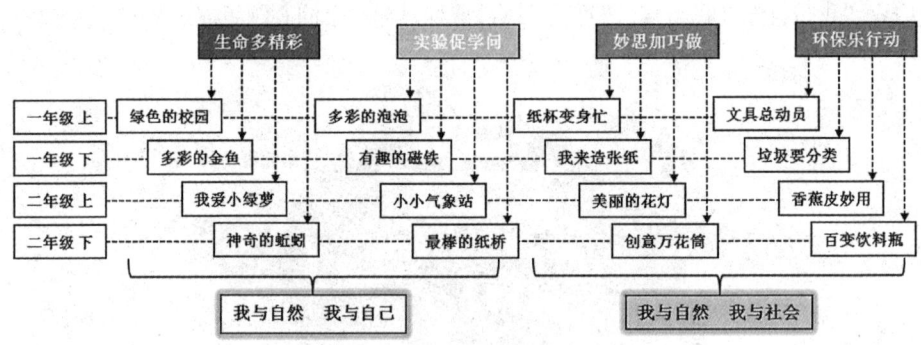

图1-12 "我与自然+"课程目标框架

三、建构"四级式"课程目标体系,叙写凸显过程和经历的活动目标

本活动课程目标制定采用"四级式"方法制定,基于《中小学综合实践活动课程指导纲要》与《上海市小学低年级主题式综合活动课程指导纲要》建立第一级学校课程科目目标,基于《上海市小学低年级主题式综合活动课程指导纲要》中课程结构建立第二级主题内容领域目标,基于四个学期的学程推进建立第三级子主题目标,基于学生活动经历建立第四级活动目标。

叙写凸显过程和经历的活动目标,主要落实在第三级的子主题目标与第四级活动目标上。下面是以《绿色的校园》子主题为例的第三级目标的叙写,叙写结果如表1-2所示;以《校园的绿地》活动为例的第四级目标的叙写,叙写结果如表1-3所示。

表1-2 一年级第一学期《我与自然＋》子主题活动课程目标——《绿色的校园》

主题内容	年级学期	子主题活动内容	目标维度	子主题课程目标
生命多精彩	一年级第一学期	绿色的校园	我与自然我与自己	通过参观校园里的多种植物,学生能熟悉校园环境;能乐于观察,喜欢提出问题;能用语言表达自己的认知,具有一定的自理能力,具有爱护身边植物的意识。

表1-3 一年级第一学期《我与自然＋》活动目标——《校园的绿地》

子主题活动内容	课时活动名称	目标维度具体要素	活动目标
绿色的校园	1-1.2《校园的绿地》	我与自然:亲近自然、喜欢提问;我与自己:管理自己、表达自己	1. 通过参观校园绿地环境,学生能熟悉校园环境,能在老师的带领下根据规定的线路集体有序、安静地参观,能统计校园绿地的数量;做到桌椅排列要整齐;具有爱护校园植物的意识。 2. 通过讨论、交流校园绿地的记录单,学生能在记录单中正确标注校园绿地;能做到发言举手、声音响亮、仔细倾听;做到桌面物品摆放好。 3. 通过小组讨论为校园绿地命名,学生能根据规定的时间尝试小组讨论,做到与同伴一起能交流声音轻、不争吵,有不同意见可以先保留。

四、绘制"活动目标设计属性表",检验活动目标设计品质

为确保本活动课程的活动目标设计能凸显过程和经历,我们还设计了"活动目标设计属性表"。通过属性表对活动目标设计进行检测。下面以《校园的绿地》活动为例,检测结果如表1-4所示。

表1-4 活动目标设计属性表

活动名称	校园的绿地		
所属主题	生命多精彩——绿色的校园		
子主题活动名称	1-1、2 《校园的绿地》 1-4 《矮矮的小树》		1-3 《高高的大树》 1-5 《竹子,是树吗?》

续　表

活动目标	1. 通过参观校园绿地环境,学生熟悉校园环境,能在老师的带领下根据规定的线路集体有序、安静地参观,能统计校园绿地的数量;做到桌椅排列要整齐;具有爱护校园植物的意识。 2. 通过讨论、交流校园绿地的记录单,学生能在记录单中正确标注校园绿地;能做到发言举手、声音响亮、仔细倾听;做到桌面物品摆放好。 3. 通过小组讨论为校园绿地命名,学生能根据规定的时间尝试小组讨论,做到与同伴一起能交流声音轻、不争吵,有不同意见可以先保留。
课程目标取向	□普遍性目标　　□行为性目标　　□生成性目标　　□表现性目标
三维叙写	□按照"知识与技能""过程与方法""情感态度价值观"结合一起陈述
细化目标叙写	□按照"行为条件＋表现程度＋行为表现"的句型结构,逐条陈述

（上海市实验小学　张宇）

第二章
从生活出发生成课程主题

确定主题式综合活动课程的主题需要从学生实际生活出发,遵循学生年龄特点,尊重学生多样化的兴趣与需要。按照"选题要小,立意要巧,挖掘要深,效果要好"的标准进行课程主题设计。通过创设情境、任务驱动等方法培养学生的问题意识,并将有价值的问题转化为课程主题,回应学生的现实关切和实际需求;从跨学科角度选择学生感兴趣的主题,整合学科学习经验、活动经验和生活经验,实现学科学习经验的拓展、延伸与提升;通过挖掘和利用已有课程资源,不断更新和拓展,生成贴近学生生活,满足学生需求、凸显学校特色的课程主题。

第5问　主题式综合活动课程如何从生活出发，了解、满足学生的兴趣和需求？

我们的经验：以从学生实际生活出发，面向学生完整的生活世界为导向，遵循学生年龄特点，充分尊重学生多样化的兴趣、爱好与需要，利用多种途径采集分析学生兴趣需求，为主题确定和课程建设提供切实依据。

主题式综合活动课程面向的是学生鲜活的生活经验，丰富的生活背景和多样化的生活情景中的问题。因此，主题的选择和确定要符合学生的年龄特征、经验背景、能力水平及兴趣爱好。同时，活动主题应具有浓郁的生活气息，能激发学生对现实生活的探究与实践欲望。学校在实际操作中，可以以学生实际生活为基点，采取并结合问卷调查、访谈、观察等多种方式，对学生的兴趣需求进行采集分析，以便为主题式综合活动课程建设提供切实依据。

一、面向学生生活世界，立足学生实际生活

课程本是源于生活的。学生在"科学世界"里所获得的理智方面的发展，只有回溯到现实的生活世界才能被赋予其人生的意义。只有"生活世界"，才能满足学生在理智、情感、意志、审美等多方面发展的需要。面向学生生活世界的主题式综合活动课程，既使课程和现实社会实际之间保持密切的联系，又使实践和生活成为学生个人发展的活的源头。2017年教育部颁布的《中小学综合实践活动课程指导纲要》中明确提出：综合实践活动课程是从学生的真实生活和发展需要出发，从生活情境中发现问题，进而转化为活动主题。该课程面向的是学生完整的生活世界，引导学生从日常学习生活、社会生活或与大自然的接触中提出具有教育意义的活动主题，建立学习与生活的有机联系。[①]

[①] 《关于印发〈中小学综合实践活动课程指导纲要〉的通知》，中华人民共和国教育部，http://www.moe.gov.cn/srcsite/A26/s8001/201710/t20171017_316616.html，检索日期 2017-9-27。

课程生活化、生活课程化,是现代课程发展的一个重要理念。主题式综合活动课程正是基于学生的直接经验、密切联系学生自身生活和社会生活、体现对知识综合运用的课程形态,因而最能体现地方发展需要和学校办学特色以及满足学生个性差异,是走进社会生活和学生实际生活的课程。卢梭(Jean-Jacques Rousseau)曾提出,全部教育要以儿童自然的生活为基础,生活就是教育要教给儿童的全部知识技能,生活蕴藏着极大的教育价值。杜威(John Dewey)则进一步指出生活对儿童来说不是指未来的成人的生活,而是特指伴随儿童成长的现时的生活;课程应当以这种生活为中心,课程设计和实施应当把书本知识及其教学还原为儿童的经验,还原为儿童的生活。

上海市小学主题式综合活动课程的开发与实施基于以下基本理念:坚持学生的自主选择和主动探究,为学生个性充分发展创造空间;面向学生的生活世界和社会实践,帮助学生体验生活并学以致用;推进学生对自我、社会和自然之间内在联系的整体认识与体验,谋求自我、社会与自然的和谐发展。实际生活在学生发展中的作用丝毫不亚于学科知识。因此,应该引导学生从日常生活中选取探究课题或问题。立足学生的实际生活,引导学生从日常生活中选取自己感兴趣的课题或问题进行探究,努力把学科知识和日常生活整合起来,这是主题式综合活动课程的重要使命。[①]

二、遵循学生年龄特点,关注学生兴趣爱好

学生的接纳程度是受其年龄限制的,因此,只有遵循学生年龄特点,设计组织符合其认知特点的活动,才能调动学生探索和参与的积极性,充分发挥其主体性。学校与指导教师在选择确定课程内容及活动主题时,应充分考虑不同年级学生的年龄特点,根据学生的学习特点和真实需求进行针对性课程设计;同时尊重每一个学生的兴趣、爱好与特长,将学生的需要、动机和兴趣置于核心地位。

上海市小学主题式综合活动课程的设计组织实施全过程中,都倡导尊重学生

---

① 钟启泉,崔允漷,张华主编:《为了中华民族的复兴 为了每位学生的发展:〈基础教育课程改革纲要(试行)〉解读》,华东师范大学出版社,2001年8月第一版,第75-80页。

多元化的生活经验、多方面的兴趣爱好、多样化的学习方式和表达方式,让学生选择自己感兴趣的课题进行探究,并通过活动组织方式、学习方式和评价方式的改革和创新,让每个学生都能研究自己感兴趣的内容,并用自己擅长的方式进行展示和表达,让每个学生都能体验到成功的喜悦。

具体来说,首先,在主题拟定上,要基于不同年龄学生的兴趣与经验,让学生自主选择他们关心的、愿意探究的活动主题,尤其避免教师直接给定主题,将自己认为有意义的问题强加给学生。其次,在发展目标上,允许学生做出符合自身实际需要的选择,鼓励学生为自己量身制定个人发展的方向和目标要求,逐步培养学生的自主发展意识和能力。再次,学生小组有权根据本组学生独特的兴趣爱好,选择、设计、形成本组的活动方案和活动方式,每位学生也可以根据自己的兴趣需要选择自己喜欢的活动方式和自己愿意承担的小组任务。最后,每个小组有权利自主地选择、设计活动成果的表达和展示方式,充分展示主题式综合活动课程的多样化、丰富性。

三、多种渠道相互结合,采集分析学生需求

学生的兴趣、爱好、需要是主题式综合活动课程主题设计首要考虑的出发点。主题设计必须考虑学生的经验背景、知识基础、能力水平和实际需求,才能调动学生参与活动的积极性、主动性,使活动持续深入地进行。学生需求的调查方式主要有问卷调查、访谈、座谈会、观察等,可以根据需要灵活采用。其中最常见的是问卷调查与访谈两种,且二者各有其优劣。问卷调查的优势是调查范围广、节省时间,并且调查数据结果便于进行统计和分析。访谈的优势在于能够展开追问,深度挖掘学生的想法感受,可靠性较高,便于针对性地搜集资料。因此,学校和教师在实际操作中,可以将多种方式有机结合,形成互补,最大程度采集学生的实际需求,为主题确定提供依据。

资料搜集完成后,所得到的数据有多种,包括量化数据和描述性数据等,需要对这些数据进行进一步分析。学生需求分析是主题式综合活动课程建设中必不可少的一个环节,它为课程建设提供了信息基础,有助于提供课程开发的针对性和有效性。具体来说,对于量化数据,可以进行描述性统计、方差分析、回归分析等较为精

密的处理,从中探求不同年级、性别等不同要素学生的需求差异,进而进行针对性处理。对于访谈、观察等方式获得的描述性数据,可以采取编码的方法,对关键内容进行编码排序,也可以由分析人员集体讨论,得到对描述性数据的一致理解。

例如,黄浦区卢湾三中心小学开展的"我们的节气"活动,其主题的确定是在充分尊重学生自主性的前提下,通过问卷调查和访谈产生的。问卷调查结束后,经过对主题的分类、筛选,根据大多数学生的意愿,选取了立春等四大节气作为主题。大主题确定后,在具体活动开展前再次进行问卷调查,在主题范围内,根据学生的兴趣、爱好、知识基础等将选择的范围进一步具体化。(详见创意6)

创意 5-1　和风儿做游戏

本次课程的活动对象为二年级学生,结合"我与自己""我与社会""我与自然"三大维度的活动目标,主要活动设定为:① 在游戏感知"风"的前提下,通过阅读初步了解自然界的"风";② 通过想象创作"我们和风做游戏"为主题的立体拼贴画及自己造"风"的尝试,再次深入了解自然界的"风";③ 走近校园"迷你气象台",当一回天气小主播,并完成报纸版块创作。

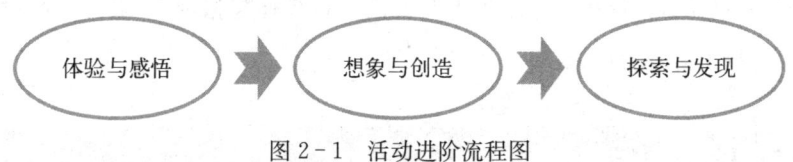

图 2-1　活动进阶流程图

一、体验与感悟:从生活到书本,再回归生活

在活动开始前,教师会先请学生做个小游戏——羽毛的"耐力"。游戏规则是不允许用身体任何部分接触羽毛,只许用嘴巴吹气,看谁的羽毛吹得最高且保持不掉落。"爱玩"的天性使得学生在进行游戏的过程中不断观察、思考,以求能找出赢得游戏的"最佳方案",在这个"玩"的过程中,自由、快乐地激发出了学生的求知欲,促使学生自发地进行主动学习,并意识到风的强度大小直接改变着空中羽毛的位置高低。通过与实际生活经验相联系,学生进一步了解到风的速度与流量

会带来相应的不同变化。

对"风"有了形象直观的感知后,活动正式开始,教师带领学生共同阅读绘本《风喜欢和我玩》,结合图片与文字,通过阅读、观察,结合圈划等方式,一起讨论:"风"和"我"玩了些什么?风的作用与危害有哪些?"风"与"我"是敌还是友?引导学生用开放的视角认识"风",用辩证的思维看待"风"。并通过小组竞赛的游戏形式,请同学们回想生活中"风"的各种"隐形"存在形式,比一比哪一组同学总结的例子最多。

基于对绘本的理解,让学生尝试再用肢体动作表现不同强度的风。并通过小组合作,一起来演一演绘本中"我"与"风"的游戏,有机会充分表达出自己对风的感受,更好地融入进了这个主题。

二、想象与创造:发挥想象、主动创造,动脑又动手

这一模块下又可分为"我想象""我创造"两个部分。

首先是"我想象"。在对绘本研究的基础上,学生以小组为单位创设共同场所,思考并画出自己在该场所与"风"玩过或"想要玩"的游戏,并利用风吹落的花草树叶等实物做立体拼接,共同完成一幅全景图。这一过程是学生对于先前实践探索的一种总结,又是在先前基础上所做的一种延伸与拓展,并通过绘画拼贴的新方式进行了自我表达、呈现。

图2-2 作品展示

其次是"我创造"。学生们先通过观看蓬莱小镇wow实验室课程的"气球动力小车"视频,了解、思考我们可以如何更好地创造风、利用风。再自己动手尝试"造风"。教师为学生每人准备一个未充气的气球,并配备打气筒若干。第一步,用打

气筒给气球打气,气球变大到一定程度后,捏住气球嘴,将打完气的气球取下,并将其对准手心或脸部,时而松捏、时而紧捏,使学生在这一实践中能直观感知到松捏、紧捏两种状态下的不同风力;第二步,用打气筒给气球打气,气球变大到一定程度后,捏住气球嘴,将打完气的气球取下,再完全松开气球嘴,让学生在这一实践过程中观察充气程度不同的气球的不同"飞窜"情况;第三步,在学生完成气球"造风"的实践基础上,思考生活中其他可以"造风"的物品,并寻找当下范围可及的物品,尝试自己"造风"。

"想象"与"创造"模块过程对于学生来说新鲜又有趣,在循序渐进的引导过程中,启发学生不断思考与探究,从而深化对"风"的认识与了解。

三、探索与发现:走进校园"迷你气象台"

学生们在具有一定知识储备的情况下,决定走出教室,挖掘一下"迷你气象台"中有关风的小"秘密"。学生以小组为单位观察、记录、探究与讨论,解读气象台屏幕上出现的"风向"与"风速"概念。

当屏幕上出现"东东南",说明现在风是从东和东南之间的方向吹过来的。

风速显示的数字越大,说明风越大,提醒我们要做好相应的防护措施。

……

图 2-3 活动展示

回到教室后，教师请学生仔细阅读校园报纸《蓬莱小镇月报》的气象专栏，思考并交流小台长是如何撰写气象报告的。接着，请学生尝试自己写一写气象报告，在这个过程中教师注重情境的创设和分层教学的设计，为学生设定不同难度的挑战任务：任务一是完成一份填空式的材料，大体内容由教师提供，学生主要完成数据分析；任务二是完成一份半开放式的材料，教师只提供大致框架，其余内容由学生独立完成，给学生更多自主发挥的空间。学生可以根据自己的学习节奏任选一种材料完成气象报告的简单撰写，作为小组报纸的内容设计之一，并继而模拟气象员进行播报。

同时，教师鼓励学生在课后坚持每日实地记录气象台数据，并进行分析与总结，尝试向学校月报社的气象专栏投稿，真正做到学以致用，学生的积极性和创造性也在此过程中被高度激发。

四、活动成效

学生在真实的学习情境中能始终保持较高的积极性参与课堂活动，乐于小组合作、思考研究与动手制作，学习氛围融洽，做到了在活动中学习，在生活中学习。教师鼓励学生释放自由、爱想象的天性，引导学生在实践探索中不断强化对自然现象以及生活的观察和思考，能通过各种方式表达自己的认识与想法，加强了对学生多元能力的发展与培养，充分发挥了学生的主观能动性。

创意 5-2 消防小卫士

一、活动背景

（一）贴近学生生活实际，选取主题

1. 课程基础

在办学理念的引领下，学校构建的 Q 课程体系涵盖了 Q 书票、Q 少年、Q 九子、Q 探究等体育、艺术、品德、科技诸方面的学习，并初步形成了年级序列。每一年级都有符合学生年龄特点、深受师生喜爱的学习内容，这为低年级主题式综合活动提供了课程实践的基础。

2. 活动目标

"消防小卫士"是我校低年级主题式综合活动整体方案中"我与自己"和"我与社会"两个维度下的"保护我自己"这一主题中的一项活动。在这一主题下,我们选取了4项活动,分别是"消防小卫士""交通小卫士""遇到坏人怎么办"和"食品安全小卫士"。它们根据低年级学生生活环境与发展的需要,引导学生关注自我与他人、识别交往安全、食品安全,对环境中危险事和物的认识,让学生在识记、参观、游戏、实践、体验、情景模拟中形成自我保护的意识和能力,并逐步建立起规则意识,进行生命教育的认知。

(二) 结合学生已有经验,多维延展

"消防小卫士"是围绕"保护我自己"这一主题开展的综合活动。"我与自己"和"我与社会"这两个维度强调在既定规则中的亲身体验和尝试。这意味着我们要围绕主题来设计活动与任务,学生的学习空间、学习方式以及活动的组织形式都将围绕学生的日常生活来展开。通过本次活动,我们希望学生通过现场倾听、实地参观、亲身体验等多种方式更全面地了解消防安全知识。

二、活动过程

基于低年级学生的年龄特点和认知水平,依据两个维度的目标要求,我们制订了"消防小卫士"的主题目标,并聚焦主题设计了四项综合活动和与其对应的任务。采用了找找、认认、唱唱、说说、议议、练练、学学、走走、画画、做做等丰富多样的形式,帮助学生掌握"消防安全"的知识,增强对火灾的预防和自护意识,习得逃生自护的能力,从而树立珍爱生命的理念。

(一) 知识习得日常化

消防知识日常化,就是把消防法律、法规的学习和消防知识教育列入主题活动的计划中。教师采用灵活的形式对学生进行经常性的消防安全教育,使得消防安全意识能深入学生心里。如以近期发生的火灾事故新闻引入主题,引导学生看新闻,找隐患,继而交流家庭、学校、乃至社会上存在的消防安全隐患。通过看一看、说一说、议一议,消防安全的知识得到了巩固,珍爱生命的理念得以树立。

（二）能力培养活动化

能力培养活动化，就是针对低年级学生的特点，遵循活动性原则，寓教于活动之中，寓教于乐趣之中。如开展唱唱《儿童消防歌》、认认不同用途的灭火器、学学不同火灾的分类、连连灭火器的分类及用途、画画逃生线路图、做做"消防手抄报"、观摩模拟火警逃生演习、举办消防知识讲座等活动，培养学生的火灾预防、火灾自救、消防器材使用、逃生自护等技能，增强学生对火灾的预防和自护意识。

（三）实践体验安全化

实践体验安全化，要求消防安全教育活动必须以安全为本。学校在每月开展的逃生演练前，都会根据不同的演练目的制订好演练方案。演练前，由班主任老师指导学生正确的逃生方法、帮助学生熟悉最快的逃生路径，教导处会为低年级各班安排两个老师，保障逃生演练时的学生安全。为确保演练时的学生安全，学校还组织低年级的学生在安全教室里进行模拟演练，确保真正演练时不发生安全事故。

（四）活动评价多元化

学校积极探索多元化的课程评价方式，使评价既具有检测作用，更体现激励引导的功能。低年级主题式综合活动的评价也需要在学生们的参与下不断完善、不断进步。我们围绕活动目标，将评价分为"过程性评价"和"综合性评价，并将活动的开展和日常教育教学活动相结合，和校园各项主题文化节相结合，和裘实四好少年的评选相结合。在评价的过程中，我们努力为学生搭建展示的舞台，留下学生活动记录的小档案，关注他们的进步，并给予热烈的掌声与鼓励。

三、活动效果及反思

（一）活动效果

纵观"消防小卫士"这一综合活动，从整体设计到组织实施，我们都始终注重围绕主题开展，并引导学生在现场倾听、实地参观、亲身体验等过程中以多样的视角、灵活的方式体验和学习，从而促进其多种经验的连续、协同发展。活动的意义是深刻的，起到的作用是明显。小朋友们通过活动对消防的了解不再只是电视里看来的、大人们嘴里听到的那么模糊，而是更直观地、更真实地亲手"触摸"到了消防知识,既丰富了知识、拓宽了视野,更是为自己的生命增加了一层厚厚地"保护膜",有效提升了消防工作的影响,推动了消防工作的社会化进程。我们通过各楼面的彩虹屏宣传消防知识,让孩子掌握"火灾的预防""火灾中的自救"等最基本的消防知识。在消防演练中,将防火逃生的知识融入消防演习中,使孩子知道了在哪些地方要注意防火,遇到火灾要怎样做。由于学生年龄的限制和生活经验的缺乏,教师必须根据日常生活中常遇到的问题,通过主题式综合活动这一路径有选择地教会他们一些实用的知识,增强学生的防火意识,提高学生的防火能力,保护学生的生命安全。

(二) 改进意见

目前,虽然我们力求评价的多元,但如何在评价的过程中掌握好"度",关注好学生过程性的评价,并给予尊重、支持和个性化的指导,以实现学生在原有水平上的发展。这是我们今后需要继续探索的内容。同时如何让学生在低年级主题式综合活动中获得的知识更好地运用到实际生活中,是我们需要努力的方向。

(上海市裘锦秋实验学校　孙磊)

第 6 问　主题式综合活动课程如何将学生的问题转化为课程主题？

我们的经验：对来源于学生的问题进行筛选提炼，将有价值和有探索空间的问题转化形成课程主题。按照"选题要小，立意要巧，挖掘要深，效果要好"的标准进行课程主题设计，以发挥整体效应。

由于学生们的"问题意识"参差不齐，再加上客观条件的限制，可能有些学生提出的问题脱离实际或没有研究的价值，所以往往不适合作为主题式综合活动课程的主题。为此，教师要引导学生对问题进行筛选提炼，将有价值和有探索空间的问题转化形成课程主题。

此外，学校或教师应根据校情学情等自身实际进行适宜的课程主题设计，围绕课程主题核心，鲜明而突出地提出要解决的重点问题；活动应运用多方面知识，多种能力，多种方法手段来解决问题，使活动课程时空交错、富有立体感，以发挥整体效应。

一、筛选提炼有价值的探究问题

主题式综合活动课程都是围绕"主题"开展活动的，其活动"主题"一般都是由学生"问题"转化而来的。在教育实践中，许多老师困惑的便是如何将学生的问题转化为主题式综合活动课程的主题。解决这一困惑的首要工作即是对学生的问题进行筛选，从中选择凝练有价值和有探索空间的问题进行转化。

主题式综合活动课程强调要以主题统整各类活动，那么课程主题如何确定呢？其中一条重要的路径是将有价值的问题转化为课程主题，以问题的生发、探索与解决为主线串起各个活动。学生在学习和生活中会遇见形形色色的问题，但并不是所有的问题都值得探究，并不是所有的问题都需要转化为课程主题进行探索实施。有价值的问题至少应当具备两个特征：一是有助于课程目标的达成，与课程目标无关、不符合目标程度要求、违背目标要求的问题都不是有价值的问题;二是源自学生的生活世界,远离学生生活感受、体验与经验的问题,比如学科知识问题,也不是主题式综合活动课程重点探究的问题。教师可以从指向课程目标、面向生活世界两个角度筛选有价值的问题,进而确立课程主题。①

  对于学生问题的筛选提炼,可以借助以下几种具体的方法展开:一是问题归类法,即将学生提出的问题进行归类整理,相同或相近类型的问题进行整合。全班师生一起梳理,归纳出全班同学共同感兴趣的话题,找出其内在的联系,整理成一个个主题。二是兴趣保留法,即提出问题的同学在全班范围内"宣传"自己的课题,然后进行"组员吸收"计划,将全班同学的注意力转化到相对集中的一些问题上。三是剔除选择法,请全班同学谈谈自己认为同学们提出的问题中哪些是不适于目前同学们研究的,并说出自己的理由,如果全班大多数人同意,则暂时剔除,但要将原始的资料保留,看以后是否有机会进行研究,以免使提出问题的同学受到打击。最后,值得注意的是,确定的主题要有可操作性,学生活动主题是否可行也是主题确立中要认真思考的问题。如一些活动虽然是学生感兴趣的,但是受各方面的条件限制开展起来困难重重,这时,教师要与学生进行交流,引导他们修改主题或重新确定主题。

二、进行适宜的课程主题设计

  在对学生的问题进行筛选提炼之后,就需要对其进行设计,使之成为完整丰富的课程主题。一般来说,在小学阶段,主题式综合活动课程主题的设计有以下两种类型。

  一是递进式。这一类主题下包含的活动是有内在的逻辑关系的。活动都是围绕一个总主题展开,分成若干个活动,将主题逐步推进,层层深入,不断升华。这种形式,每个层次之间相互衔接、推进、升华,顺序不能颠倒。以《我爱我家》主题为例,即通过"欢迎到我家""班级我的家""学校代言人""我爱我的祖国"活动的

---

① 陈群波:《从纲要走向实践:小学低年级主题式综合活动课程的校本化设计》,《上海课程教学研究》,2018年第11期。

开展,让学生从父母、祖辈等最为熟悉的家庭成员入手,过渡到对所在班集体、学校、国家等的熟悉与了解。这样的主题设计层层推进、环环紧扣、由浅入深、由感性到理性、揭示主题,是比较典型的递进式设计。

表2-1 "我爱我家"课程主题设计

主题	主题描述	活动	任务
我爱我家	以儿童社会关系为载体,从父母、祖辈等最为熟悉的人员入手,过渡到对所在班集体、学校、国家等的熟悉与了解,开展讨论、绘画、唱歌、游戏、模拟、参观等活动,形成主人翁意识,对群体的归属感和对国家的自豪感。	欢迎到我家	绘制家庭树、制作家庭电话号码本、爸爸妈妈的生日设计、探究我家附近的公交路线、拟接待小客人、共唱歌曲"我爱我的家"
		班级我的家	剪贴绘制班级树、制定班规、祝福生日小伙伴、班级游戏我设计、装饰我们的教室
		学校代言人	听高年级同学讲学校的故事、画学校吉祥物、学唱校歌、绘制学校平面图
		我爱我的祖国	参观国歌纪念馆、交流国旗和国歌诞生的故事、画国旗、学唱国歌、带着国旗过国庆

二是并列式。这类课程主题,在主题的统率下,各活动分别涉及到不同内容、不同活动形式,多方面地调动学生生活经验和背景知识,能够最大限度地发挥学生的特长、展示学生的个性。例如《假如我是…》就采用了比较典型的并列式主题设计。这个主题定位于以职业体验、志愿服务为载体,以体验一些身边常见的职业、参与公益活动等入手,设计了"我是邮递员""我是收银员""我是小医生""我是图书管理员"等多项活动,通过游戏、角色扮演、绘本阅读等方式,初步认知社会,在体验中感知工作的乐趣,同时培养克服困难的勇气、与他人合作协商解决问题、乐于帮助他人等优良品质。这种类型的主题活动所涉及的内容,根据情况可以增减,增减后不影响活动的正常开展。在有限的活动时间内,学生可以学到多方面的知识,达到活动设计的目的。这些内容之间是并列的、独立的,不存在顺序先后和逻辑关系,活动之间无需机械的排列组合。

表2-2 "假如我是…"课程主题设计

主题	主题描述	活动	任务
假如我是…	以职业体验、志愿服务为载体,以体验一些身	我是邮递员	了解一封信的旅程、设计绘制小邮票、探究有趣的邮政编码、信件派送小游戏

续　表

主题	主题描述	活　动	任　　务
假如我是…	边常见的职业、参与公益活动等入手,通过游戏、角色扮演、绘本阅读等方式,初步认知社会,在体验中感知工作的乐趣,同时培养克服困难的勇气、与他人合作协商解决问题、乐于帮助他人等优良品质。	我是收银员	体验超市购物和收银服务的礼貌和规则,认识货币,认识货币学习元角的换算
		我是小医生	了解医院就诊各环节、了解医院的科室、游戏模拟医院看病
		我是图书管理员	体验学校或社区图书馆的借阅流程、整理班级图书角、制定班级图书借阅公约、爱护图书的好建议

创意6　"我爱春夏"的有趣与有得

一、活动背景

春夏是自然,是我们人类赖以生存的物质环境,也是人类学不完的天然"教材",汇集了各种各样的植物、生物和自然现象,孕育了无数的科学知识和奥秘,这些探究对象都是小学生感兴趣的探究问题。

本校低年级主题式综合活动实践案例侧重"我和自然"维度,以时间线为进程,提炼出在三月以文艺方式寻春,在四月以劳动方式春耕,在五月以项目化游戏方式迎夏,在六月以自我展示方式过端午的"春夏"季节更迭自然现象主题设计。

二、设计思路

"我爱春夏"依托四个具有时令特征的综合活动部分,包含与其关联的十余项并列式活动任务,为学生指出了一条探索自然的有效途径。

(一) 问题开发:多元智能理论下的季节教育

自然界在不同的季节向人类展现了无尽的美;不同季节的人们也会有不同的生活生产方式;与季节相关的时令、节气都包含着丰富的社会生活教育资源。"我爱春夏"这一主题,选取随季节而变化的春夏自然界的人类社会生活作为探究问题,不仅贴近学生实际生活,更是具有强烈的社会价值、健康价值、审美价值等,能够促进学生的人际交往能力、语言表达能力、艺术创造和合作意识等方面的发展，发挥学生的多元智能。

（二）主题优化：尊重学生独特视角的"有趣"设计

"我爱春夏"以学生为本，考虑到学生的需要和身心发展以及认知特点，强调让学生走进大自然自主探究，获得直接经验。关注学生需求，以学校的"睛睛"吉祥物作为课程"代言人"，利用学生喜爱的形式提高学习的兴趣，实现培养学生综合素质的目的。以有趣包装有用、有效的探究问题，通过生动有趣的语言、形象直观的身势语、真实有效的教学情景、轻松愉快的课堂游戏氛围、集声像动画一体的多媒体演示等实施方式，引发学生学习的积极性，维持情景兴趣，从而触发、形成和完善学生个人兴趣，体现学生立场并指向问题解决，具有可操作性和实效性。

三、活动过程

（一）三月的文艺——基于学生的个体经验

阳春三月的花香拉开了新学期的篇章，跟着"睛睛"的步伐，学生们首先去"寻找春姑娘"了。伴随着歌曲《春之声》，教师娓娓道来童话《春天的礼物》，引导学生根据平日的观察和回忆，模仿表达自己眼中的春天。乘着童话的兴致小舟，学生哼唱起了《春天在哪里》。音乐老师顺水推舟地教学了这首歌曲后，学生便开始尝试着设计歌曲中出现的燕子、小黄鹂等角色头饰，并分组创编舞动队形……在学生们合作探讨的过程中，一部春意盎然的舞台剧孕育而生。此刻，每一位学生都寻找到了自己的春天，学习热情已被点燃。他们走进图书馆，听语文老师读"诗文中的春天"，自主选择喜爱的诗人进行角色背诵，试着写儿童诗歌，抒发自己对春天的独特情感。

在春日晴朗的午后，"春天邀我来画她"的任务带领学生们从室内移步到操场，描绘春天的景象。学生的画面上被符号、图案、文字等灵活多样的方式填充着春的气息。

活动中的艺术多样化，说、唱、吟、演、读、观、画环环相扣。学生们立足于已有的生活和知识经验，尽情享受大自然的美好，以文艺形式激发生命张力。

（二）四月的劳动——着眼学生的生活问题

四月春光好,春耕正当时。"晴晴"首先提出"吃对时令菜"的挑战,学生们在蔬菜园地借助放大镜等测量工具观察各种春夏时令蔬菜特征,并融入思考、提出困惑、进行记录。而后,学生通过 ipad 上的"蔬菜图鉴"学习库,自主探究蔬菜名称、食用价值等。在他们的自然笔记中,可以看到菜叶细节、蔬菜图示等。当他们成功地将季节与对应的时令蔬菜连线,并为蔬菜制作爱心名牌后,每个人的脸上都挂着幸福的笑容。回到教室,学生们沉浸在"劳动最光荣"的喜悦中。"晴晴"播放春耕景象视频,学生们梳理了水稻种植顺序,懂得"粒粒皆辛苦"的来之不易。因此,他们还给袁隆平爷爷写了一封封感谢信。

清明假期里,学生们分小组前往农家田园,亲子合作进行"采摘农家乐"。田埂上的自然景象吸引着学生去观察和记录。学生通过"拍照识植物"小程序认识了各种植物,还拍摄采摘微日记。活动结束后,学生们提取自然美的元素,制作成采摘小报,进行"劳动能力 PK",互相交流经验,分享活动感受。

四月的主题活动真是一项探究式春忙,每一项都着眼于生活问题,揭示着自然奥秘,学生们从中学会了对自然的探究方式。

（三）五月的游戏——回应学生的生成性问题

五月的到来,意味着春与夏的交接。由《季节的孩子》故事启发,学生懂得了不一样的季节就有不一样的风景。春与夏就如同两种乐器,一场由小学生主导排演的"春夏演奏会"将五月的游戏化、项目化课堂拉开帷幕。

五月的"春夏对对碰"活动任务很特别。学生的探究不再拘泥于课堂中教师提出的几个问题,而是要将所学习的关于春夏小常识进行归纳总结,并"再创作"成创意图版游戏棋盘。学生在游戏设计项目问题驱动下,制定出了具体的游戏规则,其中包括棋盘、棋子角色、游戏币以及任务卡片设计等。在设计过程中,潜移默化地加深了对该阶段知识的认识。当小组之间互相交换棋盘,尝试掷骰子玩时,学生会发现游戏规则制定的纰漏并改进,甚至自行解决了数学计分的难题。

游戏的设计创造性地抓住学生"爱玩"的兴趣所在,不仅巧妙地进行了阶段性回顾,还引导学生发挥潜能,不断地对过程中生成的问题进行自我反思与自我改进,收获颇多。

(四) 六月的收获——满足学生的心理需要

不知不觉,学期接近尾声,已是收获的六月。学生们通过视频,了解屈原的故事,激发了民族自豪感。而后,他们进行"节日大侦探"的闯关问答以通晓端午习俗。"侦探"们通过自己的努力,获得了开启"粽子制作坊"的钥匙。通过研究粽子"解剖图",结合家长嘉宾现场演示讲解包粽子过程,学生们聚精会神,观摩讨论出包粽子的正确顺序。在讲解演示的强效催化下,学生们跃跃欲试,在小组模拟经营"仲夏端午小铺"中,学生们手工制作了彩泥粽子挂件、龙舟剪纸、香囊布艺等,可谓是一场"创意达人秀"盛宴。活动临近尾声,食堂阿姨端来了腾腾热气的粽子,孩子们欢呼雀跃。这也许是他们未来会不断回忆起的"仲夏之梦"。

学期末的这场活动使学生在富有文化价值的情境中,既轻松有趣又有挑战性地综合性开展学习,满足学生价值感的心理需求,培养学生的自主性和创造性。

(上海市黄浦区第一中心小学　于嘉璐)

第7问 主题式综合活动课程如何拓展学生生活经验，以问题为导向确立课程主题？

我们的经验：通过创设情境，有意识地引导和培养学生的问题意识，同时引导学生纵深体验感悟。从学生的问题出发确立主题，以回应学生的现实关切和实际需求，源于并高于学生生活经验进行主题设计，推动学生的全面发展。

上海市小学主题式综合活动试点的目标，就是从儿童的生活出发设计主题，利用主题来有效统整各类学习内容，以实践、体验、探究为主要活动方式，引导儿童整体感受和探索世界。

主题式综合活动课程主题的确立一般要经过发现问题和确定主题两个阶段。发现问题阶段注重教师创设问题情境，引导学生发现问题、提出问题；确定主题阶段即把提出的问题转化成或分解成可以研究或实践的活动主题。在此过程中，既要有意识地培养学生的问题意识，也要巧妙地选取和处理来自学生的问题，通过主题设计与活动开展，拓展学生的生活经验。

一、巧选问题切口，回应学生现实需求

主题式综合活动课程将学生关心的现实问题以主题的形式统整起来，通过学生主动的、创造性的问题解决过程，有机地将知识与经验、理论与实践、课内与课外等结合起来，提高学生综合解决问题的能力。因此，主题的设计关系到整个学习过程的进行、学习目标的实现以及学习者能力的提高，主题关系到知识和能力的统整，什么样的主题能够切合学生实际，是整合综合活动课程设计过程中需要重点考虑的问题。

主题式综合活动课程的"主题"，实际上也是"问题"，是某些"问题"中的主要问题、核心问题，也可以是一些具体问题的概述。这里的"主题"表明活动关注的

焦点与内容选择的范围,而不是课程内容的具体规定。通过主题,综合活动课程使各部分相互联结,以一个整体的形式呈现意义,但主题式综合活动课程在进行系统化设计时,尤其是在课程主题的确立上,其涵盖的关键内容、概念的理解和复杂的行为表现应富有灵活性,即巧妙地处理来自于学生的问题,从不同侧面和不同程度对学生多样化的现实需求进行回应。

那么如何巧妙地选择和处理来自学生的问题呢,一个重要的考量即在于与学生日常实际生活密切联系并进行升华处理。例如上海市裘锦秋实验学校的"书票小乐园"活动以读书、爱书为主题,先从简单认识藏书票开始,再根据已有的生活和学习经验,创造、体验不同的情境活动,引导学生在多种实践中,感受中国悠久的传统优秀文化。

二、创设情境,引导培养学生问题意识

上海市小学主题式综合活动是从儿童生活出发选取主题,围绕主题创设学习情境,通过多领域活动提供综合的学习经历,引导学生"做中学""玩中学",满足学生的好奇心和发展需求,让学生感受、体验与探索真实世界,为学生后继学习和终身发展奠定基础。

围绕既定主题,通过各项活动引导学生纵向深入地探究问题,深挖问题背后的故事,从而获得更深入的学习感悟。教师要选取与学校、家庭生活相关的情境,在学生有一定生活经验的基础上进一步探索。通过教师的引导,学生得以深入地思考与体悟。

通过创设情境,激发学生的创造性思维,引导和启发学生从多方面发现和寻找探究主题,鼓励学生从自己所处的自然、社会和生活环境中留心观察、用心体会、细心辨别,从中探寻自己感兴趣的问题,并将问题及时记录下来,再经过讨论转化为主题式综合活动课程的主题。

随着主题式综合活动的开展,教师可以引导学生关注自己生活范围内的事物,及时发现和收集自己感兴趣的问题。在下次进行问题讨论前,学生就可以在教师提示下有意注意自己的生活,发现了一些实际问题,然后再一起探讨哪些是自己能够探究的,从而确定活动主题。鼓励学生不断发现和提出问题,培养学生

的问题意识,是一个逐步深入的长期过程。

三、密切联系生活,源于经验链接未来

主题式综合活动课程强调从学生的兴趣、需求出发,密切与学生生活的联系。因此,教师要鼓励学生多观察生活,善于在生活中发现问题,并提出自己感兴趣的问题。如期末布置学生利用假期,认真留心观察生活,把自己感兴趣的问题记录下来。开学后,组织同学进行交流汇报,引导学生将问题进行整理,从中筛选出适合学生探究的主题。

此外,主题式综合活动课程的重要目的之一即是让课程回归学生的生活世界,使课程内容和活动主题密切联系学生的自身生活和社会生活,改变学校课程长期远离学生生活的状况。因此要注重引导学生从自身生活和社会生活中选择有针对性的现实问题作为活动主题,从而提高学生认识社会和处理问题的能力。同时引领学生走进现实社会生活,促进学生学习与生活的联系,为学生的个性发展提供开放的空间。

主题基于生活是指课程主题应源于学生的生活经验,生活经验包括学生的知识背景和基础、经历过的事、关注的人和事等。只有将学生的生活经验作为开发主题的重要资源,才能调动学生参与其中的积极性,凸显学生在课程中的主体地位,才有利于学生个性,尤其是学生的独立性、积极性和创造性的发展。但值得注意的是,主题式综合活动课程不能仅仅满足于此,在基于学生生活经验的基础上还要一定程度上高于学生生活经验,即适当设置高于学生当前能力,但学生经努力和探究,可以达到的活动目标。从发展的取向来看,主题式综合活动课程的质量及其结果,最终应当以是否激发学生活动兴趣、满足学生活动需要、提高学生活动能力、培养学生社会责任感等为标准。

创意 7-1　书票小乐园

本实践案例以"藏书票"这一艺术形式为载体,在设计中赋予藏书票更多、更新的民族文化内涵和时代气息,在图案内容上充实了民俗资源、社会资源和自然

资源。"书票乐园"活动侧重"我与自己"维度，包含五项综合活动："小小藏书票""我爱你老师""秋天的信使""美丽的象形字"和"我的书票故事"，这些课程按感受、认知、体验、实践的顺序层层推进，让学生透过小小的一枚藏书票，把他们的目光从校园引向更为广阔的社会，从而更多地了解中国传统优秀文化艺术，传承中华民族优良传统，提高学生的道德素质和艺术涵养，增强他们的民族自尊心、自信心和自豪感，达到"随风潜入夜，润物细无声"的教育效果。

一、活动背景

（一）立足校本特色：藏书票是我校 Q 课程体系之一，"Q"既是学校校名首字的拼音缩写，也是"趣"字拼音缩写，寓意在学校充满趣味的课程中，吸引和引导学生主动学习；"Q"更是英语单词 Question 的首字母，展现了学校培养学生创新思维，开发潜能的课程目标。

（二）贴近学生生活：《书票小乐园》让学生在小情境、小创作等一系列有趣的活动中陪伴学生进入一个新的学习领域。通过实践体验，带给学生多角度、多维度的收获。

二、活动过程

基于低年级学生的年龄特点和认识水平，依据三个维度的目标要求，制定了"书票小乐园"的主题目标，并根据主题发散设计了五个单元活动内容与其对应的任务。五个单元的学习内容各自独立，但又都以藏书票为艺术载体，呈现出学生"我与自己、我与社会、我与自然"的学习过程与综合能力的整体提高。"书票小乐园"采用了故事、绘画、表演、歌舞、游戏、观察、探究等丰富多彩的形式，帮助孩子们了解藏书票的魅力，培养学生的艺术审美情趣，激发学生不断探究的兴趣和喜爱的情感。以下就以五项综合活动为例介绍我们的实践。

（一）小小藏书票：探索校园，认识书票

什么是藏书票呢？为什么我们要学习藏书票？藏书票和书签有什么区别呢？……带着一串串小问号，我们一起来探索校园，参观校园中的藏书票长廊，参观校园中的藏书票长廊与图书馆，欣赏藏书票作品，初步了解藏书票的特征和用途,走进我们的学校图书馆,听一听藏书票的故事。

藏书票和邮票、书签可不一样,它有好多特征呢!通过观察比较、闯关问答,在老师的指引下,利用"对对碰"的游戏加深了孩子的认知,但真正的挑战才刚开始,我们要将藏书票、邮票、书签的特点都记录在学习单的第一页,每次一翻开都能想起它们的特点。

(二) 我爱你老师:表达情感,敢于尝试

老师老师,我亲爱的老师,到底哪个老师最棒呢?

每个老师,都有他的本事,你有问题就快问他们!

你喜欢哪位老师呢?可能是因为他的本领大,知识多,也可能是他总是表扬你,和你有相似的爱好……孩子们一番畅所欲言,和老师之间发生过各种有趣的小故事,更能"cosplay"一下老师们常做的动作,说一说老师的口头禅,一举一动惟妙惟肖。

教师节之际,并不用买贵重的礼物,给老师一个大大的拥抱,画一画我给老师的小贺卡,写上三言两语的祝福,不要害羞地把话藏在心里,大大方方地表达出自己的情感吧!这一系列的活动能让孩子们了解到语言沟通的重要性,逐渐自信地表达自我。

图 2-4 学生作品"我爱你,老师"

(三) 秋天的信使:亲近自然,善于发现

"秋天到,天凉了。小叶子,穿黄袄。树枝上,站得高,风吹来,摇呀摇……"伴随着《小叶子》的音乐,大家一同在操场上,在学校的花坛里,寻找秋天的身影,收集秋天的落叶。

在老师的带领下，听、读英语绘本故事《I Know It's Autumn》，用简单的语言、有趣的画面，描绘了秋天孩子们的日常活动，野外果实累累，而我们穿上了温暖的外套、保暖的袜子。孩子们听完故事，还能够续写故事，说说我们身边秋天到来的痕迹，从点点滴滴的细节处发现秋天的美好，体会四季的变换。

"捕捉"到了生活中的秋天，孩子们将飘落在操场上美丽的小叶子收集起来，将叶子贴在心爱的书本的扉页上，飘落的树叶啊，有的像在舞蹈的小人，有的像厚厚的手套，有的像大公鸡的尾巴……尽情地展开想象力，再用水彩笔、记号笔添上几笔，或将叶子有趣的纹理摹印下来，让它们变得更加特别，成为独属于自己的秋天的信使。

（四）美丽的象形字：探索文字，品味文化

象形文字是一种由图画转变而来的古老文字，聪明的古代人民将要表达物体的外形特征，具体地勾画出来，你瞧！这些字你能不能看懂呢？将实物图片、象形文字和现代汉字用线连一连，凑成一对一对好朋友，他们多像呀！

纳西族人喜欢将文字画在墙上、器皿上，作为美好的装饰。在教师的指导下，孩子们也将东巴文字写写、画画，制作成精美的藏书票作品，美化我们的校园、我们的家园。

图 2-5 学生作品

(五) 我的书票故事：分享故事，美化校园

我爱看书！午间阅读时间曾漂流来一本在隔壁班的、我幼儿园同学看过的书；我喜欢和我最要好的朋友一起读书，我读小兔子、她读小袋鼠；我喜欢读谜语书，把书上的谜语记下来，不仅给同学们猜，还考了一考老师呢！……我与书、与书票的故事有好多好多，说不完，更想把它们用笔画下来。

孩子们的作品各种各样，有的人擅长精细的线条，有的人涂了夸张配色，但认真完成的作品，挂在一起都五彩缤纷，百花齐放！

孩子们乐于在集体面前展示自己的作品，使用美丽的作品，布置校园环境，装饰艺术长廊。活动让孩子在自我认识的过程中知道每个人都是不一样的，克服害羞和胆小，学习大胆、自信地表现；增强了孩子的自信心，培养他们敢于在公众面前展示自己的能力，让校园洋溢着快乐。

图 2-6 学生作品

教师在主题式综合活动中，给予孩子指导、帮助与适时的评价，及时搜集孩子参与活动的轨迹，记录实践与体验的过程，让孩子们也将自己的活动简单地通过写写画画的形式记录在《Q乐园》活动手册中，保留孩子们的活动成果。帮助孩子们增长见识，培养兴趣，在活动后能够回顾与反思，提升发现问题、解决问题、合作交流、处理信息的能力。孩子们在每个单元完成活动后，都能得到一个"小Q"的藏书票印章，收集在活动手册里。

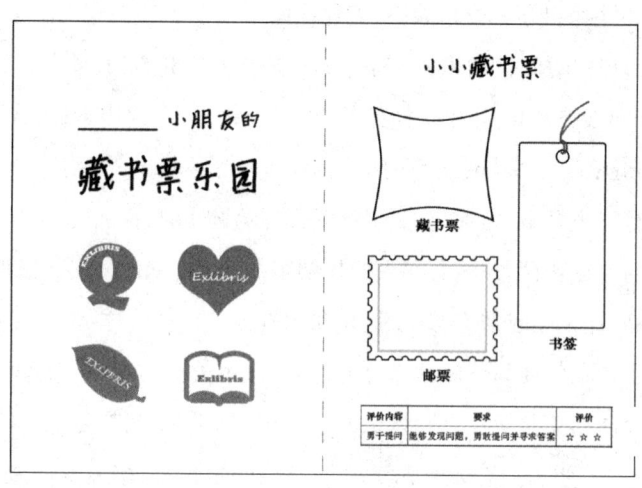

图2-7 小小藏书票

（上海市裘锦秋实验学校 朱珠、陈嬿汝）

创意 7-2　神奇水世界

"水"是我们日常生活中必不可少的事物，对于孩子们来说，"水"是他们最常见也是最容易忽略的东西。在校园里，孩子们玩水、浪费水的现象并不少见，每当孩子们被教育"节约用水"或"珍惜水资源"的时候，他们的眼神总是迷惑不解甚至是拒绝的。他们的表现引起了我的思考。一味地向孩子们灌输这些观念真的有用吗？怎样才能让孩子们真正理解珍惜水资源的意义并让孩子们在生活中做到节约用水。

依据一年级学生心理特征和认知规律，结合学校"基于儿童立场的课程设计与开发"课题研究及学校"童味课程"的办学理念，设计"神奇水世界"这一综合活动课程。这一主题侧重"我与自然"维度，包含4项综合活动，12个趣味任务，按了解、感知、体验、实践的顺序层层推进，聚焦主题设计了"水与海洋""水与自然""水与世界"和"水与宇宙"4项综合活动。4项综合活动由近及远，层层递进，围绕"水"这一主题，从各个角度延伸开来，以资料收集、小组合作、观察实验、动手操作等多种形式开展生动、有趣的活动。通过各项活动提供学习经历，获得成长经验，促进情感认同,激励孩子勇于尝试、敢于表达、善于合作、乐于分享。有计划、有目标、有步骤地教育学生从小懂得保护环境的重要性,为他们一生的环境意识打下良好的基础。

(一) 水与海洋

当我问到"你们都知道海底有哪些生物与动物?"

孩子们滔滔不绝:"螃蟹、水蛇、乌龟、大白鲨、蓝鲸、小丑鱼、海葵……"

于是我们一起把教室装扮成海底世界……

图 2-8 学生以"海底世界"为主题布置的教室

认真观察着如何制作盐画:先在自己喜欢的的卡纸上用乳胶画出形象,再均匀地撒上盐,最后再涂上缤纷的色彩……

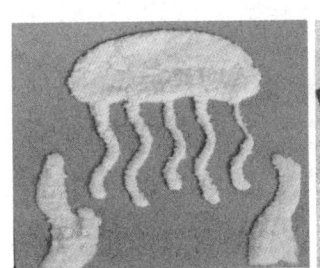 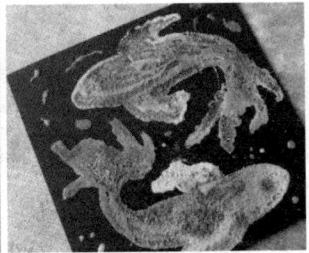 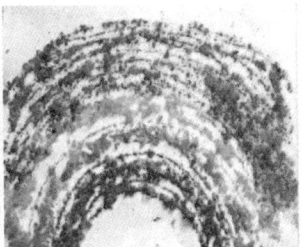

图 2-9 学生盐画作品

(二) 水与自然

小猴和小兔到树林里玩,玩得可高兴了。不一会儿,小兔说:"不玩了,我口渴了。"小熊说:"那我们去喝水吧!"小兔说:"行。"可是找遍了整个树林,都没有找到一滴水,小兔非常着急。小猴看了看四周,发现了一棵果树,树上结满了果子,小猴眼睛一亮说:"我有一个好办法了,你猜猜是什么办法?"小兔明白了,指着树林旁边的菜地,笑着说:"我也有办法了。请同学们猜一猜,我们想的什么办法呢?"

果子、蔬菜、小草等植物里都藏有水,吃了都可以解渴。你们都知道,水呀对于你们人类、我们动物,还有植物的生长都太重要了,我们大家都离不开水。对了,小朋友们都知道植物体内藏有水,我们一起把植物体内的水找出来吧!

"用手使劲捏。""用木板压。""用榨汁机挤水。"

师:小朋友想出来的办法真多。我们来做一个实验——从植物身上找到水。请组长把纱布轻轻揭开,大家仔细看看,说说篮子里有些什么?

"有梨、番茄、橘子、萝卜、菜叶。"

师:另一个篮子里有些什么呢?

"小木板、小木棍、盘子、杯子和勺子。"

这些都是你们可以选择的工具。小朋友先拿一种你想找水的水果或蔬菜,取一个盘子放好,然后再拿你想用的工具,在盘子里开始取水。取出的水可以装在杯子里。最后,将取水用过了的盘子、渣子和工具都收拾在装有塑料纸的篮子里。我们每天吃水果和蔬菜,既能补充我们身体生长和活动所需的水分,也能得到我们需要的营养。所以,小朋友每天应多吃水果和蔬菜。

这儿是小猴送的礼物——两支鲜花。我们将这两支花插在两个瓶子里,其中一个瓶子有水,一个没有水,让我们看一下几天后,会有什么变化呢?(让学生体会到水对植物的重要性)

(三)水与地球

有些同学在一开始会说,地球不是一个蓝色的水星球吗?怎么会缺水呢?但经过学习,他们认识到地球的水资源是多,可是地球所拥有的水资源中,淡水资源是极其稀少的!淡水资源是由江河及湖泊中的水、高山积雪、冰川以及地下水等组成的。地球上只有百分之三的水是淡水,所有陆地生命归根结底都依赖于淡水,它决定着地球上生命的分布,无论高山,还是湖底,有淡水的地方就有生命。

通过学习,同学们知道了淡水资源的重要性和稀缺程度,他们从内心真正理解了节约用水的原因和意义所在,相信在今后的生活中,同学们一定能从自己做起,践行节约用水。

(四) 水与宇宙

通过绘本《水的故事》,我们引出"水娃娃漫游记",一起分享了解"水"的循环,以及水的不同存在状态:

水娃娃的老家在蔚蓝色的大海里。一天,水娃娃们想到外面去旅游,就请太阳公公帮忙。太阳公公答应了它们的要求,放出格外强烈的光和热,一会儿就把水娃们变成了水汽娃娃,再把水汽娃娃们送上了天。在天上,水汽娃娃们集中在一起抱成了团。水汽娃娃们变成了一朵一朵的白云。这时冷空气爷爷来了,水汽娃娃们冻得发抖。后来身上结了冰,慢慢地就变成了小冰雹,就从天上掉下来了。

图2-10 孩子们用自己的方式记录下自己理解的"水娃娃漫游记"

掉到山上、陆地上的雨啊、冰雹呀钻到地底下,于是就变成了地下水娃娃。掉到河里、江里、湖里的雨点和冰雹就变成了江、河、湖水娃娃。地下水娃娃,江、河、湖水娃娃身上都没味,人们就称它们"淡水"。大家喝的、用的都是淡水,可是地球上的淡水是有限的。过了一段时期,江、河、湖水娃娃们想老家了,就随着江河水一起奔腾,又回到了大海。

到了大海里的水娃娃们又变成了咸水娃娃,又苦又涩,人们不能喝,也不能用。但是可以通过太阳把它们晒干,变成盐,对人类又有用了。

(上海市黄浦区卢湾三中心小学 李婷)

第 8 问　主题式综合活动课程如何拓展学科学习经验，形成有价值的课程主题？

我们的经验：辩证看待综合活动课程与学科课程的关系，从跨学科角度选择学生感兴趣的主题，将学生的学科学习经验、活动经验、生活经验相整合，统整进行课程主题的设计，实现学科学习经验的拓展、延伸与提升。

主题式综合活动课程与学科课程是一个有机的整体，学科领域的知识可以在综合活动课程中得到延伸、综合、重组与提升，而在综合活动课程中所发现的问题、所获得的知识与技能，也可以在各学科领域的教学中拓展和加深。这要求整合学科知识和学科学习经验，改变单一的接受式学习方式，提高学生综合运用各学科知识的能力和自主探究发现的能力，使学生形成完整的经验、自主学习的意识和动手操作探究的能力。

一、突破学科局限，推动学生个性发展

伴随着日新月异的社会发展，在学生的个人生活和社会生活中涌现出越来越多的新课题，这些课题的解决往往不是仅靠一门学科或几门学科能够完成的，而是需要学生把所学习的所有学科的知识整合起来并应用于实际生活之中才能很好地应对。[1] 正是在此背景下，主题式综合活动课程以其突出的生活性特征、密切联系学生的自身生活和社会生活、体现对知识的综合运用、以学生的经验和生活为核心等特性而备受关注。

学校不仅是学习知识的地方，而且是儿童生活的场所，他们要在这里成长，要实现作为人的整体性发展。作为学校，不应该只重视科学知识的传授，而应该尽可能地促进儿童的全面培养和个性的充分发展。从学科课程自身来看，虽然它是

---

[1] 张传燧著：《综合实践活动课程论》，广东教育出版社，2005 年 5 月第一版，第 54 页。

学校教育中的一种重要的课程类型,在保障学生学习的科学性、系统性、使学生牢固掌握基础知识、基本技能方面具有独特的优势,是其他类型课程不能比拟的,但它也有自身的缺陷,例如,它割裂了知识间的联系,脱离学生的现实生活,容易导致学生被动学习,难以提高学习兴趣、发展特长等,特别是不利于学生个性的养成与发展。这些具有本质性的缺陷,使得学科课程不能单独承担起促进学生全面发展和个性发展的任务。

主题式综合活动课程在很大程度上弥补了学科课程的局限。它使学生在活动中实现了各种知识的整合、能力的迁移,提升了知识的价值。由于它是根据学生的现实需要和兴趣爱好设计的,整个学习活动是在教师指导下学生自主、主动进行的,因而能够激发学习兴趣、发展特长。它不受课本的束缚,让学生走出课堂,使他们在真实的社会环境中通过实践进行自主学习,有利于学生的个性发展和完整人格的培育。

二、整合学习经验,统整设计课程主题

由于学生的知识背景和知识基础是学生生活经验的组成要素,所以"学科拓展"应成为综合活动课程主题的一部分。在设计综合活动课程主题时,应努力联系学生的学科学习经验、活动经验、生活经验,使之相互贯通,即统整进行课程主题的设计。充分利用社会教育、家庭教育的资源和优势,使学生广泛接触社会,贴近生活生产实际,从中获取知识和教益,体现综合性、实践性和开放性。

综合活动课程的课程主题类似于传统教科书的课文,但也有所不同,其区别在于:"课文"以系统的学科知识为基础,"主题"则以广泛的实践经验为基础;"课文"知识以分科的形式呈现,"主题"经验则以融合的形式呈现;"课文"的教学主要在学校课堂里封闭地进行,而"主题"活动不局限与课堂,还可以在社会和家庭的开放性的广阔空间中进行。①

主题式综合活动课程的"综合性"要求课程主题的确定可基于学科知识但不囿于学科知识体系。只有这样,才能更有利于学生在实践活动中综合运用各种学

---

① 张传燧著:《综合实践活动课程论》,广东教育出版社,2005年5月第一版,第168页。

科知识解决实际问题,更有助于学生形成对周围世界的完整认识和全面体验。实践性则要求课程主题有利于改变单一的"传递—接受"式学习方式,倡导运用多种学习方式,如动手操作、活动体验、探究尝试等,丰富学习经验,发展学生的多元智能。开放性要求课程主题有利于拓展学生学习与发展空间,促使他们走出课堂、走向社会、走进生活,通过活动操作、实践体验,让每一个学生都能开阔视野,得到实际的锻炼,发展综合素质。

三、统筹分合关系,拓展学科学习经验

2017年教育部颁布的《中小学综合实践活动课程指导纲要》中指出:综合实践活动课程强调学生综合运用各学科知识,认识、分析和解决现实问题,提升综合素质,着力发展核心素养,特别是社会责任感、创新精神和实践能力,以适应快速变化的社会生活、职业世界和个人自主发展的需要,迎接信息时代和知识社会的挑战。在设计与实施综合实践活动课程中,要引导学生主动运用各门学科知识分析解决实际问题,使学科知识在综合实践活动中得到延伸、综合、重组与提升。学生在综合实践活动中所发现的问题要在相关学科教学中分析解决,所获得的知识要在相关学科教学中拓展加深。但要防止用学科实践活动取代综合实践活动。①

一般情况下,学科课程也被视为分科课程,而综合活动课程则是整合课程的代表。但"分"与"合"是对立统一的关系,在主题式综合活动课程建设中,要辩证地看待综合活动课程与学科课程的关系,使学生在参与综合活动课程的同时,拓展学科学习经验。综合活动课程具有"非学科性",这种观点在一定意义上将其与学科课程区分开来,具有积极意义。但容易导致过分地与学科课程划清界限,进而孤立实施综合活动课程,难以发挥其整体功能。从此方面来说,"跨学科性"更符合主题式综合活动课程的实际。

实际上,综合活动课程与各学科课程是一个有机的整体,二者既有其相对独立性,又存在紧密的联系。具体而言,学科领域的知识可以在综合活动课程中得

---

① 《关于印发〈中小学综合实践活动课程指导纲要〉的通知》,中华人民共和国教育部,http://www.moe.gov.cn/srcsite/A26/s8001/201710/t20171017_316616.html,检索日期 2017-9-27。

到延伸、综合、重组与提升,而在综合活动课程中所发现的问题、所获得的知识与技能,可以在各学科领域的教学中拓展和加深,而在某些情况下,综合活动课程也可以和某些学科教学打通进行。从跨学科角度选择学生感兴趣的主题,将相关学科知识联系起来,同时避免学科教学与综合活动课程实施的不必要重复,有利于学生在发现和探究主题的过程中,综合地、相互联系地运用相关学科知识与技能。

创意8　数字万花筒

一直以来,孩子们总对数学很有距离感,数字的世界好像只有枯燥的计算与解决不完的问题。每次在解决有关"对折"问题时,学生们总是一个头两个大,到底规律是什么,是加2还是乘2,傻傻分不清楚。虽然老师总是画图分析讲解来帮助理解,但是没过几天,学生又给忘了……学生活动经验的积累是老师无法给予的,之所以学生总是会忘记,正是因为缺失了自己探究、动手操作的经历。当学生自己用纸去对折找规律,解决问题后,这个问题也就迎刃而解了。

为了使活动中学具的操作有利于学生对所学知识的理解和掌握,克服学生盲目操作和漫无边际的思考,使操作活动更好地服务于教学,就必须精心设计动手操作的形式,激发学生动手操作的兴趣,产生强烈的求知欲。所以,结合低年级学生的年龄特征与数学学科特点,我们设计的数学活动主要与数的认识、数的运算有关,而学具的颜色缤纷多彩,经过组合拼接又千变万化,因此将其取名为"数字万花筒"。"数字万花筒"的活动设计主要分为三个类型,分别是学习新知前的体验活动、启发思维的小组活动和激发兴趣的探究活动。

一、学习新知前的体验活动

学生不断经历、体验各种数学活动是帮助学生积累数学活动经验必经过程。这个过程不可能一蹴而就,也不会一帆风顺,需要在"做"的过程和"思考"的过程中不断磨砺、慢慢积淀、逐步积累、渐渐深化。但受限于低年级课时的限制,学生并没有足够的数学活动时间去积累必要的数学活动经验。鉴于此,我们在数字万花筒的活动设计中加入了帮助课内学习的体验活动,正好可以弥补如今课堂中的这一缺失。如：标记车辆——学生通过听老师的问题，选择合适的学具在图中标识，得出结果。根据要求，将生活中的物品与学具建立了联系，再根据学具的摆放抽象出了对应的数；垒砖墙——通过用不同颜色的小棒拼搭出相同的长度这一活动体验了分与合的过程；叠叠乐——通过摆弄 1 到 10 的学具，感知数与数之间的联系。为之后课内学习有关一一对应、数的分与合、加倍与一半、整体与部分等许多概念性的问题积累了活动经验，为之后的课堂学习扫除了一定的障碍。

  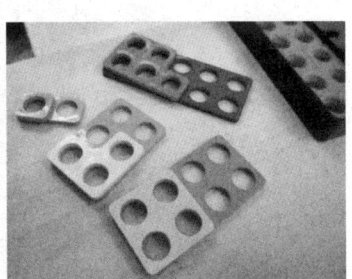

图 2-11　标记车辆　　　　图 2-12　垒砖墙　　　　图 2-13　叠叠乐

二、启发思维的小组活动

众所周知，每个学生在活动中都是以自己的方式建构对数学的理解。学生数学活动经验的领悟与转化，常常受到个人学习风格的影响。要克服个人数学活动经验的局限性，一个根本的方法是给学生提供一个合作交流的平台，促进个人经验的交流与融合，实现对个人经验的优化和内化。这样的合作交流，一方面能增加活动经验的理性意义，另一方面又能提高学生指导后来经验进程的能力。因此，以小组的形式开展活动就显得尤为重要。

> **活动主题**：找倍数
> **活动目标**：通过让学生在数板上利用学具标出规定数的倍数帮助学生加深对乘法口诀的理解与记忆，并在此基础上发现一些其中的规律。
> **活动一**：找 2 的倍数
> 从摆放的结果可知，在数板的摆放上已出现不同，有学生是从左往右依次

摆放的,有的是从下往上依次摆放的。两种不同的摆放方式体现了学生观察的角度存在差异。

按图2-14的角度观察,学生只能观察到2的倍数是一个隔一个摆的,一条数板上可以找到5个2的倍数的数。

而按图2-15的角度观察,学生不仅能观察到图2-14学生的结果,还能发现2的倍数的数的尾数都相同,即都是0、2、4、6、8,也就是我们所说的偶数的特点。

由此可见,若没有沟通交流,学生的个人活动是十分有局限性的。

 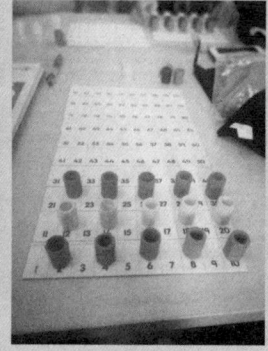 

图2-14 找2的倍数　　图2-15 找2的倍数　　图2-16 找7的倍数

活动二：找7的倍数

学生在找2的倍数的活动之后,通过彼此之间沟通与交流,接着以小组合作的形式开展了找7的倍数的活动。由图2-16可见,学生们择优选择了竖着摆数板的方法,并且为了沟通交流方便,用不同颜色区分各自的摆放结果。

在进行小组合作探究时,还要注意让学生掌握合作学习的方法：合理分组,明确组内成员的分工,让组内成员会倾听、表达、讨论各自的观点,培养合作学习的技能,这也是确保操作活动顺利进行的重要方法之一。

三、激发兴趣的探究活动

兴趣是学生主动参与学习活动的动力,课堂上应尽力创造条件调动学生学习积极性,培养和激发学生主动参与学习活动的兴趣。设计有趣的探究活动为发挥学生学习的主体作用提供了时间和空间,在探究过程中积累经验,展开思维,使学生经历从形象到表象,再到抽象的认知过程,有利于每一位学生自主、合作、创造性地学习知识,发展他们的能力。如:和相等——用 1 到 5 的学具摆出横竖和都相等的情况;找规律——学生根据已给算式 1+3×2=?,1+3×3=?,1+3×4=? 用学具摆出对应的结果,并根据规律继续往下摆,最后用自己的语言总结出算式的规律。

图 2-17　和相等　　　　　图 2-18　找规律　　　　　图 2-19　找规律

我国的小学数学教学对"四基"之中落实"基本活动经验"的经验最为薄弱,疑惑点、弱点和空白点都很多。而"数字万花筒"让学生亲身经历学习过程,让他们获得数学本质的、最有价值的数学活动经验,在亲历中体验,在体验中积累,弥补了"四基"中的这一空白,有效帮助学生积累了数学基本活动经验。

(上海市黄浦区曹光彪小学　陈懿懿)

第 9 问　主题式综合活动课程如何利用学校原有的课程和资源，将特色课程合理转化为课程主题？

我们的经验：立足学校已有课程体系，挖掘、开发和利用已有课程资源，通过学校特色校本课程的转化，实现主题式综合活动课程主题更新，同时生成有价值的课程主题。

学校原有课程体系和已有课程资源是建构主题式综合活动课程主题的重要来源，在挖掘、开发和利用学校原有课程时，必须遵循针对性、整合性、经济性等原则。同时，通过转化学校特色校本课程，实现综合活动课程的主题更新，生成有价值的课程主题，是一条可行路径。

一、合理利用已有资源，生成课程主题

《综合实践活动指导纲要（三年级至六年级）》提出"综合实践活动要集中体现学校的特色，学校应对综合实践活动进行统筹规划"。创建特色学校的关键即在于开发出具有学校特色的校本课程，在主题式综合活动课程的建设上，可以把综合活动课程与校本课程有机整合起来加以开发。[1] 同时拓宽视野，在学校已有课程体系中寻找灵感和源泉，立足已有课程架构，对学校原有课程进行挖掘、开发和利用。

在挖掘、开发和利用学校已有课程资源时，还要注意把握一些关键原则，如针对性、整合性、经济性原则。针对性原则是指综合活动课程作为一种由国家、地方、学校共同管理的具有学校特色的课程，其课程内容因学校、学生的不同而不

---

[1] 林淑媛著：《小学综合实践活动课程教师行动手册》，广东高等教育出版社，2008年8月第1版，第46页。

同。相应地,对于已有课程资源的开发和利用要注意以下三点:一是要针对活动主题,二要针对学校和地区特色,三要针对学生的特点。整合性原则是指学生的发展不是不同学科知识杂烩的结果,而是通过对知识的综合运用而不断探究世界与自我的结果。因此,对于学校已有相关课程的开发利用必须遵循整合性原则,将文本资源与非文本资源、人力资源和物力资源等有效结合,为学生创造一个完整的生活世界。经济性原则是指学校的财力、教师的精力和学生的学习时间等都是有限的,所以开发利用已有课程资源时要尽量用最少的开支和精力,达到最理想的效果。具体来说,包括开支的经济性、时间的经济性、空间的经济性等。

例如上海市裘锦秋实验学校在进行本校主题式综合活动课程建设时,充分考虑到该校的已有课程体系与课程架构,根据学校原有课程基础,对包括校本特色Q课程体系、"学习准备期"活动课程、"基于课程标准的教学与评价"方案等课程内容进行挖掘梳理,同时结合师资条件、社会资源等情况,从学校实际需求出发进行综合活动课程主题的初步确定。

二、转化特色校本课程,更新课程主题

主题式综合活动课程理念往往与学校办学理念有着一致性,存异中求同。课程背景是学校课程所依存的"土壤",对课程的发生、发展、变化起着重要的支持作用。在学校本身拥有该特色课程教育历史的前提下,更是水到渠成。因此,梳理转化原有特色校本课程中的相似点或相关课程的基础与实施经验,包括可利用的课程资源,分析学生的学习需求、风格与经验基础等,搭建支持学生探索自己感兴趣的主题活动平台,从而实现综合活动课程的主题更新,同时生成有价值的课程主题。

值得注意的是,纵观当前教育实践,学校课程建设中存在将综合活动课程与特色校本课程相混淆的现象。究其原因,是因为校本课程分别具有学科课程、经验课程、核心课程三种课程属性,而综合活动课程既具有经验课程的属性,又具有核心课程的特点,这就使二者在一定程度上产生了交叉。尤其是目前特色校本课程更多的体现为活动课程的属性,更导致二者在开发过程中出现了目标指向一致、课程内容重复的现象。

综合活动课程是由国家设置、地方和学校根据实际开发的课程领域,用"国家规定、地方指导、校本开发"对其概括是非常恰当的。这种特色,使综合活动课程一方面作为国家课程的重要组成部分被纳入到义务教育阶段国家正式课程的整体结构中,具有强制性;另一方面,综合活动课程的真正开发主体是学校,学校要根据纲要设定的基本框架规划课程活动的基本类型、基本内容和具体活动方案。这就凸显了综合活动课程的校本管理属性,使其所能利用的课程资源、所能开发的课程领域、课程开发的程度完全受学校具体情况的制约,使其具有了学校特色。因此,通过转化学校特色校本课程生成主题式综合活动课程主题,是实现课程主题更新的可行路径,但必须厘清思路,立足学校特色和学生实际,使之相得益彰。

创意9　立足特色校本课程的主题式综合活动课程建设

一、课程实施基础

在上海市裘锦秋实验学校"自主发展,开发潜能"办学理念的引领下,学校关注学生的起步,积极推动"学习准备期"活动课程、"基于课程标准的教学与评价"方案的实践;同时,学校还积极开发并构建Q课程体系("Q"既是学校校名首字的拼音缩写,也是"趣"字拼音缩写,寓意在学校充满趣味的课程中,吸引和引导学生主动学习;"Q"更是英语单词Question的首字母,展现了学校培养学生创新思维、开发潜能的课程目标)。在Q课程中,Q书票——《藏书票》《Q少年 乐成长》、Q九子——《九子游戏》、Q探究——科技探究课程等系列,涵盖了体育、艺术、品德、科技诸方面的学习,并初步形成年级序列,每一年级都有符合学生年龄特点、深受师生喜爱的学习内容。

二、需要解决问题

(一)学校地处区域交界,生源结构多元,部分家庭存在文化、经济条件偏低,孩子行为习惯(自我认识、文明礼仪、劳动卫生等)、学习习惯(倾听、合作、阅读、探究等)等处于"零起点"的情况,因此,更需要学校通过"低年级主题式综合活动"的实践,让这些"零起点"的学生平稳过渡。

（二）部分教师的学习活动组织行为还较传统，因此需加强培训。一方面借助市区级各类平台充分学习、领会精神，另一方面结合学校实际情况做好方案、制定计划、召开会议、布置落实，做好教师年龄和主题活动分布趋向合理的安排，并注重开展过程中的阶段性反馈、反思和完善。

（三）学校开发和构建的"Q课程体系"作为区级重点课题开展实践和研究已初具成效并形成特色，因此需要进一步挖掘、利用并转化成果，为"主题式综合活动"的实施提供更为坚实的课程基础。

三、课程实施理念

（一）坚持办学理念，遵循学生需求

（二）贴近生活实际，重视经验习得

（三）体验实践经历，关注学生差异

四、课程资源分析

（一）教师资源：目前，学校任教的低年级教师中，既有资深教师，教学经验丰富，也有新进青年，充满生机活力。各学科都有校级骨干或教研组长担任低年级的教学任务，年龄、学科分布较为均衡合理。

（二）场地资源：近几年，学校因地制宜，积极打造"课程空间""V科苑"科技互动园、"树上的小盒子"创客空间、"拓拓乐园"藏书票室、"蒙特里安的几何世界"美术室等，为开展主题式综合活动提供了互动、体验和探究场所。

（三）社会资源：多年来，学校得到多方部门的关心与支持，为学校的发展营造了良好的外部环境。学校是黄浦区市民学校，为市民和学生、家长提供了丰富的课程；学校与自然博物馆、黄浦剧场、劳动组合书记部等多个社会教育基地（场馆）签约，形成教育合力；成立了"半亩塘"家长办公室，为学校发展注入源头活水，共同建设学校课程。

五、课程主题设定

依据已有课程等资源和活动目标的设定，学校在一年级学生中每周开展"裘实Q少年""成长百宝箱""阅读小书童""书票小乐园""探索新发现""跟我来运动"以及"快乐玩九子"共七个活动课程,二年级则开展除"跟我来运动"之外的其余六个课程内容的学习。

"裘实Q少年"活动选取德育校本课程《Q少年,乐成长》以及少先队活动中适合低年级学生的主题内容,以学生喜闻乐见的各种教育、班队活动为载体,让学生在体验、探究、感悟的过程中获得成长。

"成长百宝箱"活动涵盖了学校基础型、拓展型和探究型中的安全、卫生、心理、道德与法治、校园文化等诸多综合性的内容,对学生获得基本的校园、社会生活技能大有裨益。

"阅读小书童"活动旨在引导低年级学生培养阅读兴趣,并在阅读过程中,拓展视野,学会表达、分享,获得情感体验,并能学会将阅读中习得的小知识、小本领运用在实际生活中。

"书票小乐园"活动作为学校的特色艺术课程之一,指导低年级学生运用他们喜欢的彩泥、撕纸、贴画等美术技艺制作藏书票,引导学生爱上这一艺术形式。

"探索新发现"活动结合学校快乐活动日的探究课,指导学生在做一做、试一试、想一想的过程中,培养学生观察、合作、探究的意识,动手动脑的能力。

"跟我来运动"和"快乐玩九子"这两项活动结合了体育活动课、快乐活动日课程以及校本的"九子游戏"等课程的内容,通过有趣的体育活动、老弄堂游戏等,引导学生爱上运动,养成良好的健身习惯,并能在有趣的活动中传承海派文化。

上述活动以兴趣拓展为主,引导学生在Q乐园里自由地徜徉,自发地学习,自主地发展,期待他们得到全面成长。

六、课程细化落实

为更好地落实主题、做好分层分步开展活动,学校结合三个目标维度,细化大主题,从中提炼多个子主题,并以任务链形式推进,从而体现主题化和综合性。

以一年级其中一个主题"成长百宝箱"为例:

主题:成长百宝箱

子主题(含各活动):保护我自己(消防小卫士、交通小卫士、遇到坏人怎么办、食品安全小卫士);我行我可以(卫生好习惯);男孩和女孩(我是男/女孩);文明小使者(校园是我家、每日小行动);阳光好心情(团结力量大、阳光健身乐);环保绿色行(树叶多奇妙)。

涉及维度:我与自己;我与社会;我与自然。

主题描述:对应上述六个子主题相应进行具体化描述(此处略)。

对应任务:游戏比赛、绘画演绎、观察体验、情境模拟、参观交流、阅读分享、创意制作等。

(上海市裘锦秋实验学校　冯励、吕敏)

第三章
设计递进性的实践活动与任务

在设计主题式综合活动课程内容时,需要基于活动目标要求,遵循学生成长规律,还要厘清主题、活动与任务之间的关系:主题统领各类活动,活动与活动层层递进,同时以任务推动活动。"综合实践活动课程的价值在学生活动过程中。"在实践中要依据不同类型活动的特点,整合校内外各种资源,创设真实的情境,设计有趣的任务,帮助儿童整体感知世界,引导儿童自主探究,学会自己解决问题,提高实践创新能力,让学生有所知、有所得、有所悟,真正做到融"综合性、实践性、主体性、创造性"于一体。

第10问　主题式综合活动课程中活动、主题、任务之间有怎样的关系？

我们的经验：在设计课程内容时，活动、主题、任务之间的关系可以从以下四处着手：从学校育人目标出发；从课程主题着手；活动与活动串联；以任务推动活动。主题统整各类活动，活动与活动之间应当是层层递进的关系，任务是各个活动的具体行动方式，活动通过任务来推动。

《上海市小学低年级主题式综合活动课程指导纲要（征求意见稿）》（以下简称《纲要》）指出："小学低年级主题式综合活动课程以主题统整各类活动，在明确活动名称、所属主题、课时量等基本属性的基础上，确立具体的活动目标，设计主要任务、实施要点、评价方法。"《纲要》内容点明了活动与主题、任务之间的关系，即以主题统整活动，并在确定活动目标的基础上设计与活动目标相应的一系列任务。由此可见，设计主题式综合实践活动的首要在于选定主题。

《纲要》也指出："小学低年级主题式综合活动课程从儿童生活出发选取主题，围绕主题设计活动，通过各类活动提供丰富、综合的学习经历，为儿童后继学习和终身发展奠定基础，落实立德树人根本任务。"可见，小学低年级主题式综合活动课程立足于儿童真实的生活世界，旨在促进学生在传统课程外能力的提高、在探索中的健康成长。

基于此，我们认为，在设计课程内容时，主题、活动、任务的关系可以遵循以下原则：① 从学校育人目标出发；② 从课程主题着手；③ 活动与活动串联；④ 以任务推动活动。

一、从学校育人目标出发

小学低年级主题式综合活动课程从"我与自己""我与社会""我与自然"三个维度入手，强调培育爱国爱党、勤于动脑、勇于尝试、敢于表达等适应未来发展的价值观念、必备品格和关键能力。"我与自己"维度的育人目标是：积极参与各项有益身心健康的活动，养成良好的生活习惯，珍爱生命。体悟和适应从幼儿园到小学环境、生活与学习的变化，发展自理能力、情绪控制能力和自我保护能力。能用图画、实物、语言、文字、肢体动作或艺术等形式，自信地表达自己的需求、感受、认知和想象。"我与社会"维度的育人目标是：理解并遵守社会基本行为规范，喜欢与同学、师长沟通交往，能与同伴友好相处与合作，文明礼貌，诚信待人。关注周围的人和事，关心尊重他人，积极参与学校、社区、社会生活与劳动，初步形成对所在群体的归属感，逐步养成劳动精神。感受和体验祖国、民族、地域的历史、传统文化和社会发展成果，逐步养成民族自尊心、自信心和自豪感。"我与自然"维度的育人目标是：对周围世界有强烈的好奇心，善于观察和思考，喜欢提出问题。探索自己感兴趣的、与日常生活和社会密切相关的现象和浅显的规律，愿意尝试自己的想法，能用感官和简单工具进行观察、测量、调查、实验和记录等。爱护身边的动植物和自然环境，具有保护环境的意识和行为，积极参与环保志愿者等行动。

二、从课程主题着手

《上海市小学低年级主题式综合活动课程指导纲要（征求意见稿）》中提出，课程应从学生生活出发，让学生在"玩玩做做"中参与并融入社会。学校或多或少都已进行了类似的尝试，因此在设置课程主题时可以参照学校的课程文化与育人目标。如上海市黄浦区海华小学一直致力于创建"绿色学校"，围绕让每一个生命体和谐地、可持续地发展的"绿色"核心，产生了"我是绿娃娃"这一主题，这一主题融入了该校的办学特色（课程文化），提出了"经历获得目标"的课程目标，即让学生更多地积累日后走进社会所必需的各种经历，重点表现为"关心助人，遵守规则，合作共处，独立生活，社会服务，生态环保"。在该校"我是绿娃娃"主题式综合活动中，所有的活动都是在"我与社会""我与自己"课程育人目标两大维度统整的思路下进行设计的。（详见创意 10-2）

课程主题的设置，首先要从学生的问题而来，贴近学生的生活，有趣味性亦有探究性，能让低年级学生从学习中获得体验，又能对学生未来的学习方法有所指引。然后可以根据学校安排的课时数和能够利用的丰富学生体验的校内外资源，设置主题下多个维度的活动以达成育人目标。

三、活动的设计围绕主题，活动与活动串联

《纲要》指出，小学低年级主题式综合活动课程以主题统整各类活动，因此活动的设计应围绕主题，而活动与活动之间又能彼此串联。一个主题之下可以包含多个活动，这些活动不是孤立存在的，不同活动都以主题为依据。为了实现课程主题的大目标，需要将活动的目标逐层递进，顺应学生的理解能力和发展需求规律，使他们能通过先后开展的活动逐步地去体会和感受，在各个活动中发现问题和解决问题，获取连贯的经验，掌握探究的方法，也为今后的个性化、自主化学习奠定基础。

四、激发学生内驱力，以任务推动活动

活动中目标的达成需通过任务推动。主题式综合课程的特点在于淡化学生学习时教师的"教"，因此任务不仅仅是在教师提出问题推动，更是在学生自发好奇心的驱动下，学生通过游戏、情境体验、发现、探究、调查等方式逐步认识和掌握知识，并且能够举一反三掌握规律，将知识内化，甚至能有新的创造。例如，上海市黄浦区回民小学通过五个具体的任务来推动他们的中秋节活动，让学生体会到中秋节中所蕴含的民族文化的优秀传统。任务一是寻找有关中秋节的传说和故事；任务二是对月饼图案进行设计，构思形成美丽图案的简单过程；任务三是做一名小小的点心师，尝试做月饼；任务四是向伙伴展示自己亲手做的劳动成果；任务五是学生把自己做的月饼带回家与家人分享。这五个任务层层递进，让学生通过自己设计图案、亲手操作，体验中秋节的特色美食——月饼的制作，使得这次中秋活动更加意义非凡。

总之，在主题、活动与任务之间，主题是处于最上位的概念，其次是活动，任务属于最下位的概念。主题较为抽象，统领着活动和任务；活动位居中间层次，围绕主题而设计，可以有不同的形式，但其核心内容都必须指向主题；任务是具体的实践活动内容，一个活动可以包含多个任务，这些任务之间可以是平行并列的关系，也可以是层次递进的线性关系，任务是活动的具体行动方式。

创意 10-1　书上的魔法

一、活动背景

"魔法小书店"是我校开设的"蓬莱小镇"校本拓展课程中面向一年级学生的一门。在小镇"在这里,我们发现未来!"的育人理念指导下,课程也契合《上海市小学低年级主题式综合活动课程指导纲要(征求意见稿)》提出的"从学生生活出发,采用体验、探究、游戏等方式让学生在'玩玩做做'中学习。"在培养学生阅读、表达的基础上,学生能"变身"为书店的小店员,通过系列活动的角色体验,融入了图书馆利用教育以及阅读素养教育;通过小镇书店和学校图书馆等真实情境,了解书店的规则、书店店员的工作以及关于书籍的小知识等内容,也提高其阅读能力、培养探究、创新和沟通表达的能力,继而培养学生从热爱阅读的人成为书的创作者。作为课程初始活动之一,"书上的魔法"解构书籍,引导学生了解书的构成,发现书的封皮上的信息,认识各种各样的书籍,通过探究让学生了解书籍,从而真正与书做朋友。

二、活动过程

(一) 共同阅读,故事导入

课程伊始,由于一年级学生识字量不多,因此学生须通过聆听老师的讲述和观察故事中的图画细节来了解绘本内容。在听故事的过程中,也要思考并完成小任务。学习单中提供两个观察线索:一是留意整本书里哪些地方提示了时间的变化,二是数一数并认一认有多少人参与了整本书的制作。学生通过观察和交流,能对一个故事得经由许多人手才会变成一本书的神奇之处能有初步的认识。

(二) 指引探究,认识书籍

此项学习活动旨在引导学生通过观察逐步发现封皮上有哪些与书相关的信息。学生在挑选阅读书籍时其实经常会忽视书名以外的其他信息,因此在本课了解这些信息,对学生今后选择及判断挑选什么书能有很大的帮助。同时,引导学生发现封皮上所包含的信息,其实也是一个培养学生学会如何有效获取所需信息的方式,从而也为培育学生的信息素养打下基础。

另外,书籍破损率高、阅读后被随意乱放是书店和图书馆经常遇到的问题。在介绍"书脊"的过程中,教师让学生找一找自己的脊椎,想一想书脊为什么也是"脊",尝试让学生产生保护书籍的思考。同时在这一过程中引出书架上应书脊朝外放置的要点,加深学生正确放置书籍的观念,由此也能增强学生的爱书意识。

通过这部分活动内容,学生能发现作为一本书"面子"的封皮的神奇之处:虽然只是折成几面的一页纸,但是其中却包含了帮助我们了解一本书的非常重要的信息。

(三)调查各种好玩的书

初步了解了书的构成之后,根据一年级学生的能力特点,请他们思考曾经遇到过哪些和普通的纸书不太一样,但也好看又好玩的书。在简单的分享交流、明确本次调查中对"好玩"的定义后,教师要求学生从家里或是图书馆里找一找这样的书,在下一课时的活动中将自己能找到的好玩的书带来分享,让大家更直观地感受。在这个过程中,低年级学生能通过对实物的观察以及与同伴的交流来简单地推导,进行基本调查,包括在了解"是什么""为什么"等方面,每个学生都能发现这些书各自的特点,能说得出它们与普通纸书的区别,并能推测出它们是为哪个年龄段的人群制作,更适合哪些人阅读。

(四)巩固知识,创造自己的小小书

通过之前活动的认识与学习基础,这一环节让学生自己动手操作,为自己的小小书设计封皮并进行简单的装订。通过活动增强学生的参与兴趣,巩固与书籍相关的知识。并鼓励学生在今后通过自己的创作,使他们的小小书成为一本真正可以阅读的书。

这一部分是前面部分的延续和递进,从学生制作的实践过程中,能反映出部分同学没有掌握之前的活动学习到的内容从而出现问题。并在分享和交流自己的设计的过程中,培养学生整合与解释信息的能力,提取课程中学到的知识与技能。

三、活动成效与反思

本课程的此次活动从学生生活出发,紧扣"书"这个离学生并不遥远的主题,在该年龄段的基础上,让学生通过任务在"阅读——探究——调查——创造"的过程中层层递进、对书进行更深入的理解。学生能通过自己的探索与实践,从书的

构造与书的种类两个方面将"书"概念进行解构。通过多项任务,从教师引导到主动调查,再到动手巩固,一步步激发学生在发现中找到乐趣,这即是在好奇心驱使下的"玩",这样的"玩"也才能从中"学"到知识,将知识内化为自己的一部分。整个学习过程鼓励学生在其中潜移默化地养成独立思考、分享交流,养成搜集、整合信息,尝试探究的学习习惯,培养学生的设计思维和创新意识,也为提升学生的语言表达能力奠定了一定的基础。

课程让学生实践对书的"拆解"再到自己动手"重组"的过程,同时在感情上也能让学生了解制书不易,影响到他们对书的认识,从而能产生爱护图书的意识,当然这还需要在课程其他活动中继续强化。在研究书的过程中,也让学生逐渐对书产生浓郁的阅读兴趣,使他们能够爱上书籍、爱上阅读。在潜移默化中培养他们的阅读习惯。并且在学生制"书"的过程中,将创作的种子也播种至他们心里,为课程任务后续培养学生从热爱阅读的人变成书的创作者奠定基础。

(上海市黄浦区蓬莱路第二小学　胡莹)

创意 10-2　绿娃娃学本领

根据《上海市小学低年级主题式综合活动课程指导纲要(征求意见稿)》,在我校"海华特色"校本课程基础上,在课程统整新理念的指导下,"我是绿娃娃"主题式综合活动课程成为我校课程项链中又增添的一颗"珍珠"。

一、融入办学特色:"我是绿娃娃"主题的产生

海华小学一直致力于创建"绿色学校",围绕"让每一个生命体和谐地、可持续地发展"的"绿色"核心,将每位学生作为鲜活的生命体来对待,认可每个学生具有独特的个性和灵动的生命活力。"统整"是海华小学课程建设的基本思想,学校强调要把办学特色融入整体课程的实施中,即"海华特色"体现在学校所有的课程中,使"绿色"办学内涵全面融入到了学校整体课程中,使其真正具有生命力。

我们设计了一年级新生的第一个主题式综合活动:我是绿娃娃。"我是绿娃娃"设置适合低年级学生的更儿童、更多元、更全面的活动内容,使孩子产生乐学、

好学的健康心态,从而帮助孩子更好地度过这一时期,自然、健康、和谐地过渡到小学的学习和生活阶段。使学生在熟悉学校环境、班级生活的过程中,更充分地认识自己,而且能理解并遵守小学生活的各项规则,在参与各项校园文化活动的过程中,养成良好的习惯。

二、兼顾两大维度:统整设计系列化活动

《上海市小学低年级主题式综合活动课程指导纲要(征求意见稿)》中指出:小学低年级主题式综合活动课程旨在引领儿童认识并发展自我,参与并融入社会,亲近并探索自然,初步形成对自我、社会和自然的整体认识。

一年级开展的"我是绿娃娃"主题式综合活动,所有的活动都是在"我与社会""我与自己"两大课程目标维度统整的思路下进行设计的。这一主题由"熟悉新环境""认识新伙伴""了解新规范""学会新本领"4个活动前后衔接完成。两大维度的重点内容分别落实于每个活动之中,见下图:

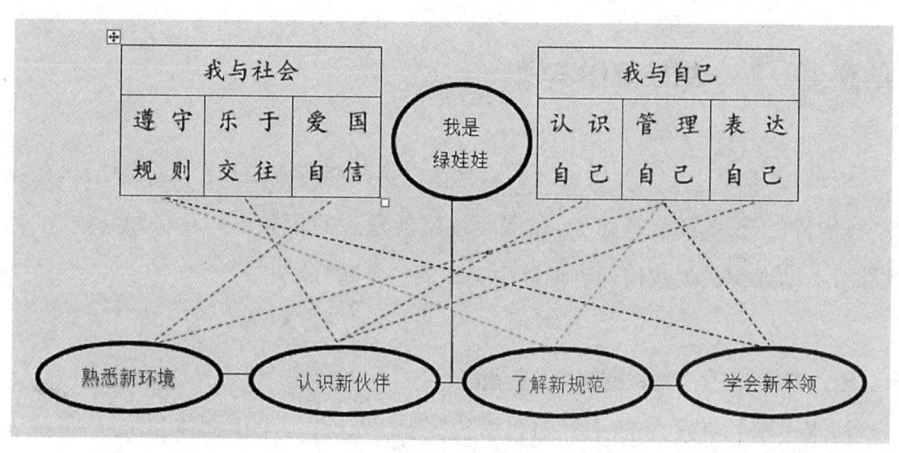

图 3-1 两大维度重点内容

"熟悉新环境"旨在通过实践活动,让新生在较短的时间内熟悉学校的环境,更好地融入新的环境,初步适应并喜欢学校生活,爱国从爱校开始,爱学校从了解学校、喜爱校园生活开始,逐步认识自己"小学生"的新身份,提高自己的自我管理能力,造就更出色的自己。

"认识新伙伴"旨在通过主题活动,让新生了解自我的个性特点,愿意和同伴

交往,并友好相处,用表演、展示、动作呈现、图画等形式,自信展示自己。

"了解新规范"旨在通过实践体验,让新生了解学校生活的基本行为规范,并积极付诸行动,使孩子们初步树立对自己、对同伴、对班级的责任意识,养成初步的自我管理能力。

"学会新本领"旨在通过实践体验,让新生养成良好的生活自理能力和学习习惯,引导学生了解并遵守基本的校园和班级规则,能为自己的生活和学习提供助力,尽快体悟和适应从幼儿园到小学环境、生活与学习的变化,并初步获得对所在群体的归属感、集体荣誉感,形成正确的组织观念。

三、细化任务与环节:落实活动目标要求

在"我是绿娃娃"主题式综合活动课程中,怎么将任务与环节的操作具体细化?如何更充分更聚焦地统整落实"我与社会""我与自己"两大维度的内容?

以第四个活动"学习新本领"为例说明。它包含了"我想上厕所""我的新文具""规则我来守"三项任务。第一个任务"我想上厕所"包含了厕所在哪里、厕所大不同、使用厕所小规则、我会束衣裤和小手洗干净等环节,以培养学生基本自我清洁能力,养成基本的卫生习惯。第二个任务"我的新文具"包含了我的笔袋、书包和爱护文具的环节,以培养学生自我管理能力,能尽快地适应学习环境的变化。这两项任务主要落实"管理自己"的课程目标要求。

第三个任务"规则我来守"包含了在校礼仪、课间十分钟、讨论制定班级文明公约等环节,以培养学生更好地了解和掌握小学校园生活的一些基本规则,并学会制定班级文明公约,能尽快地建立校内和谐的人际关系。这项任务主要落实"遵守规则"的课程目标要求。

让孩子爱上学校,认同学校的文化,并不是一件一蹴而就的事情。因此,我们在设计主题式综合活动课程实践方案时,在活动内容的选取上是层层递进、线性推进的。这些任务是以学生在校一天的活动为贯穿线索,通过逐步实践体验从而让学生慢慢体悟的。铺设一条时间的小径,给孩子一点耐心,牵起他们的小手缓缓前行,在成长的美好风景中,走向更好的自己。

(上海市黄浦区海华小学　徐怡)

第11问 主题式综合活动课程如何通过专项练习提升活动的综合性？

我们的经验：主题式综合活动课程中开展专项练习活动是有必要的，有助于培养学生的专注力，增强学生的活动兴趣，提高学生的活动能力。开展专项练习活动需要学校理解和把握好这项工作的价值，并且要充分理解和领会何为综合性、如何提升活动的综合性。

《上海市小学低年级主题式综合活动课程指导纲要（征求意见稿）》中强调了三大课程理念：1. 遵循儿童立场，关注终身发展；2. 面向生活世界，强化整体感知；3. 突出实践经历，关注个体差异。学校根据指导纲要明确的课程理念、课程目标和课程结构，结合儿童实际需求和学校课程育人要求，整合利用优质课程资源，研发本校低年级主题式综合活动课程的主题和内容，并在综合实践活动中开展专项练习活动。

在综合实践活动课程中开展专项练习活动，就需要学校理解和把握好这项工作的价值，充分理解和领会何为综合性，如何提升活动的综合性。《纲要》指出："综合性是指综合实践活动课程的内容组织，要结合学生发展的年龄特点和个性特征，以促进学生的综合素质发展为核心，均衡考虑学生与自然的关系、学生与他人和社会的关系、学生与自我的关系这三个方面的内容。对活动主题的探究和体验，要体现个人、社会、自然的内在联系，强化科技、艺术、道德等方面的内在整合。"

主题式综合活动课程中开展专项练习活动，让学生在一定的情境下，尊重学生的兴趣，给予学生选择的机会，让其在体验中感悟与学习，既考虑了过渡期学生的心理特点，又承接了其已有的学习方式，是比较适切的选择。提升主题式综合活动课程中开展的专项练习活动的综合性，可以以拓展资源、从兴趣出发、优化活动策略、完善评价方法等手段来进行。

一、拓展资源,营造和优化活动开展的环境

　　课程资源是课程目标实现及课程实施的基础和保障,对课程资源的认识,不但直接制约着其开发、利用的程度和质量,而且也直接影响着教育系统的正常运作。从距离学习者远近的角度来看,可以有三种课程资源:一是直接的课程资源,泛指各种直接为学习者服务的课程资料和相关配套资料。二是教学环境内的课程资源,指课程实施涉及到的主要社会环境资源,其功能是呈现教学信息和提供活动空间,如课程实施所涉及到的课程、教具、传统游戏等。三是教育环境内的课程资源,指具有教育意义的广泛的社会环境,既包括以提供服务为主的支持系统,如乡村图书室、学习中心、电影院等,也包括科学技术、文化氛围等因素。[1]

　　提升主题式综合活动课程中开展的专项练习活动的综合性,就需要教师理解课程资源的内涵,围绕着专项练习活动开展的需要,去思考、分析、挖掘身边可以利用的活动资源,从而为活动提供丰富的、安全的、有价值的资源支持。

二、从兴趣出发,增强活动自身的吸引力

　　要提升活动的综合性,从学生的兴趣出发是关键的着眼点之一。在规划活动方案之前,就需要对学生的兴趣进行有效的摸底,进而寻找点燃学生热情的切入点。有趣的活动应当密切联系学生自身生活和社会生活,注重对知识技能的综合利用,能够吸引学生参与、发现、探究。特别是让学生带着感兴趣的问题去学习。即通过问题解决的方法发展问题解决能力的一种学习形态。它是基于学习资源的开放式学习;基于学生兴趣爱好、发挥社区和学校特色而展开的研究性学习、社会实践和社区服务等活动。[2]

三、优化活动实施策略,提升学生的获得感

　　一项专项练习活动的开展,是依托于必要的学习时间的。对于学校而言,一项课程分配的时间是有限的。提升单位时间内活动开展的效果,就需要对活动实

---

[1] 黄晓玲:《课程资源:界定　特点　状态　类型》,《中国教育学刊》,2004年第4期。
[2] 钟启泉:《综合实践活动课程的设计与实施》,《教育发展研究》,2007年第3期。

施的策略做好优化和整合。教师与学生可以通过共同商讨的方式,对活动实施策略进行全面的规划。比如,做一场春游活动的实施规划。可以在明确地点后,由学生分组合作设计春游方案,详细列出春游的目的、步骤,包括每一时间段的安排、同学分工、安全守则等,同时列出要准备的各类活动工具用品,确保春游顺利进行。活动实施过程中,要充分考虑选择何种方式、何种任务,来促进学生积极、主动地参与其中,并且有所收获。

四、完善评价方法,促进全面发展

综合实践活动课程开放性的特点使得评价也必须是开放式的,因此要做好活动过程中的评价和活动结束后的评价,促进口头评价与书面评价相结合、小组评价与个人评价相结合、教师评价和学生互评相结合。在活动开始之前,教师应当制定和明确活动过程中需要达成的学习目标,并将目标转化为任务清单的形式。在活动结束后,教师要及时组织学生开展各种样式的互动评价,让学生学会评价和反思自己的行为,并总结自己在活动中的收获,使其了解自己存在的不足,在今后学习中要加强优化完善。

评价的实施要以学生为主体,多创造机会让其进行自评,使其认清自我。要创造机会,展示学生学习活动中的产品,可以采用集体评价和交流形式展示出个人与集体的成果,最后再让学生相互发表评价意见和建议。教师在带领学生亲自体验活动结束后,还要及时指导学生对实践活动进行反思,反思的目的是要求学生学会总结此次实践活动的收获、经验以及教训等,总结自己收获的知识,并学会分析教师与同学给自己的评价或者建议,从而提升自己的综合素质。

创意 11　拓展阅读资源　助力学生成长

儿童在幼儿园一日生活中,主要通过游戏等活动形式在体验中学习。进入小学,学习环境发生变化,以课桌相对固定的教室为主;学习材料相对单一,日常课堂中以教材的呈现为主;学习引导者与学习伙伴也是陌生的……在这种情况下,小学新生必然面临诸多不适应,以单一的课堂模式开展教学必然加重学生的焦

虑,从而影响学习的效果。主题式综合活动课程中开展的专项练习活动,把学生放在一定情境下,尊重学生的兴趣,给予学生选择的机会,让其在体验中感悟与学习,既考虑了过渡期学生的心理特点,又承接了其已有的学习方式,是比较适切的选择。

低年级学生正值阅读的启蒙阶段,黄浦区光明小学开设"书影"课程,以阅读作为切入点,开展一系列"书香之旅"的实地阅读体验活动,以观看动画、自主选择读物的方式激发孩子们建立对阅读的概念,整合多种资源创设开放的阅读环境,将他们置于阅读环境中,让低年级的孩童真正乐于阅读,以下四个镜头记录了学生在主题式综合活动中的收获和转变。

镜头一:畅游书海,激发兴趣

"两个黄鹂鸣翠柳,一行白鹭上青天……"抑扬的诗歌诵读,让孩子们忍不住跟着一起默念,孩子们的目光紧紧跟随着屏幕上的生动演绎,原本好动的孩子也安静地不发出一点儿声音,要移步入下一个场景了,孩子们仍意犹未尽。接着图书馆工作人员为学生讲解图书排架规律、图书的分类、图书的检索及图书外借和归还流程,让孩子们身临其境地感受和了解了图书馆优雅的学习环境、先进的设备。扎着马尾辫的梦梦忽闪着双眼,不住地跟着点头,并牢牢地将知识记在心里。随后,大家挑选了自己喜欢的书籍,围坐在阅读桌旁,静静地看起书来。瞧!穿着鹅黄色连衣裙的璐璐用手指着书,低着头自顾自看着,任谁喊她她都没听见,时间仿佛也静止了一般……

传统阅读课上,教室图书角中的书由老师分配,孩子们没有选择的权利,学生的参与感较低。而通过场馆活动,学生参与到每个环节中来,自由选择图书,学生参与感强,学习气氛浓厚。他们亲身感受了图书馆的安静和浓浓的读书氛围,体会到与好书交朋友的快乐,在心灵深处播下了一颗爱书、读书的种子。

镜头二:自由选择,形式多元

那天的风微凉而不失温暖,光明小学二年级学生正安静地阅读着手中的书籍。但好景不长,刚坚持阅读了一会儿,原本调皮捣蛋的小豪就按捺不住自己的天性,小手不由自主地伸向了自己的橡皮,自顾自把玩了起来。不一会儿,其他孩子们似乎也开始坐不住了,眼神也不再专注。

没过多久,学校组织孩子们来到豫园社区文化中心的少儿图书阅览室里,一排排书架上整齐地摆放着各种类型的书籍,孩子们显然提起了兴致,眼神中充满了期待。原本爱玩爱闹的小豪抬着头,眼睛直直地盯着书架上《纸船和风筝》这本书的封面失了神。听完要求后,他径直走到靠近他右侧的高高的书架的第三排,踮着脚费劲地拿下了《纸船和风筝》读了起来……不同于以往的好动,此时的小豪和其他同学一样,安安静静地沉浸在了书的海洋里。

学校采取措施,拓展了资源,利用主题式综合活动,让孩子们发自内心地喜欢上读书,提升阅读趣味性,也让阅读的形式多元化。

镜头三:制定书单,培养习惯

活动那天,小艺选择了两本最喜欢的书籍津津有味地读着,但时间过得飞快,一眨眼活动就过了大半。她只好加快了阅读的速度,听老师的建议先通读了目录,大致了解了每一章主要的故事脉络,接着抓住重点环节略读了好几个篇章。

回家后,她给自己制定了一份小书单,规定自己保证每天至少半小时的自主阅读、至少两篇的阅读量。遇到不懂的地方,她会询问妈妈和老师,抑或"字典老师"。长此以往,小艺养成了每天阅读的好习惯,学会了多种阅读的好方法,不仅读得多、读得快,还会读出自己独到的见解。她还因此积累了不少生动、精彩的段落,连作文也受到一致好评。

学生的阅读数量积累不够,仅凭短短的一堂课或一个周期无法体现学生阅读的真实情况。而阶段性的学习、汇总会给学生留下更深刻的印象。不断激励学生自发地去阅读书籍,那么他们的阅读习惯便会慢慢养成,实现从他律到自律的转变。

镜头四:评价激励,提高能力

回到学校后,老师让同学们分享自己阅读后的收获。在主题为"我会欣赏"的班会课上,老师点名表扬了那些始终认真阅读的孩子,称赞她们阅读有耐心,并鼓励孩子们向他们学习,与书本交朋友,这样能够学到更多。听了王老师的话,班里的几个孩子点了点头,暗暗记下了老师的话。

接下来,老师根据活动表现以及阅读分享整理并评选出班级的"阅读小达人",为这些孩子们颁发奖状,领奖时,教室里爆发出一阵阵热烈的掌声。班主任老师还鼓励同学们把自己读后的故事说给伙伴听,教室里洋溢着欢声笑语。

利用班会课,同学们分享自己的阅读感受,发表自己对阅读的看法,总结自己的阅读经验,在这样的氛围中,学生的学习兴趣被完全激发,更有助于养成持续性的阅读习惯,丰富阅读经历,从而提升了阅读能力。

"书香之旅"主题式综合活动课程更加优化了小学课程的实施路径,通过拓展阅读资源,让学生亲身实践,引领学生认识、发展自我,参与并融入社会,初步形成对自我、社会和自然的整体认识,在活动过程中落实了活动目标,即让学生养成良好的阅读、学习和交往习惯,使学生逐步养成热爱读书、博览群书的好习惯。并且通过专项活动设计,有效地拓宽了学生视野,积累有效的阅读方法,使学校低年级学生爱阅读、会阅读,促进其个人发展。

我们的经验:主题式综合活动课程中开展专项练习活动是有必要的,有助于培养学生的专注力,增强学生的活动兴趣,提高学生的活动能力。开展专项练习活动需要学校理解和把握好这项工作的价值,并且要充分理解和领会何为综合性,如何提升活动的综合性。

(上海市黄浦区光明小学　黄语嫣)

第 12 问 如何设计不同类型的综合实践活动？

我们的经验："综合实践活动课程的价值在学生活动过程中。"无论哪一种类型的综合实践活动课程，其实施都必须引导学生经历完整的活动过程。以下所列举的十类课型，我们在选用时要注意扬长避短，凸显实践，切实让学生有所知、有所得、有所悟，真正做到融"综合性、实践性、主体性、创造性"于一体。

综合实践活动作为一门必修课程，其自身的特点决定着国家、地方和学校都无法以章、节的形式提出课程的内容，而只能从活动的类型、涉及的领域对其作出相对的规定。具体实施中，教师在将课内与课外有机结合的同时，应从课程目标、内容、活动过程等方面综合权衡，并有所侧重。常见的综合实践活动类型及设计要点包括以下十种[1]：

一、选题指导型：合理引领

"问题即课题"。教师要善于引导学生通过观察与思考生活背景中的现象与问题，搜集与分析材料，通过讨论与交流，逐步提出自己感兴趣或关注的问题，然后由小组或班集体汇总、归纳、整理后确立活动主题。当然，在课程的实施初期，也可由教师提出，学生选择，或由学生提出，教师指导，通过多种途径让学生自主拟定出"有趣、新奇、富有研究性价值"的主题。老师在热情参与全程的同时，要适时调控、合理引领。

二、方案设计型：动态调整

适当的方案是成功的一半，精明的设计本身就是创新。拟定方案应统筹兼顾

---

[1] 综合实践活动课程纲要解读[EB/OL]. https://wenku.baidu.com/view/5e7f07936394dd8 8d0d233d4b1 4e852459fb3975.html.

活动资源分布与学生的爱好特长之间的关系。在结构上，方案一般包括活动名称、目的、实施过程、条件准备、时间安排、预期效果等；在形式表达上，方案一般可采用填表式、过程记录式、计划书式等。具体的设计要充分发扬民主，形成集体合力，应从内容到形式力求方便操作，便于动态调整，使其能服务于活动，指导于活动。

三、知识普及型：激发自主性

知识只有通过主体自身建构才可能转化为能力。让学生通过各种方式形成自主获取知识的能力，是综合实践活动课程的价值取向之一。引导学生对综合知识进行自主建构和运用，应充分尊重学生的兴趣和问题意向，然后以构建知识模块的形式进行，在建构中一般沿着"自主定向——自主搜集——自主整合——自主运用——自主评价"的方向循序推进。

四、自我发展型：多角度引导

实践是综合实践活动课程的中心环节，"发展自我"也是该课程关注的一个焦点。在这个领域，一般可引导学生围绕"学会做事、学会学习、学会沟通、学会尊重、学会合作"等公众关注的主题，采取"个体、小组、班级活动""校内、校外活动""课内、课外活动"等基本形式，通过"事件评析、角色扮演、实践体验"等多种方式发展自我、成就自我。

五、专题研讨型：汇聚智慧

在一段时间内，学生群体会对生活、学习中某一倾向性的问题特别感兴趣。经过独立思考或小组合作讨论形成集体共同关注的主题后，学生就可以集中集体的智慧开展专题实践性研究。在研究中还要切实考虑学生的身心发展特点，研究课题最好能以小课题的面目出现。专题研讨活动除了要利用好教师的特长，还要充分发挥好家庭及校外辅导员的指导作用。

六、设计制作型：深度探索

"人人动手制作，个个动脑创造"也是综合实践活动课程的价值取向之一。学生劳动体验的获得、技术素养的形成离不开课堂内外的反复演练。许多学生的综合实践活动是在科技小制作、小设计、小发明及文化、艺术等动手与动脑的创意实践中度过的。在设计制作的过程中,我们要特别关注学生个性的张扬和深度的探索体验。

七、网络探究型：多渠道获取信息

信息时代让人们在"地球村"里沟通无限,网络探究也让小学生乐此不疲。在开放的教学情境下,网络探究活动在扩展实践时空的同时,应紧密联系学生的生活世界和情感世界,实现和外部世界、网络世界的沟通,使学生能够从多种渠道获取知识和信息,从根本上改变教学方式,使个性化教育成为可能,但网络探究活动必须"有基础、有主题、有规则、有监督"。

八、家庭体验型：家校共育

有些综合实践活动的主要地点是在家庭中。教师向学生讲解了主题活动涉及到的某些知识和技术后,要自觉寻求家长的配合与支持。家庭体验型的主题活动以"小课题,长作业"等形式有机融入到家庭生活中,要通过教师的跟踪指导、家长的热情服务、学生的自主努力,让学生体验到成功。

九、社区实践型：丰富经历

以社会考察和社会参与为任务取向的实践活动主要在学生熟悉的社区进行,在参观、考察、访问、生产劳动和社区服务等活动中,使学生关注社会,参与社会生活,丰富社会阅历,积淀文化内涵,获得对他人、对社会的价值实现感。该类活动一般沿着"在尝试中实践——在实践中体验——在体验中深入实践"这一轨迹进行。

十、成果交流型：在经验中成长

变革学生的学习方式是该课程的中心任务。综合实践活动课上,师生可以对前一阶段的活动情况进行总结交流、成果展示。课上要有物化成果的交流,更要有成功经验和失败教训的交流。对学生的可持续发展来讲,成功的经验、失败的教训是学生活动后所取得的比物化成果更重要的成果。

值得注意的是,上述综合实践活动的十种类型并不是分开或独立存在的。类型是依据活动的进展顺序以及开展方式等作出的划分,因此在围绕某一主题设计的综合实践活动课程当中,可能同时包含着多种类型的活动。本节的案例"动手DIY"包含了丰富的综合实践活动类型,引导学生经历了完整的活动过程,并在类型选用时做到了扬长避短。

创意 12　动手 DIY

一、背景陈述

"工匠精神"并非新鲜概念,严谨、专注、敬业精神被称为"工匠精神"。专栏作家托马斯·弗里德曼(Thomas L. Friedman)在他《世界是平的》一书中指出:美学与创意一样重要。新经济中的技术知识,秘密来自我们整合视觉艺术和创意能力。这就需要我们的孩子从小做好准备。

内容选取以学生感兴趣的动手制作类艺术形式为主,不拘泥于平面的普通的架上绘画形式,要能够调动学生运用专注的精神进行手工创作,通过手工创作更好地了解自己、体验生活、感知自然的魅力。

《上海市中小学低年级主题式综合活动课程指导纲要(征求意见稿)》的颁布,让我们将低年级学生爱动手制作、善于通过艺术作品感知生活的特点与自然、社会和自我相结合,将活动进行合理整合,并在此基础上有效规划,让活动以手工艺为媒介,激发孩子们的无限创意。

二、案例描述

根据一年级学生刚进入小学还不具备一定的使用工具的良好习惯的特点,我们设计了这一节通过"三角折叠"引导学生使用基本工具、培养良好手工制作习惯以及与同伴合作学习的活动内容。

(一) 技巧学习任务

1. 准备好一张正方形彩纸,边长中间对折,形成一个长方形。

2. 在小长方形的长度上再对折并展开,然后把两边向中心折痕处折叠。

3. 在左右上方用手指撑开并压下去,形成相似的等腰三角形。

通过多次的"边对边、角对角"的对折来练习学生折纸时对于精细动作的把握和仔细观察、反复练习的耐心。对于刚进入小学需要掌握很多新事物的一年级新生来说这是一个很好的锻炼。

(二) 故事情节任务

根据折叠出的三角形状,学生们可以进行组合、拼贴的想象。这个任务能够驱动学生内在对于作品的热爱。例如,本次课堂中我们制作了三角形状,同学们有的把作品组合起来变成了一个彩色皇冠,有的进行粘贴变成一艘远洋的帆船。根据不同的情节,"三角"变成了他们故事情节中的一部分。

图 3-2 活动展示

通过作品与学生自己设计的故事的连接,我们加深了学生对于课堂的主动联系。将积极参与课堂变成习惯可以比较好地解决低年级学生对于课堂注意力集中时间短的问题。拆分和细化任务把一个个任务变成了他们喜爱的游戏情节。

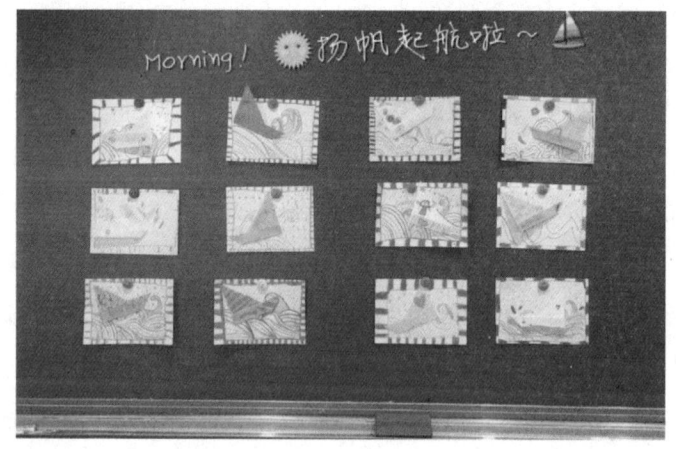

图 3-3 作品展示

有一组学生在三角的故事设计中,自动组合完成了"暴风雨帆船大赛"的故事。在风雨中不同设计的帆船进行比赛,看似没有关联的单幅作品被学生的故事情节和巧妙构思所连接,甚至出现了小组合作的场景。

通过这样一个活动,刚入小学的学生与同学之间的关系又拉近了许多!团队合作也提高了学生之间的默契和友情!

(三) 同伴合作任务

在动手制作的大活动中,我们时常会发现任务完成进度的差异。每个学生的动手能力差异很大,那么在每一个环节中,当学生出现进度的差异时,我们就会开启"同伴合作任务"。

这个任务的设置不是同一时间进行的,而是分批有弹性地进行的。学生可以在一定时间内寻找需要帮助的对象,通过互助指导完成任务。

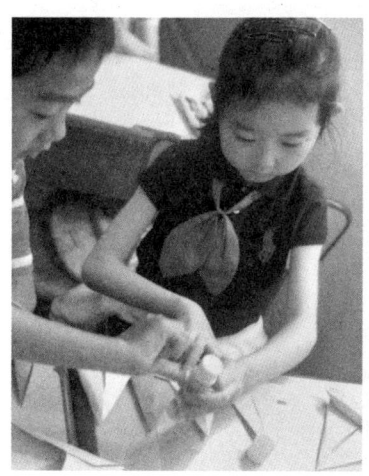 

图 3-4 同伴合作展示

幼小衔接的过程中,人际交往能力的发展也十分重要。这个活动任务的设置既是课堂推动的重要组成部分,也是学生之间增进感情交流、分享知识经验、增强人际交往能力的重要活动环节。

(四) 活动评价

评价维度可分为:创意度、团队贡献度、积极参与度、外观美观度、作品实用度,同时将参与的过程体验和创意思维作为一个更加重要的评价点。评价时我们也尝试了单项任务的评价，但是由于活动时间有限，整体活动的评价更加适合整个活动的推进。

综上，通过以上三个环节的活动内容，我们对动手DIY的任务进行拆分和细化，将幼小衔接的几个重要部分落实到了活动任务中。通过任务推动活动进行，也通过活动内容帮助学生主动掌握小学生活和学习的技能。

三、反思阐述

更加关注幼小衔接的需求是我们在安排一年级新生入学活动时的一个重要内容。在活动过程中及时地找到方向和关注点也是每次活动的难点，细化和落实每一个任务设置所对应解决的问题就更加需要深度思考了。

今后的任务设计需要结合学生需求、学校活动来进行，从而更好地为学生服务。经过构思有以下几点改进方向：

1. 注重过程性体验和平时观察的积累。

2. 通过视觉艺术技巧，展现学生个性创意。

3. 将评价与展示相结合，让评价过程更倾向于发表展示，让学生获得成就感。

4. 在课程的各个环节利用好新型社交媒体，不仅仅展示结果，更注重过程的保留。

（上海市黄浦区曹光彪小学　姚琼）

第 13 问　主题式综合活动课程如何设计富有童趣、能引导学生自主学习的驱动性任务？

我们的经验：在设计富有童趣的驱动性任务时，要关注儿童的成长变化和身心发展特点，创设真实的活动情境，以及整合校内外各种资源，帮助儿童整体感知世界，引导儿童在丰富多样的任务中自主探究，学会自己解决问题，提高实践创新能力。

《上海市小学低年级主题式综合活动课程指导纲要（征求意见稿）》指出，小学低年级主题式综合活动课程从儿童生活出发选取主题，围绕主题设计活动，通过各类活动提供丰富、综合的学习经历，为儿童后继学习和终身发展奠定基础，落实立德树人根本任务。因此，需要设计富有童趣、能引导学生自主学习的驱动性任务，激发学生的学习兴趣，提高学生的自主学习能力，从而促进学生的全面发展。

一、关注儿童的成长变化，基于儿童兴趣设计活动任务

儿童在成长的过程中是不断变化的，他们的生理、心理、思维都会随着年龄的变化而改变。小学低年级的学生正处于一个好学、好问、好探究的阶段，他们不仅脑海里充斥着各种各样的问题，希望得到解答，而且行动上也表现出强烈的探究欲望，渴望能自己去探索发现问题，渴望能自己去通过实践寻找答案。因此，我们应该面向儿童真实世界，关注儿童在成长中的变化，针对儿童该年龄段的特点，基于他们的兴趣来选取合适的活动主题、设计有趣的任务。兴趣能够激发儿童的潜力，面对自己感兴趣的活动，他们自主探究的积极性就更高。

例如，上海市黄浦区新凌小学在"口风琴综合活动课程"中，注意到在一年级口风琴教学中技能强调过多，容易引起学生厌烦和厌学的情绪和心理。于是，他们创设情境设计一些富有童趣的活动，把学习的乐曲编成童话故事或学生喜欢的动画形象,把一些枯燥乏味的口风琴演奏技能的学习简化成游戏等来让学生学习,这样更能激发学生的学习兴趣,引导学生自主积极地参与到活动中并获取新知掌握技能,同时也从活动中增进与小伙伴的合作能力和自信。

二、创设真实学习情境,提高学生自主探究的积极性

　　小学低年级主题式综合活动课程面向学生完整的生活世界,从学生日常学习生活、社会生活或与大自然的接触中寻找具有教育意义的活动主题,使学生获得关于自我、社会、自然的真实体验。要想让低年级主题式综合活动更加生动有效,我们可以通过创设真实的学习情境来达到理想的效果。创设真实的学习情境不仅可以提高学生自主探究的积极性,而且可以培养学生的观察力、想象力、思维能力和创新能力。基于儿童的年龄与身心特点创设适合他们的真实情境,可以唤醒儿童的主体意识,能更好地引导他们主动参与到探究中来,有利于儿童自主调动已有的知识、经验和策略去探索发现问题,去实践解决问题。

　　例如,上海市黄浦区蓬莱路第二小学的"我是小牙医"的综合活动课程,从儿童身体的一部分——牙齿入手,通过"牙病防治所"这一小社会情境的创设,赋予儿童"小牙医"角色的体验,通过观察牙齿模型、利用小镜子观察自己的牙齿、扮演小牙医为同桌检查牙齿、阅读动物牙齿信息卡、阅读绘本《老虎拔牙》等丰富的实践体验活动,让儿童在自主探究中了解和发现自己以及动物牙齿的奥秘,激发学生的好奇心和求知欲。

三、整合多方资源,设计丰富多样的驱动性任务

　　综合实践活动课程按照一定的活动主题,调集各种课程资源,由多个环节的活动构成。因此设计富有童趣、能引导学生自主学习的驱动性任务不仅要利用校园资源开发实践活动主题,还要充分挖掘社区、场馆等课程资源,以校内外丰富的资源保障活动的延展。此外,还要拓宽对网络资源的利用,以现代化信息手段拓宽学习活动空间,使活动任务更加丰富多样。信息化是当今社会发展的大趋势,以网络技术和多媒体技术为核心的信息技术已经成为师生拓展学习的创造性工具。加强信息技术与主题式综合课程的整合,可以丰富学习内容,优化学习手段,拓宽学习领域,开阔学生视野,提高学习效果。

例如,黄浦区有着丰富的爱国主义教育资源,第一面国旗升起的地方、第一次国歌唱响的地方都在黄浦。上海市实验小学的《小龙人向祖国敬礼》课程以爱国主义教育基地、历史文化建筑等红色文化资源为依托,以"红色移动课堂"的方式,进行校外社会实践活动的延展。学校教师在红色场馆讲红色故事,让学生通过与红色故事的"代入式体验"、与红色建筑的"零距离接触"、与革命先辈的"跨时空对话",在浸润、感悟与探究中厚植爱国主义情怀,培育社会主义核心价值观。他们还充分利用了信息技术,在主题式综合活动课程里采用了二维码来共享资源。这些二维码包括链接视频资料,方便学生课后对感兴趣的内容扫码继续观看;包括具有学习成果上传功能的二维码,学生可以作为个人小档案,保存学习记录;以及包括让全班交流分享的二维码,促进学生之间的互相交流。

创意 13-1　猜猜我是谁

一、案例概述

本实践案例呈现的是围绕"猜猜我是谁"这一主题,帮助学生能从自身的性别、外貌、身体特征和性格等角度认识自我,能正确看待自己,全面地了解自我、认识自我,知道人与人之间存在个体差异,学会与人交往的方式,并且能够自信地向同伴展示自己,表达自己的需求、感受、认知和想象。

本主题侧重"我与自己"维度,包含 4 项综合活动,12 个趣味任务,按了解、感知、体验、实践的顺序层层推进。课程中的各项活动,为学生提供学习经历,使学生获得成长经验,促进文化认同,激励孩子勇于尝试、敢于表达、善于合作、乐于分享。

二、活动背景

众所周知,学校课程的内核是关注每一个儿童的生命成长。课程因为"人"的生长而诞生,因为"人"的培塑而建构,因为"人"的完善而统整。

对于学龄儿童来说,认识自我有着更深刻的意义,因为孩子对自己的自我认知,决定了他对自我能力、行为、人格的认定,也决定了他的活动取向。在"猜猜我是谁"的设计与实践中,应当更加重视孩子对自我的建立,引导孩子更加积极地认识自我、了解自我、肯定自我。

三、活动过程

在设计活动时采用了观察、比较、绘画、故事、介绍、游戏、探究等丰富多样的形式,帮助孩子整体感知自我、认识自我、了解自我、肯定自我,并且能够自信地向同伴展示自己、表达自己的需求、感受、认知和想象。

(一) 认识我自己:观察自己,认识自己

通过聆听校园大使"小飞"与"彤彤"的自我介绍,了解男、女生的性别差异,引起学生对于"认识自我"的关注与兴趣。让学生尝试通过照镜子这一活动,观察自己身体的表征,例如长得高、眼睛大、鼻子小等等;或观察外在表现,例如力气大、拳头大、跑得快等,初步认识自己。

我是男生,我的个子很高,虽然眼睛不大,但是力气很大,跑步非常快。

我是女生,我矮矮的,但是眼睛很大。

……

孩子们通过照镜子这一活动,对自己的身体表征进行观察,回到教室后尝试向同学与老师介绍自己。

(二) 我们不一样:通过比较,感受不同

以两人为单位,在老师的引导下对自己的同伴进行仔细观察,说说他/她与自己有哪些地方相似,又有哪些地方不同。

老师作示范:A小朋友脸上有一颗痣,而B小朋友的小脸蛋上干干净净,没有痣,很容易就能区分她们。

C小朋友和D小朋友的嘴巴都小小的,但是通过老师的仔细观察,C小朋友的耳朵尖尖的,D小朋友的耳朵圆圆的,所以老师能够区分他们。

……

学生通过对同伴的仔细观察,分别能够说出1至3点异同,初步了解人与人之

间的外貌与身体特征都是不同的。

(三) **画画我自己：自画图像，展示自我**

学生通过观看视频，知道如何画自画像，并在老师的进一步指导下，引发对画自画像的浓厚兴趣。在绘画过程中学生专注仔细，并有意识地将自己外在特征进行扩大描绘，进一步了解人与人之间的外貌与身体特征都是不同的。

绘画完成后，学生利用多媒体媒介观察同学所绘的未署名的自画像，猜一猜分别是哪位同学。在猜测的过程中，学生的兴趣被彻底点燃，思想高度集中，课堂参与度非常高，能够关注到同学自画像中被刻意放大的外在特征，猜想出自画像的主人。

(四) **拉手交朋友：体验个性，携手成长**

在老师的指导下，共同阅读绘本故事《了不起的小果果》，通过个性鲜明的主人公小果果交友的故事，了解人与人之间除了性别与外在的外貌特征之外，性格也存在着差异。尝试学习绘本故事中的主人公果果，用乐观、积极的心态，与同学们交朋友。

鼓励学生在课后填写"我的小档案"，并由老师展示在年级组展示栏中，尝试与其他班级的小朋友交友。他们在与他人的交往过程中不断丰盈着自己的生活体验，并逐步体会到自我价值这一概念。

图3-5 我的小档案

四、活动成效与反思

随着主题式综合活动课程的推进，我们从关注活动设计转向关注活动实施。围绕"我是谁"这个问题，引导孩子发现自己身上的与众不同之处，去发现自己的潜能及特点，并给自己机会去自信地表达自己的需求、感受、认知和想象。

(一) 从"输出性"向"生成性"转变

以往的教育教学过程中,教师往往立于"主讲人"的状态,但在主题式综合活动的探索实践中,随着活动的进行,新的目标、新的主体不断生成。学生在这个过程中兴趣盎然,认识和体验在不断加深,创造性的火花不断迸发。在生成中发现和解决问题,体验和感受生活,发展学生的实践能力和创新能力。

(二) 从"固定思维"向"自主选择"转变

主题式综合活动充分尊重学生的兴趣、爱好,他们完全可以自己选择学习的目标、内容、方式等,自己决定活动结果呈现的形式。在创意展示的过程中学生的自主性学习得到了完美的体现。他们可以自由组合,也可以独立完成创作任务;他们可以从给出的备选题目中任选其一,也可以选取自己喜欢的任何表现形式进行展示。

伴随主题式综合活动课程试点的脚步,我们欣喜地看到学校课程的拔节生长与孩子生命成长、教师专业提升的相应相合。适合儿童的课程研发永无止境,新黄浦人的教育探索永远在路上!

(上海市黄浦区卢湾三中心小学　沈晓蕾)

创意 13-2　用一颗种子让课堂"动"起来

儿童一生下来就被分别纳入由社会分好的"男""女"两个生理性别范畴。认识自己的性别,即性别认识是自我认识中非常重要的一部分。那么,小学一、二年级的学生会怎样理解性别这一概念的呢?他们更适合用什么样的形式来学习性别知识呢?依据儿童发展水平的规律,以及兴趣、真实和驱动性等关键词,我们为低年级的男孩女孩们设计了"Hi,男孩,女孩"课程。以"奇妙的种子"为例,它是该课程中的第一个单元活动,其他活动还包括"漂亮的衣服""有趣的符号""受欢迎的男孩/女孩"等。

一、活动概述

"奇妙的种子"以感知体验——动手实践——再行创造的递进过程进行设计,

让学生在丰富有趣的活动中促进多种经验的协同发展。

在活动中,学生通过已有的经验,激发自己对新知识学习的兴趣;通过多次识别和比较,了解决定自己性别的生物学知识,并能做出最基本的判断;通过动手制作,探索自己作为个体,除了性别之外的、其他更重要的特点;通过小讲演,展示真实的自我,强化对自己整体的认可。

二、活动目标

第一,通过拼图游戏,复习原有知识。

第二,通过肢体动作与分类游戏,知道自己生理上成为男孩和女孩的原因。

第三,通过作品展示、言语交流的分享,悦纳自我。

三、活动过程

(一)实施计划

表 3-1 实 施 计 划 表

活动	任 务	课 时	实施方式
奇妙的种子	1. 排序游戏。 2. 初识染色体。 3. 画出自己的染色体和特点,制作"种子"。 4. 分享自己的"种子"。	2-3 课时	1. 实践操作 2. 动手制作 3. 表达、分享

(二)实施过程与课堂效果

1. 排序游戏——"小宝宝在哪里"

通过课前的调查,一年级小学生有超过一半的人数阅读过与性别有关的绘本,譬如《小鸡鸡的故事》《小威向前冲》等等。据此,本活动的第一个环节——排序游戏,其实就是根据《小威向前冲》故事书改编的。教师先播放《小威向前冲》绘本故事视频,让学生温故知新。接着出示被打乱的出生顺序卡纸,请学生对卡纸进行排序。同学们非常好奇,卡片们说了一个怎样的故事?在卡片背后还有什么秘密?当排序全部正确,所有卡纸依次翻转后,会呈现一个完整的小宝宝的图片。这一刻,每一个同学都很激动,甚至有人鼓起掌来,仿佛见证了一个小宝宝的诞生。

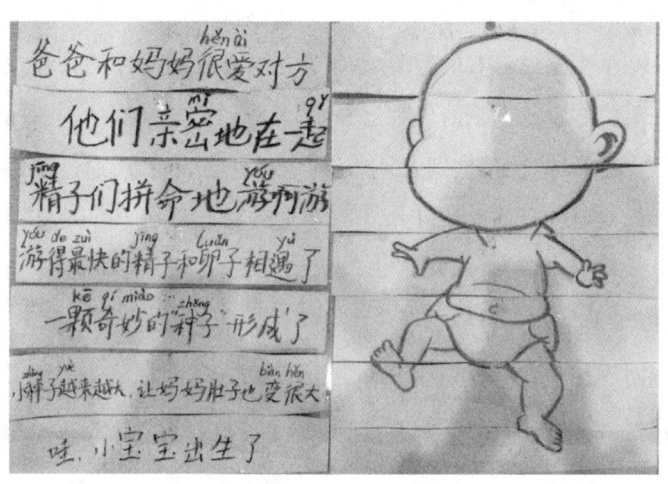

图 3-6 出生故事卡纸正反面

图 3-7 学生在黑板前配对染色体组合

2. 初识染色体——"XY 大作战"

在学生看到"小宝宝"后,我请他们试着判断这个 TA 的性别。学生有各式各样的回答,比如"他没有头发,所以是男宝宝""他样子挺活泼的,可能是男孩子""穿着尿布,我看不出来",等等。结合绘本《小威向前冲》的内容,学生知道 X 和 Y 染色体分别来自卵子和精子,染色体的不同组合会带来男宝宝或者女宝宝。通过道具和肢体动作将图片与染色体配对,学生知道了不同的性别会对应哪种染色体组合。学生不仅可以到黑板上来配合完成染色体的移动、组合,在自己的位子上也能用简单的肢体动作表达看法。"染色体"这一看起来可能较复杂的知识点就在有趣的互动游戏中让每个人都玩得不亦乐乎。

3. 制作——"我的小种子"

该环节让每个学生动手做一做,制作一个自己的、独特的染色体"种子",要求"种子"体现自己性别的染色体组合以及自己的其他特点。教师先进行简单示范,

图 3-8　学生用肢体动作表示图片所对应的染色体组合

随后学生根据所学内容，进行自己的创作。通过动手做一做，学生不仅能试着从染色体的角度认识自己的性别，还能探索自己的更多特点，从更多角度来认识"我"。

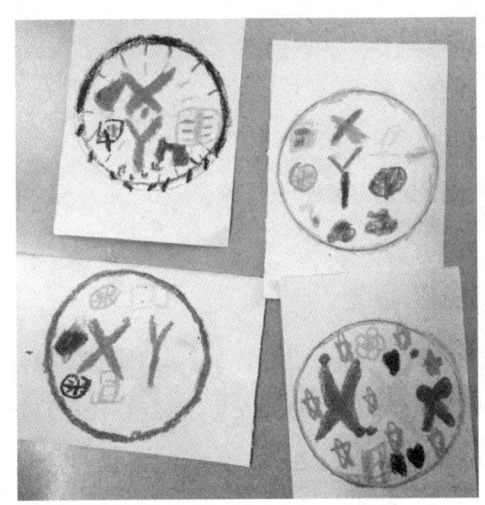
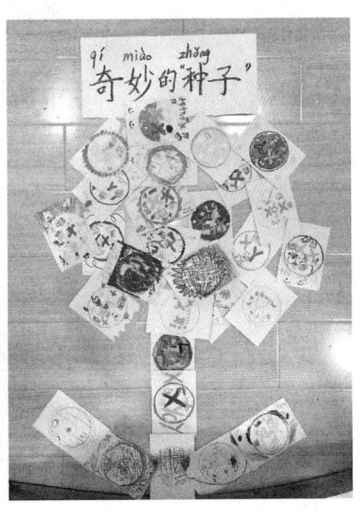

图 3-9　学生制作自己的"种子"　　图 3-10　班级集体作品"种子"树

对于小学生来说，他们能明确知道自己的性别，知道不同性别的生理特征。但他们对性别的判断是二元对立的，这种二元判断也泛化至一些涉及个性、喜好的内容上，比如，女孩子就是喜欢洋娃娃的，男孩子就是爱玩车的等，对自己其他方面的探索也较为有限。通过动手做一做，学生不仅将刚学习的染色体组合这一新知识点进行了复习,在创作中也对自己进行了更深刻的探索,去了解属于自己的个性、爱好等。不过,在制作过程中有些学生不擅长绘画,较难用图画进行表达。教师可事先在黑板上提供一些常见的兴趣爱好类的简笔画,让学生可以进行模仿,有条件的可以提供贴纸,让学生贴在自己的小种子里。该环节重点在于检验学生是否知道决定自己性别的染色体,以及对自己做出更深入的探索,画得好不好是活动的副产品。

4. 分享、交流——"我有一颗奇妙的种子"

每个学生试着来分享一下自己的"种子",强化对自己的认识和接纳,树立基本的悦纳自我的意识。因为有了之前三个环节的递进,几乎每个学生都很愿意分享自己奇妙"种子"。分享的环节也是评价学生学习效果的好机会。绝大多数的学生能画出自己正确的染色体组合,能画出自己的2—3个特点,还能清楚地表达自己的"种子"。

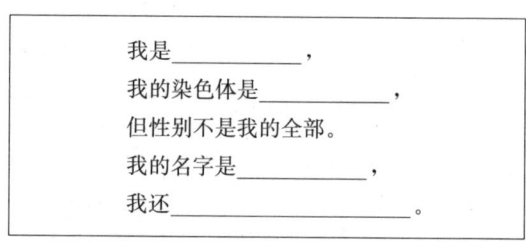

图 3-11　交流内容模板

四、活动反思

当然,该活动的设计也有不足之处,后续仍需改进。比如,课堂中有个别学生在认识自己时有些懵懵懂懂,他们知道自己是男生或者女生,但是在探索自己的特点时又不敢确定这样的特点是否与自己的性别匹配,亦或者因为自己的特点而否定自己本身的性别,表达出对另一性别的偏好。当发现这样的现象时还需要教师能及时在课堂进行合理引导,学生含混的表达也恰恰反映出了他们在掌握新知识、新概念时遇到的困境。在下一步的活动设计改进中,我们也将加强对课堂即时生成内容的捕捉,让课堂更加动态化。

(上海市黄浦区曹光彪小学　王瑞安)

第 14 问 如何在主题式综合活动课程实施过程中生成新任务、新活动？

我们的经验：在活动实施过程中生成新的任务甚至新的活动，需要关注如下要点：一是新任务和活动的补充，要遵循基于活动目标要求的原则。二是教师要在充分了解学生诉求后对内容再进行充实，要遵循学生成长需求的原则。三是随着课程空间的创设、校内外教育资源的丰富和教育形势的改变，要体现及时调整的原则，逐步产生新的任务和活动，让主题更具完整。

《上海市小学低年级主题式综合活动课程指导纲要（征求意见稿）》（以下简称《纲要》）指出，教师是主题式综合活动的组织者、观察者、指导者、参与者和促进者，应重视便于实践活动开展的环境创设与优化，加强与校外活动场所的沟通协调，激励、启迪、点拨，引导儿童开展活动，综合运用游戏、对话、参观、情景模拟、现场体验、小实验、小制作、表演等多种实施方式，带领儿童在校园、社区和自然环境中感受生活、亲历实践、主动探究。教师要在活动中观察儿童表现，适时给予指导和学习支持，并根据课程实施状况调整活动，根据学生兴趣、需求和本主题课程实施需要生成新的活动，甚至生成新的主题。此外，该《纲要》在主题的确立与内容的选择中写道：在活动中拓展活动时空和活动内容，为儿童自主活动留出余地。关注儿童活动的生成性目标，实施过程中动态调整活动与任务。

一、重视实践活动开展的环境创设与优化

在综合实践活动过程中，学生通过自身与环境的互动，逐步积极经验来达到学习的目的。良好的环境能为学生提供大量的学习材料和机会，使学生能够充分利用自己的感观去体验、去学习，从而获得发展，因此结合主题教育的需要创设相应的环境是必需的。综合实践活动环境的创设和优化离不开家长、学校和社会的帮助，为了优化实践活动的环境，需要加强与校外活动场所的沟通协调，寻求多方面的支持与帮助。丰富的环境条件有助于为学生不断生成新的实践活动和任务提供启发和思路。在综合实践活动中，环境创设重在从学生需要出发，注重学生的参与，使学生真正成为环境的主人，使环境也能真正为学生学习服务。

二、综合运用多种实施方式，带领学生感受生活、亲身实践、主动探究

教师要善于激励、启迪、点拨、引导儿童开展活动，综合运用游戏、对话、参观、情景模拟、现场体验、小实验、小制作、表演等多种实施方式，带领儿童在校园、社区和自然环境中感受生活、亲历实践、主动探究，帮助和促进学生在不同活动实施的过程中不断生成新的任务和新的活动。

例如，黄浦区复兴东路第三小学的"玩转幸福豆"综合实践活动课程设计了豆豆博览会、美食宴、嘉年华和颁奖礼等活动。在这些活动之下又分别有相应的系列任务，任务中包括了手指游戏、接龙游戏、DIY小制作、参观游览豆市的风土人情、故事会、总结会等形式。可见其综合运用了游戏、现场体验、参观、表演等多种活动实施方式，在这些活动中，学生在实施过程中是逐步递进的，不断生成了新的任务，从而进一步推动了新的活动的产生。（详见创意14）

三、根据学生兴趣、需求及课程需要生成新的活动和主题

课程活动中新任务或新活动的生成，不是儿童无目的、随意的、自发的活动，而是教师对孩子在活动中表现出的需要和感兴趣事物作出价值判断后进行的调整，以促进孩子更加有效的学习，这是一个动态的师生共同学习、共同认识和共同建构的过程。教师要充分了解到学生的兴趣和需求，适时地调整原有活动或增设新的活动，以激发学生的学习动机，提高学生参与新任务的积极性和主动性。

四、拓展活动时空和内容，为儿童自主活动留出余地

一方面，活动总是在一定的时空中开展和进行的，特定的时空属性决定了活动的总体范围。如果要生成新的活动和任务，就需要拓展原有活动的时空范围，为学生开辟新的活动空间。另一方面，活动的内容也并非固定不变的，在活动过程中，学生可能会生成新的想法，由当下的活动内容联想到另外的活动内容，这时

候,教师要充分尊重学生的想法,为学生的自主活动留出余地。

五、关注生成性目标,动态调整活动与任务

生成性目标不是由外部实现预定的目标,而是在活动情境中随着活动过程的展开而自然生成的目标。它关注的是活动的过程,最大的特点在于它的生成性,是人的经验生长的内在要求,是学生与环境相互影响与作用的产物。生成性目标最大的优点在于为学生的自由生长提供足够的空间。由于生成性目标是基于过程的,所以活动与任务就需要基于学生在活动过程中的发展脉络不断地进行动态调整。

创意14　玩转幸福豆

一、发现,在不经意的访谈节目上

学校生活中每个微小的事物,都可能蕴藏着无限的教育契机和资源。学校的评价卡通形象是"幸福豆",本期学校小太阳电视台"幸福小风暴"节目聚焦"豆豆"展开讨论。这些小嘉宾来自一年级各个班级,孩子们被主持人的提问打开了话匣子:

"上海风味特产'五香豆',味道好极了!"

"毛豆也是豆豆,我经常和外婆一起剥毛豆的。"

"我知道上海人早餐四大金刚中的'豆浆',就是大豆磨制的。"

"我能背一首诗,红豆生南国……"

……

孩子们你一言我一语,把主持人逗乐了,"聚光谷"低年级主题式综合活动课程核心组的老师们也随即捕捉到了孩子们喜欢的这个话题,将话题变成了活动主题,取名"玩转幸福豆"。一开始预设的活动是两课时,第一课时是了解各类豆豆,孩子们观察、触摸、比较着各类豆豆。在"豆豆之最"环节,大家评选最大的豆,最小的豆,最好吃的豆,最营养的豆,最出名的豆和最有用的豆等,同时让一年级的孩子认识专属于复三的三颗评价幸福豆,由高年级的同学扮演三颗幸福豆的代言人并进行介绍。第二课时是豆豆的美食,学生用收集的信息讲一讲豆的饮食文

化,观看五香豆的制作工艺视频,进行简单的豆类美食 DIY 小制作,如拌豆色拉。

品尝豆豆是孩子们喜欢的环节,"五香豆,真香呀!""我喜欢妈妈的炒黄豆。"……在孩子活动的世界里总是充满着欢声笑语。

二、弥漫,在孩子们的童话故事里

孩子的兴趣来了,好奇心被一一打开。第二天,很多孩子还沉浸在昨天的快乐中,看见昨天上课的陈老师,拉住她的手,话匣子又打开了:"陈老师,你知道吗?我们家附近有一条街叫做'豆市街',听外婆说,这条街是和豆豆有关的。""陈老师!陈老师!让我们去城隍庙五香豆的店吧!"……

陈老师被孩子们幸福地包围着,她也觉得前两节课的活动让孩子们有点意犹未尽。中午时分,陈老师就去教导处找到了课程部蔡老师商量,很快,大家决定下周继续"幸福豆"活动,而且主题也更名为"玩转幸福豆"。

学校地处老城厢,占据着丰富的社会资源优势的同时,老师们开始意识到,"小主综"课程同样也肩负着传播老上海历史文化的使命,孩子们的这些想法就是课程中的文化元素。

第二周的课程,陈老师带着孩子们来到城隍庙,扮演美食推销员,为上海城隍庙五香豆设计一句话创意广告词,让孩子作为上海新生代也为传统本土美食吆喝一把,让学生体会到简单的五香豆背后复杂精致的匠心精神。而豆市街的漫步,是以当年著名的酱园旧址为站点设计路线,组织学生去豆市街进行 20 分钟的徒步行走。

课程以"豆"这一概念作为切入口,以中国传统的豆文化为载体,注重与孩子生活世界的关联,从学生的家庭、社区、校园等真实生活中寻找资源,设计符合低幼特点的情景化趣味活动,从而打造出低结构、开放性的学习时空。挖掘区域传统文化中的教育资源,无疑为课程增添了推波助澜的船桨,让教师走进孩子们的童话世界,激发他们对所生活城市的自豪和热爱,让活动更有深度和温度。

三、圆梦,在幸福豆的趣味活动中

每年学校都会召开教学课程会议,关于"玩转幸福豆",核心组的老师在会上又提出改进方案,加入了活动的评价内容,让主题活动更趋完整,如图 3-12 所示:

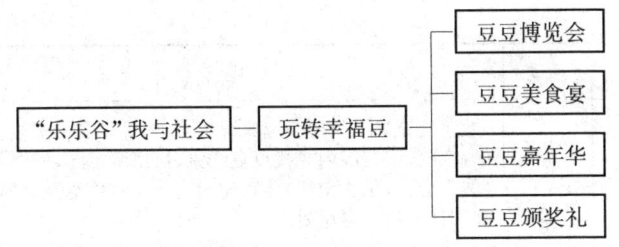

图 3-12 "玩转幸福豆"活动结构图

整个主题活动,按照认识豆豆、品尝豆豆、寻找豆豆、评价豆豆的活动路径进行设置,体现了课程在内容上的多维度和综合性。以"'乐乐谷'我与社会"中的"玩转幸福豆"主题为例,内容如表 3-2 所示:

表 3-2 "玩转幸福豆"课程内容

主题描述	活动	任务
选择"豆"这一概念作为切入口,以中国传统的豆文化和复三校园的豆评价为载体,为一年级的学生提供丰富多彩的综合体验式的活动场景。以学生的学习为中心,让学生主动走向社会、接触社会,建立自我与社会的连接,并在这一过程中逐步培养学生敢于探究尝试,善于思考提问,乐于合作表达的学习品质,让学生收获从社会生活中学习的幸福感。	豆豆博览会	(乐于探究)豆豆大搜索活动——引导学生去生活中发现:在哪里可以见到豆豆,例如:城隍庙的五香豆、粮店里的黄豆绿豆赤豆、菜场里的豌豆蚕豆、超市里的巧克力豆等。 (乐于交往)豆豆比武大赛——交流自己找到的不同的豆豆,评选豆豆之最,例如:最大的豆,最小的豆,最好吃的豆,最营养的豆,最出名的豆,最有用的豆等。重点介绍五香豆的历史文化。 (熟悉环境,喜欢提问)复三豆豆发布会——让学生认识专属于复三的三颗幸福豆,由高年级的同学扮演三颗幸福豆的代言人进行介绍。一年级学生可以通过提问的形式,进一步了解幸福豆的含义作用、获取方式等。
	豆豆美食宴	(喜欢提问)豆豆大讲堂——邀请家长志愿者进课堂,向学生讲一讲豆的饮食文化,着重介绍五香豆的制作工艺,学生也可以进一步提问,了解更多豆类的美食小知识。 (敢于尝试,乐于合作)豆豆小厨房——小组合作,进行简单的豆类美食的 DIY 小制作,包括磨豆浆、拌豆色拉、做绿豆糕。 (表达自己)豆豆幸福宴——请同学们品尝关于豆豆的美食,说说自己吃了以后的感受,并对五香豆进行创意推销。
	豆豆嘉年华	(乐于创新)豆豆手指操——教师教学生玩"点豆豆""炒豆豆"之类的手指游戏,学生合作玩耍,并进行创意改编。 (团队合作)豆豆运输队——分小组比赛用筷子接龙夹豆豆,看谁夹得又快又多又快,锻炼手部力量和手眼的协调能力,培养团队精神。 (展示自我)豆豆快乐攻略——了解豆市街的风土人情和历史变迁,制作路线攻略,组织学生在豆市街进行 20 分钟的徒步行走,向行人们分发豆便签的小贴士,践行低碳环保的生活方式,传播老城厢的历史文化。

第三章 设计递进性的实践活动与任务

续 表

主 题 描 述	活动	任 务
	豆豆嘉年华	（敢于尝试，乐于探究）趣味寻宝豆——以"黄豆大变身"为主题，在学校或教室范围内寻找豆豆线索，拼出藏宝图，换取奖品。 （敢于尝试，乐于交往）豆豆趣迷宫——制作豆豆迷宫的小玩具，并和同伴一起比赛玩耍。 （敢于尝试，乐于分享）豆豆幸福图腾——以"最美复三"为主题，寻找校园中最美的幸福元素，用豆豆拼出孩子眼中的幸福图腾，并进行介绍交流。
	豆豆颁奖礼	（自我反思）豆豆大盘点——对于整个主题的活动进行总结，进行豆类知识的大盘点和活动花絮的精彩回顾。 （善于发现，乐于交流）豆豆故事会——通过自评、互评、师评、家长评等多维度形式给予学生全方位的评价，并从不同的角度讲述该主题活动中的精彩故事。 （展现自我）豆豆颁奖盛典——举行颁奖仪式，根据综合评价的标准，给表现特别积极、进步特别大的学生颁发幸福豆奖章。

课程活动中新任务或新活动的生成，不是儿童无目的、随意的、自发的活动，而是教师对孩子在活动中表现出的需要和感兴趣事物作出价值判断后进行的调整，以促进孩子更加有效的学习，这是一个动态的师生共同学习、共同认识和共同建构的过程。岁岁年年各不同，今年是学校"聚光谷"低年级主题式综合活动课程开展的第三年，学校的种植园又多了一些刀豆、赤豆和豇豆等植物。整个春夏秋，伴随着各种豆豆的生长、开花和结果，新一轮的校园豆豆探秘又重新开启。

（上海市黄浦区复兴东路第三小学　季峻岭）

第四章
丰富学生的实践性学习经历

主题式综合活动课程要以学生的兴趣为出发点,引导学生积极参与,主动获取知识,分析并解决问题,逐步形成理性思维、批判质疑和勇于探究的精神;通过精心设计社会服务、设计制作、职业体验等活动,以任务驱动的方式积极引导学生在学习活动中获得生动、活泼、可持续的发展,在活动中培养学习能力,丰富学生的实践性学习经历,引导学生自主探索与深度学习;引导学生基于体验和感悟建构价值认知,在实践中不断调整优化,逐步形成稳定的价值体认。

第15问 主题式综合活动课程如何有效设计和组织开展考察探究活动？

我们的经验：教师要以学生的兴趣为出发点，指导学生从自然、社会和学生自身生活中选择和确定研究主题，运用实地观察、访谈、实验等方法开展研究性学习，在观察、记录和思考中，主动获取知识，分析并解决问题，帮助学生形成理性思维、批判质疑和勇于探究的精神。

《中小学综合实践活动课程指导纲要》中指出，"考察探究"指学生在教师指导下自主选择研究主题，以野外考察、社会调查、研学旅行等多种方式，综合运用各学科领域的知识进行问题解决和意义获取的学习活动。"考察探究"包含"考察"和"探究"，相对于传统的研究性学习，更突显了其内涵拓展。"考察探究"是学生基于自身兴趣，在教师的指导下，从自然、社会和学生自身生活中选择和确定研究主题，开展研究性学习，在观察、记录和思考中，主动获取知识，分析并解决问题的过程。它注重运用实地观察、访谈、实验等方法，获取材料，形成理性思维、批判质疑和勇于探究的精神。"考察探究"的关键要素包括：发现并提出问题；提出假设，选择方法，研制工具；获取证据；提出解释或观念；交流、评价探究成果；反思和改进。学生作为活动的主体应该以什么形式进行考察探究活动，这一问题给教师提出了新的要求，如要求教师具备开发、管理、探究、收集、处理、反思课程等能力。

据此，有学者对考察探究活动作了简短的定义，即考察探究活动就是在教师引导下，以学生为主体，超越教材，综合各学科知识，通过观察、记录、分析、实验操作等活动，解决相关的问题。它主要是培养学生综合运用知识、观察、分析和解决问题及动手操作等综合性能力的一门经验性实践课程。[1] 有效设计和组织开展考察探究活动主要包括三个阶段：

---

[1] 郭淑娟：《"考察探究"主题综合实践活动的思考》，《教学管理与教育研究》，2019年第22期。

一、选定探究主题和提出探究假设

初始阶段是一个形成探究主题的过程,在这个过程中最重要的是教师要引导、帮助和启发学生发现问题和提出问题,并指导学生根据实际情况制订不同的研究计划。在这个阶段,首先,学生要能提出问题,随即产生对这一问题的思考。第二步则是对问题作出假设,并且选择合理的探究方法和研究工具等,其中最重要的部分是对探究方法的选择和假设的提出,具体的方法可以是访谈、观察、问卷调查、实验等。在这个过程中,学生不应仅限于提出的问题,还应对该事件进行预先的判断,形成假设。

二、进入真实情景,对问题逐一探究并检验

这个阶段主要是进入实践活动当中,对学生在上一个阶段所提出的问题进行逐一探究,进一步分析问题,找出问题的答案并加以检验。此阶段由两部分组成,第一部分是让学生进入实际问题发生的场景,获取问题的现实证据,让学生近距离观察、体验,以便于学生更好地理解该问题。第二部分则是让学生对预先提出的问题进行解释并提出自己的观点,如果解释使假设成立,则将其视为这个问题的结论;如果不符合,则对其方式做出改正,继续寻找相应的解释。

三、对整个探究过程进行总结与反思

最后这个阶段就是对整个探究过程中的问题、解释、方法、结论等进行汇总,然后进行总结和反思,并积累经验。在此基础之上,通过多种途径的评价,让全体学生都了解评价的内容、标准及方法,从而学会评价,提高考察探究活动的评价能力。并且要让学生意识到探究过程中出现的问题及其可能存在的局限性,进而提出可行的改进方法,为下一节考察探究课程及以后的学习过程打下牢固的基础。

在考察探究主题综合实践活动时,需要注意三个问题:一是探究主题要能引起学生的强烈兴趣,引发学生原有的认知矛盾。小学生的知识和生活经验十分有限,但他们都有着强烈的好奇心,因此选择学生见过但从未真正思考过的生活现

象或者问题有助于激发学生的探究欲望,并且能在他们原有的认知中产生矛盾,从而通过考察探究活动纠正或提高原有认知。二是考察探究主题综合实践活动应是一个连续的主题研究。连续的主题研究有助于深化学生对某个问题的认识,帮助学生通过自主探究形成系统的知识。连续性的探究意味着教师需要给学生提供充足的探究时间,甚至部分探究需要寻求社会方面的协助,时间上需要两周或者一个月,甚至更长。三是课程内容开发和实施不能有偏差,要和基础性课程的目标、内容、形式作出明显的区分。综合实践活动课程涉及面很广,涉及社会、自然环境、日常生活等多方面。我们在对综合实践活动课程进行开发和实施过程中,要注意不能在内容上有学科化的倾向,考察探究活动应当是综合运用各学科领域的知识进行问题解决和意义获取的学习活动。此外,也要避免内容出现窄化、社会化、成人化的倾向。

考察探究主题综合实践活动最主要的目的就是让学生能够灵活运用所学知识,不断探究生活中遇到的问题或者现象,让探究的精神永远留存于他们身上。为了落实这样的目标,学校、教师更应多注重综合实践活动课程方面的研究,让学生能够真正得到全面的发展,落实核心素养的培养。

创意 15　小小农场管理员

大自然对孩子而言有着天然的吸引力,这种吸引力能使他们专注于学习的内容,更主动地探索心中的未知。可孩子们念着"谁知盘中餐,粒粒皆辛苦",却不知这"粒粒"原本的模样。有效地利用大自然设计有趣的考察探究对孩子进行教育,可以激发孩子的好奇心和求知欲,调动孩子的学习积极性,锻炼孩子观察、交流、合作、动手、检索等探究能力。

一、活动设计

"小小农场管理员"活动对象为二年级学生,根据学生年龄特征,本次活动以农场为载体,通过阅读、手工制作、信息收集、实地考察等活动,组织学生亲身体验,发现与了解生活中的农作物。同时,在了解农民劳作过程的基础上,帮助学生树立珍惜他人劳动成果与保护环境的意识。

每个活动在教具的准备、教学环节、教学空间的设计上都极力为学生创设真实的学习情境,让学生在"农场"这一情境中,体验"农场管理员"这一角色。孩子在丰富的实践体验和学习经验中,亲近与探索自然,学习与同伴交往。学生在其中展现自我、挑战自我,以此形成对自我、社会、自然的整体认识。这培育了学生未来社会人的核心素养,为学生后继学习和终身发展奠定基础。

二、活动过程

(一) 体验与感悟:从书本到生活

活动伊始,教师逐页出示《我的第一本百科全书——植物世界》中的《植物与人类》一章"粮食作物"与"豆类植物"两节中关于水稻、小麦、蓖麻、大豆、咖啡、可可等农作物的图片与文字。学生通过阅读、观察、讨论了解各农作物的用途及其衍生的副产品。

在交流讨论中,学生能尝试说出自己知道的农作物副产品或农作物剩余物的作用:

"我知道有一种木板(麦秸板[①])是用小麦杆子做的。"

"我妈妈会用咖啡渣除臭。"

……

通过交流,学生开始有了探究的主动性与求知兴趣,开始逐步形成观察生活的意识,也体会到了有效利用资源的重要性,增强了环保意识与珍惜农作物的意识。

(二) 观察与创作:在实物接触中发挥创意

1. 识认教师带来的农作物,制作立体拼贴画

初步观察农作图片、了解农作物特征后,学生识认教师下发的不同农作物实物,如大豆、小麦、辣椒、芝麻、棉花等。以小组合作的方式,学生近距离观察不同农作物的特征,在讨论中给不同的农作物一一对应地贴上标签,并与全班交流他

---

① 麦秸板是利用农业生产剩余物-麦秸制成的一种性能优良的人造复合板材。

们认为这些农作物分别是什么,都有哪些特征。

通过与农作物实物的深度接触,学生可利用不同农作物的不同颜色、不同形状、不同特点,发挥自己的想象与创意,制作如图4-1所示的创意立体拼贴画。

图4-1 创意立体拼贴画

2. 前往社区菜场,设计创意菜单

艺术创作的过程让学生深入了解了部分农作物的特征,更激起了学生的探究兴趣。因此,前往社区菜场可以让学生进一步观察自己感兴趣的农作物。

在菜场进行考察探究时,除了观察,要鼓励学生向摊主询问,并及时记录得到的信息。通过与摊主的沟通交流,学生不仅能了解自己感兴趣的农作物,沟通能力与社交能力也得到了锻炼。不少学生不仅乐于尝试为其他小小农场管理员们制作一份创意菜单,甚至还可以拟一份创意菜制作教程,写一写具体的料理过程呢!

3. 识认校园中的农作物,制作观察小报

除了教师提供的农作物实物与社区菜场中的农作物,学生还可以尝试识认校园中的农作物。在园艺中心里有着一些蔬菜和水果,但是小朋友们可不一定都认识,比如还没有长出果实的草莓。

如图4-2,学生通过App的拍照检索功能,可了解校园的小园艺中心里所种植的农作物叫什么名称、有什么特点、如何食用、如何入菜。在观察后,学生可以根据自己得到的信息,制作小报来展示自己的观察成果。

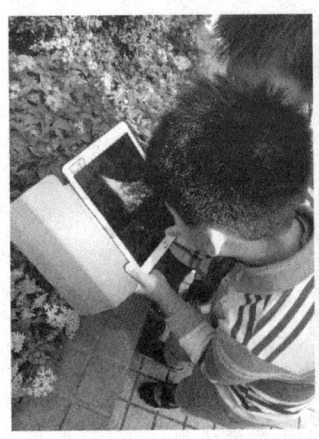

图 4-2　学生使用 App 的拍照检索功能识别农作物

(三) 探索与发现:品尝今日午餐并制定食材出货单

临近午餐时间,不如就一起来探索一下午餐中的奥秘。打开看着午餐盒中的两荤一素一汤,学生是只知道今天吃了肉和蔬菜,还是能准确说出具体是什么肉、什么蔬菜呢?

在这节课中,小朋友要尝试找出今天午餐中的所有食材,并将其记录于表 2 的"食材出货单"中。填写的食材出货单是否正确还需要进一步验证。因此,小朋友们还会前往食堂的后厨进行实地考察,验证自己的猜想是否正确。

任　务　单

作为小小农场管理员,在今天一早要提供什么食材给食堂的阿姨们,才让他们做出美味的午餐呢?

表 4-1

今日菜单			
时间	2018 年 11 月 15 日 周四	学校	蓬莱路第二小学
酱鸭腿、清炒荤素、红烧素鸡、番茄榨菜蛋汤			

表 4-2

食材出货单			
时间	2018年11月15日 周四	农场	小企鹅农场
1. 鸭子 _____ 2. 胡萝卜、青豆、猪肉、茭白 _____ 3. 大豆 _____ 4. 番茄、榨菜、鸡蛋 _____ 5. _____			

三、活动成效与反思

本次活动的设计旨在为学生创造自由探索的体验式学习情境,在考察探究中形成并积累学习经验。"小小农场管理员"活动,使学生在直接学习体验的过程中,建立对事物的基本认知。学生乐于用语言、文字、绘画来表达自己的感受、认识与想象,也愿意在小组活动中与伙伴、师长积极交流。学生不仅与同伴发生了互动,还参与了校外、室外农作物探索活动,与大自然产生了互动。在校外活动的过程中,学生建立起了与人沟通社交的自信。室外教学活动的开展让课堂的空间范围不再局限于教室,多样化教学设备的使用也帮助学生更好地感知自然。

(上海市黄浦区蓬莱路第二小学　朱笑晨)

第16问 主题式综合活动课程如何有效设计与组织开展社会服务活动？

我们的经验：在社会服务活动中，通过学校、家庭、社区共同开发课程资源，促使学生在与家庭、学校、社区之间持续互动，可以不断拓展活动时空与内容，进而使学生在活动中的服务精神和社会责任感不断得到发展。

《中小学综合实践活动课程指导纲要》指出，社会服务活动是指学生在教师的指导下，走出教室，参与社会活动，以自己的劳动满足社会组织或他人的需要，如公益活动、志愿服务、勤工俭学等，它强调学生在满足被服务者需要的过程中，获得自身发展，促进相关知识技能的学习，提升实践能力，成为履职尽责、敢于担当的人。社会服务的关键要素包括：明确服务对象与需要；制订服务活动计划；开展服务行动；反思服务经历；分享活动经验。

社会服务活动为学生提供了走向社会的机会，有助于引导学生投身于有利于自身成长、有益于社会的各种活动中去，良好的社会服务活动对学生整体素质的全面提高能产生很大的影响。学生能够通过社会服务活动到社会上去学习，学习如何做人，学习关心他人，学习关心社会。社会服务的课程总目标是培养学生关心社区建设、服务社会的意识，促使其形成社会责任心和公民价值观，增强适应现代社会活动的能力。"社会服务"需要学校、家庭、社区共同开发课程资源，促使学生在与家庭、学校、社区的持续互动中，不断拓展活动时空与内容，使其服务精神和社会责任感不断获得发展。

社会服务活动包含自我服务、家庭服务、学校服务和社会服务等多种形式，这些形式的服务范围和对象不断扩展，能力要求也在递进上升。对小学生来说，社会服务活动一方面侧重于围绕学生日常生活开展自我和家庭服务，学会处理生活中的基本事务；另一方面要侧重培育学生积极参与学校和社区活动的意愿，发展他们的服务精神和社会责任感。此外，对于小学生而言，其社会服务的实践范围以学校、居住地所在社区为主,多数表现为"社区服务"的实践和体验。作为一种参与型的实践模式,社区服务的基本过程是:学校统筹规划——教师帮助学生明确任务——学生亲身参与实践——学生交流总结。

一、学校对社会服务活动进行总体规划

学校根据总体的课程目标、课程特色、课程资源等,形成总体规划与具体的活动安排,明确学生要参加的实践活动类型。学校要以促成真正的价值体认、责任担当等育人目标的实现为宗旨,避免形式化的实践活动。因此,学校要因地制宜,选择易于常态化、可持续开展的社会服务活动,建立促成学生开展社会服务的长效机制。

二、教师帮助学生明确任务,组织学生走出校园

一方面,教师要帮助学生明确任务。根据学校关于社会服务活动的总体规划,教师在实际开展实践活动前要向学生阐明活动任务,帮助学生明确实践内容。教师可以利用活动任务单等工具,指引学生带着目标和具体任务去开展实践活动。根据活动任务需要,可指导学生记录、统计、简单分析、总结反思等。另一方面,教师要组织学生亲身参与实践。社会服务活动是面对课堂甚至学校以外的世界真实发生的,学生能够在活动中亲身参与体验。根据社会服务活动方案,要组织学生走出校园,到社区、场馆、企业或实践基地亲身参与公益活动和各种社会劳动等。

三、学生交流分享服务的体验和感受

社会服务活动结束之后,教师把发言的机会交给学生,学生小组之间、组内同学之间互相交流和分享服务的体验和感受,促进自我的反思和改进。例如,上海市黄浦区七色花小学设计与实施了"社区义卖,爱聚思南"的主题式综合活动,通过爱的实践课让学生了解公益的目的、走近公益背后的故事,了解辛苦劳动的意义。同时通过面对面的交流,锻炼学生的自信、自立,也让善良的种子在学生的内心发芽。在活动的第三个部分,便是分享活动的收获与反思。(详见创意16)

此外,有研究者专门就其社区服务课程体系建设的相关经验做了介绍,也可以为社会服务活动课程提供一定的借鉴。第一,联合建设社区化社会实践基地。根据"培养学生社会责任感"的目标定位,课程要着力在理念和实践上实现贯通,与社区联动,建立"学校—社区"服务课程基地,为社区服务课程的开设提供有力的保障。"社区化社会实践基地"即以社区模式为主,选择学校周边社区作为服务地点,学校主动与周边社会组织和服务机构合作。这种就近的实践活动,不仅能为学校和社区提供长期合作关系,为学生搭建真实的实践平台,还能节约活动经费,并为社区提供可持续的社会服务。基地的配套建设,在组织上实现了学校、家庭、社会的彼此协同;在形态上促进了学生服务社会的认知与实践体验多元互补;在氛围上引导了社会各方面主动配合学校教育,形成强大合力。第二,构建基地社区服务课程组织形式。"基地实践体验类"课程是具有独立形态的教学过程,它主要在场馆从事有意义的实践,去做具有挑战性并能实际解决有关社区问题的服务工作。活动在正式开始前,学校需要较长时间与"基地导师"对接并开展培训;活动中,跟进指导"基地导师"规范课程实施环节;服务课程项目完成后,则要督导学生撰写相关服务记录,并对服务过程进行反思。[1]

创意 16　社区义卖　爱聚思南

2019年11月16日,拥有百年历史的思南公馆,化身成为一个充满幻想的欢乐世界,吸引了一批批大朋友、小朋友。上海市七色花小学把主题式综合实践课堂搬进了"思南奇幻日",一、二年级60多名七色小花积极参加了公益市集的快闪爱心义卖活动。爸爸妈妈和小朋友们一起,早就开始筹划、准备了,大家希望为社会献出自己的一份爱心。

一、活动背景

义卖是个体或团体义务将自己的东西卖出去,然后用得来的钱用在事先定好

---

[1] 陈银芝,朱玮芳:《构建社区服务课程,培养责任担当素养》,《湖南教育(D版)》,2019年第11期。

的某个慈善或公益事业上。义卖的目的是为正义和公共利益事业筹款,所得的钱全部无偿捐献给需要帮助的人或地区,它的一个重要价值在于在孩子心底播下爱的种子。

适逢黄浦区创建文明城区之际,我校策划、组织开展了一、二年级亲子义卖活动。当我把"思南公益市集"这个活动在班级里进行介绍时,"什么是义卖",这个问题是孩子们知道要参与这个活动时问我的第一个问题。"为了给正义或公益的事情筹款而出售物品,募集到的善款,去帮助有需要的人。"孩子们瞪大了眼睛,掩饰不住内心的跃跃欲试,开始小声的讨论起来。"我可以拿出在创意绘画课上的作品""我有一个自己制作的小挂件""我小时候的故事绘本一定会很受欢迎的"。第二天,这些在孩子们心中特别有意义的东西都出现在了班级的讲台上。

义卖活动目的在于引导学生亲身体验关心社会,在学生付出努力的过程中,初步认识、理解我与社会的关系,帮助孩子在交往中学习如何礼貌、友善待人,培养有始有终的做事习惯。

考虑到在人流量比较大的公共场所开展活动,并且学生年龄小,本次义卖活动由家长全程陪伴。每班义卖时间为一小时,每班正、副班主任协同家委会开展义卖策略设计,让学生多多获得实践机会。另外,学生实践活动由项目负责人拍摄照片或小视频留存资料。

二、活动过程

"哥哥愿意买一枝花送给你的妈妈,并且和她合影留念吗?卖花的钱我们是捐给有需要的小朋友的",一对母子走近摊位,小摊主熙熙腼腆的轻声问道。熙熙母亲在旁接着说:"我们是七色花小学的一年级学生,我们在举行一场义卖快闪活动,奉献爱心。"只见哥哥点了点头,掏出了自己的小钱包,把花献给了自己的妈妈并合影留念。

转眼来到活动现场,孩子和爸爸妈妈精心布置自己的专属摊位,上面放着各种玩具、文具、书本,还有亲手烘焙的小点心。孩子们从躲在爸爸妈妈身后叫卖,到慢慢地拿出摊主的架势,试着给摊位前的小朋友介绍自己的售卖商品,有的孩子们更是手牵着手大胆地走出摊位叫卖。

在义卖的过程中，大家都拿出了看家本领。活动中处处都是爱，充满智慧和热情。最终，经过6个小时我们圆满完成了义卖接力。孩子们脸上洋溢着收获的喜悦，父母与孩子一同分享义卖过程中的趣事，这就是公益的力量和义卖的初心。通过爱的实践课让小朋友们了解公益的目的、走近公益背后的故事，了解辛苦劳动的意义。同时通过面对面的交流，锻炼自己自信、自立的一面，也让善良的种子在孩子们的内心发芽，让"小小举动、奉献大大爱心"的正能量得到延伸。

例如，卓同学在日记中这样写道：

为了能够在活动中，卖出更多物品，筹得更多的善款，我早早的来到义卖现场，观察着其他班级的义卖战况，琢磨着一会自己该如何叫卖。等到义卖正式开始，我便使出浑身解数，通过"买东西送贴纸""熟人攻略""游行叫卖"的方法，努力地推销着每一件义卖品。最终收获了满满的爱心。我们的爸爸妈妈不但帮助我们布置场地、吸引人流，还认真地摄影录像，全家齐出动，爱心满丰收。

三、活动收获与反思

为了能够更好的让孩子们参与到义卖的活动中，老师和家委会在活动前期通过线上和线下多种方式多次沟通义卖的方案和主题，讨论义卖物品的设计、活动当天的布置、每个人的角色等等问题，最后把各自的想法进行了融合。这次活动，让我体会到家校合作的重要性，从原来什么都是学校主导的刻板印象，让我感受到，家长也是学校工作的参与者，孩子的教育和成长，离不开学校教育和家庭教育。

家长们的大力支持、对孩子的情感关注，以及与孩子间的互动交流等个中细节让我倍受感动。我们的目标是一致的——为了孩子们。最完备的教育是学校教育和家庭教育的结合。通过这次的活动，我们一起经历、感受了整个过程，让我和其他家长们在沟通过程中拉近了彼此的距离，架起了一座信任与默契的桥梁。通过类似活动也让家长们作为一名参与者更实在的了解学校的初衷、理念，形成良好的家校互动，助力孩子们的健康成长。

有位家长这样写道：

我很高兴能和一(2)班的孩子们一起参与了这场公益市集，短短1小时的摆摊时间，让我看到孩子们的很多面。看着孩子们从羞涩到热情地招呼着过往的行人，从生疏到娴熟地收款、装袋、找钱、还不忘说声"谢谢"的场面。活动虽然简单，但意义远大，作为孩子的家长感慨万千，孩子们通过自己的劳动换取钱财，再把它变换成实用的物资捐助给需要他们帮助的群体，在愉悦的环境中锻炼了自己，在快乐氛围中传递了爱心。

在活动中，我们看到了孩子们的成长，感受到孩子们获得了父母所不能给予的快乐和人生历练。虽然活动告一段落，但爱还在延续。

（上海市七色花小学　聂悦悦）

第17问 主题式综合活动课程如何有效设计与组织开展设计制作活动？

我们的经验：在设计制作活动中，鼓励学生手脑并用，并且启发和引导学生融会贯通各类知识和技能，将自己的创意、方案通过动手操作付诸现实，转化为物品或作品，这既落实了创意物化的目标，也有利于提高学生的实践创新能力。

《中小学综合实践活动课程指导纲要》指出，设计制作指学生运用各种工具、工艺（包括信息技术）进行设计，并动手操作，将自己的创意、方案付诸现实，转化为物品或作品的过程，如动漫制作、编程、陶艺创作等，它注重提高学生的技术意识、工程思维、动手操作能力等。在活动过程中，鼓励学生手脑并用，灵活掌握、融会贯通各类知识和技巧，提高学生的技术操作水平、知识迁移水平，体验工匠精神等。设计制作的关键要素包括：创意设计；选择活动材料或工具；动手制作；交流展示物品或作品，反思与改进。

设计制作活动的价值主要体现在两个方面：第一，落实创意物化目标。《指导纲要》中明确指出，小学阶段的创意物化目标是通过动手操作实践，初步掌握手工设计与制作的基本技能；学会运用信息技术，设计并制作有一定创意的数字作品。设计制作活动是指学生运用各种工具、工艺（包括信息技术）进行设计，并动手操作，将自己的创意、方案付诸现实，转化为物品或作品的过程。这一目标的提出，体现了从单纯注重活动形式向既注重活动形式又注重物化成果的转变。第二，提高学生的实践创新能力。开展设计制作类综合实践活动的目的是培养学生的创新精神和实践能力，只有让学生学会创造、敢于创造、乐于创造，活动才能行之有效，才能最终达成培养学生实践创新能力的目标。[①]

---

① 刘静，戴玉梅，王业鹏，方飞：《小学设计制作类综合实践活动课程教学策略探讨》，《新课程研究》，2020年第19期。

设计制作活动强调学生的创造性和实践性，对学生的思维品质、知识迁移和动手操作能力要求较高，为了有效地设计与实施设计制作活动，需要从主题的确定、内容的选择、实施的路径和评价的方式四个维度加以综合考虑。

一、基于学校特色与资源，确定设计制作类活动主题

活动主题确定可以考虑两个来源：一是《中小学综合实践活动课程指导纲要》推介的主题，二是上海市根据推荐主题立足本土实际而编写的《上海市主题式综合活动课程指导纲要（征求意见稿）》。由于课程实施是立足学校教育现实性，基于课程纲要的基本要求，对教材资源予以调适与创生的过程，因此设计制作类活动主题设计也需要实施者立足自身学校实际，从活动主题"两个来源"中选择与学校实际最为接近的活动主题，或者基于"两个来源"对活动主题进行二次开发或适当的转化。在《指导纲要》的最后部分推荐了四种活动主题及主题说明，其中设计制作类共推荐了49个活动主题，主题内容类型丰富，大致可分为科技创新类、电子电工类、劳动生活类、传统工艺类等，这样一来不仅为学校和教师提供了参考范例，还开阔了内容的设计思路。教师在选择活动主题时可结合自身特长和学校资源进行重新筛选，将不同类型的主题融合成一个大的主题来完成，以培养学生的创新精神和学习兴趣。

二、基于学生的需要，围绕育人目的选择设计制作课程的内容

设计制作课程内容可以与其他学科知识相整合，将学科知识从理论延伸到真实的生活中解决实际问题。课程内容选择的标准是一定要符合学生的认知规律和发展水平，建立系统的课程体系，从低年级到高年级难度分阶段逐级增加，防止课程内容出现"碎片化"等问题。由此，既从学生的需要出发，又能达到育人的目的。

三、多方合作，实现多渠道实施路径

一方面，学校可以采用与多方进行合作的方式拓宽课程实施路径，如与公司企业的合作以及学校之间的帮扶合作。这是由于设计制作活动主题种类多且内容丰富，学校资源有限，可能导致部分计制作类课程达不到开课条件。对此，教师

就可利用校外场所,拓展课程实施路径。另一方面,学校可以为教师提供网络交流学习平台。教师可以利用多种网络平台进行课程资源互享,跨越时间和空间的局限,分享各个学校的课程资源,进行交流学习。除了教师之间的学习,教师还可以在课前上传课程资料到网络平台供学生参考学习。

四、采用质性评价方式,关注学生的表现和成果

《上海市小学低年级主题式综合活动课程指导纲要(征求意见稿)》指出,评价方式要同时注重活动过程和结果,建议教师要采用质性评价方式,将儿童在活动中的各种表现和活动成果作为分析考察课程实施状况与儿童发展状况的重要依据,对儿童的活动过程和结果进行综合评价。第一,注重形成性评价。寓评价于活动过程之中,综合应用活动记录、研讨式评价、展示性评价、档案袋/成长册评价等过程性评价方法,关注儿童在各类活动中的参与程度、与他人的合作状况、综合能力的表现以及活动成果的表达等,重视对儿童在活动中表现出的学习兴趣和生活、学习、交往习惯的评价。第二,强化评价的多元性。鼓励和尊重儿童自主选择符合个性、彰显特长的表达表现方式。通过对话、讨论、交流、展示等方式鼓励儿童自我评价和同伴互评,引导儿童关注自己与他人在活动中的表现。第三,倡导评价的发展性。评价应关注儿童在活动中的点滴变化和进步,引导儿童用各种方式记录活动过程,鼓励儿童积极参与问题讨论、成果分享,对自己在主题式综合活动中的各种表现进行适当的反思,在关注评价激励功能的同时,强化诊断与改进功能的发挥。

上海市黄浦区淮海中路小学的"画韵中秋"活动内容的设计主题围绕中秋传统文化开展,在活动实施的过程中强调学生设计制作的发散性。这一主题源于时间的灵感,中秋节是秋季时令习俗的综合体现,是中国传统的节日之一,因此联想到了将9月份的主题式综合活动和中秋节文化挂钩。这一主题式综合活动课程的目的是通过课堂内容的学习以及学生的实践,促进学生们对中秋节的传统文化习俗有更加深入的了解。活动以美术为表现形式,主要从造型表现、工艺制作、设计应用以及欣赏评述三个方面设计了四节课。学生们在尝试与实践的过程中,也对美术基本技能的掌控更进了一步,体现了设计制作活动的价值。

上海市黄浦区四川南路小学"情绪小怪兽"主题活动主要由三个阶段的若干个设计与制作活动组成。从准备阶段学生能描述印象中五官变化与情绪表达的关系,到将色彩与情绪的表现联系起来,拓宽对情绪感受的认知;进阶至执行阶段,能通过图文的数据整理,匹配色彩,自制一组情绪表情包。同时通过调换胸卡中的情绪卡片,主动地去观察自己的情绪变化,并在此基础上逐一细化,通过创作传达快乐的舞蹈,抒写表现伤心的诗歌,设计消除愤怒的妙招,挑战战胜恐惧的独木桥,学习适合自己表达、释放快乐、伤心、生气等情绪的方式。这一活动立足于学生的现实问题,根据学生的实际生活情境,回忆并主动发现情绪的变化,并在沉浸式的活动场景中,重新认识自我的情绪,进而运用有效的方式,"自我控制、积极释放"情绪。

创意 17-1　金秋拾穗——动手制作树叶画

一、背景陈述

《金秋拾穗》是我们学校"QQ 小世界"——小学低年级主题式综合活动课程方案中,"我与自然"维度里"季节里的童话"主题下的一项综合活动。这项活动设计与实施依托校园环境,融合课程资源,旨在引导学生与落叶亲密接触,在活动体验中近距离观察自然环境、客观世界,感受落叶给世界带来的丰富色彩,体会秋的芬芳多姿,从而激发起学生热爱大自然的情感。

活动中先让学生观察叶子的形状、色彩,发现问题、提出问题,从而确立活动主题。在此基础上,引导学生细致观察事物,展开想象的翅膀,动手制作树叶贴画,最后用儿歌或故事的形式表达树叶贴画的意境。让学生在玩中学,学中玩,思维始终处于积极与多元状态,真正做学习的主人。

二、案例描述

整个"金秋拾穗"活动综合了美术、自然、语文等元素,有效推进了主题整合课程的实施。学生在老师的带领下,积极而主动地参与活动,在情趣盎然的活动中发现美、感受美、创造美,感悟到了生命的价值和意义。

(一) 观察生活、提出问题

春天,树木抽出新的枝条,长出嫩绿的叶子;夏天,树木长得郁郁葱葱,枝叶变得密密层层的;到了金色的秋天,大部分的树叶开始变黄,从树上翩翩地落下来,给大地铺上了一层金色的地毯。寒冷的冬天,苍翠的松柏屹立在北风中,枝头的叶子还是碧绿碧绿的。生活中,叶——无处不在。

一次户外午休时,我带领孩子们欣赏秋日的校园美景。"为什么每片叶子的形状都不一样呢?""为什么有的树叶到了秋天就会变黄了呢?""为什么有的树叶一年四季都是翠绿的?"孩子们握着手中金黄或墨绿的叶片,望着飘零的枯叶,好奇地问道。被我们忽略的树叶,在孩子们的世界中却承载了一个个好奇的小问号,映出了生命的情趣。看着那一张张纯真的小脸。我决定带领孩子们走进落叶的世界,感受落叶的美丽。

(二) 确定主题、制定目标

户外活动时间到了,孩子们迈着轻快的步伐来到了操场边上。"看,那边有好多美丽的落叶!"孩子们跟着我,来到了小花园。小 A 捡起一片树叶,激动地说:"老师,这是一片红色的树叶啊!"小 B 说:"我的是绿色的。"只见小 C 和小 D 低着头,像是在寻找什么,上前一问,原来他们在寻找着不同形状的树叶……

我们的收获好多呀,有不同形状的树叶,有不同颜色的树叶,还有不同味道的树叶呢! 看着他们兴奋的模样,我笑着问他们喜欢树叶吗? 它有什么用处呢? 有的说:"树叶可以做书签。"有的说:"我要将各种树叶画下来,做成美丽的手抄报。"还有的说:"树叶形状各异,颜色又多,可以制作出各种漂亮的贴画,装饰我们的教室。"他们从不同角度诠释着自己的感受。于是,我围绕落叶给本次综合实践活动课确定了一个课题——《金秋拾穗》。根据主题,制定教学目标:1. 初步掌握树叶贴画的基本步骤和制作方法。2. 提高学生的想象力、创造力和审美情趣。3. 感受创作的快乐,激发热爱大自然的情感。

(三) 发挥想象、大胆创意

第二天,我让孩子们拿出收集好的落叶,观察落叶的颜色、形状,想象如何设计树叶贴画。小 A 说:"我捡的落叶是五彩的,我要拼一艘彩色的宇宙飞船,探索太空的奥秘。"小 B 说:"我的叶子形状像小船,那我就做条小船,让小蚂蚁坐船到对岸收集粮食。"一个个智慧的火花蹦跳出来。于是,我指导他们可以根据自己设计的贴画主题选择树叶的形状、颜色,反之亦然。同时,我举了一些有典型性的树叶可以干些什么的例子,如枫树的叶子可以做小鸡的爪子,也可以做金鱼的尾巴;银杏树叶适合做驼峰,柳树的叶子适合做长颈鹿的脖子,折叠一下可以做大象的鼻子……

  树叶与勾画出来的画面还有一定的差别。在拼贴时我指导孩子们可以根据需要做适当的调节:比如叶子大小,可以用剪刀进行加工;缺少所需类型的树叶,可以与小组成员资源共享;如有不尽人意的地方,可以找小组成员帮助修改,力求作品的美观性。这样的设计不仅培养了孩子的动手能力,还培养了孩子的合作意识,这也是孩子成长过程中必须养成的团队合作能力。

  孩子们的想象力非常丰富,将我们随处可见、平平无奇的叶子变成了各种有趣的叶子贴画,有小动物、植物、房子等,而且每幅作品还有丰富的情节性。我因势利导,让他们结合自己作品意境创作儿歌、编写小故事。孩子们的思维始终处于积极与多元状态。这样的设计激发了他们的童心童趣,在制作和创编的过程中,感受到秋的美丽、大自然的奇妙,也使我们走进了孩子的世界,师生关系更加融洽。

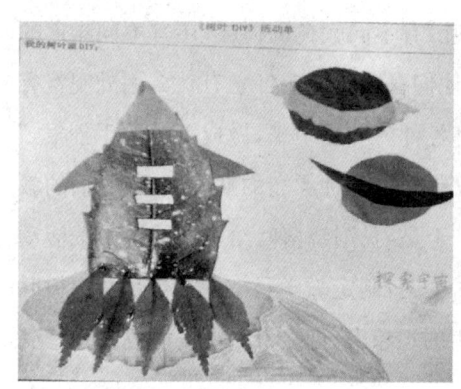 

图 4-3 树叶贴画:宇宙探秘　　　　图 4-4 树叶贴画:比尾巴

(四)欣赏作品、体验快乐

  在成果展示环节,每个孩子都为自己的作品起了个题目:《航海》《比尾巴》《宇宙探秘》等。每幅作品的展示都赢得了同学的阵阵喝彩声。我们评选了"创意小明星"5名,还推选了一部分参加学校的评比活动。孩子们为自己的各种能力在综合实践活动中得到了提高而激动,老师为活动见实效而欣慰。

"金秋拾穗"融探究性、自主性和多元性为一体,培养学生的"创新"意识。同时活动结合游戏创设一种快乐的学习情境,激励学生发散思维,使学生主动探索——大胆发现——努力尝试——体验成功。它点燃孩子心中学习的火苗,使得孩子自觉融入课堂活动,自然地进入自我学习状态,成为学习的主人,在实践活动中获得成长的经历。

(上海师范专科学校附属小学　张璐)

创意 17-2　设计制作,变废为宝

一、活动设计与组织

基于一年级学生的年龄特点和认知水平,我们围绕阶段目标设计了其下属的若干项活动。《变废为宝》这一主题设计与制作活动包括5个制作活动,分别是:《蒙尘的明珠》《脑洞大开》《小试牛刀》《小小爱迪生》《收获成功》,采用了制作、绘画、观察、探究等丰富多样的形式,活动与活动、任务与任务间相互关联、相互递进、螺旋上升,最终指向总目标。每次活动预留充足的活动时间,有相应的容量,渐次丰富,让学生有更多的体验,帮助孩子进一步深化"变废为宝"的概念,启发低年级学生进行创造性思维活动。

(一) 蒙尘的明珠

通过对比学习单中四种垃圾的数量,引导学生发现日常生活中很多可回收垃圾被我们随意浪费,引导学生产生节约资源、变废为宝的意识。教师展示美丽的垃圾改造艺术品,引导学生发现这些艺术品是用哪些废弃材料制成的,使学生感受变废为宝并不困难,只要合理利用材料、开动脑筋,每个人都可以使"明珠"不再"蒙尘",激发学生变废为宝的意识和热情。

(二) 脑洞大开

通过教师成品展示和PPT图片放映,引导学生思考每幅作品的制作工具会用

到哪些,小组讨论得出结果,确定制作步骤和材料。

作品呈现:

1. 易拉罐的创意制作

2. 矿泉水瓶、可乐瓶的创意制作

3. 旧衣服的创意制作

4. 旧报纸、海报的创意制作

仔细观察呈现的作品,请你想想我们需要用到哪些制作工具呢?

分享时刻:学生小组讨论时,畅所欲言、各执己见,遇到不同意见时,由组内投票定出最后的答案,明确制作工具。

小组确定制作工具后,再在组内讨论制作步骤。

如果给你同样的创意,你会选择用什么材料呢?

分享时刻:学生小组讨论。小组成员派代表将每个小组讨论的结果板书在黑板上,并陈述理由。

(三) 小试牛刀

教师给出操作主题"旧牛仔裤巧改造变实用古典莲花杯垫",学生借助多媒体思考所需材料(牛仔布、剪刀、针线、乳胶、硬纸板)。教师演示制作步骤:将牛仔布剪成4个小正方形和4个大正方形,准备制作花心(参考尺寸:小正方形边长6厘米,大正方形边长8厘米)。学生操作,教师巡视,挑选出优秀作品展示。

首先制作第一层花心。将小正方形对折,一个压着一个摆放,使得花心中央呈现一个"十"字。拼好之后,用针线将其固定好。

然后制作第二层花心。像折叠小正方形一样,将大正方形也对折起来,一块压一块地压在第一层花心的四周。注意不要拼接得太紧密,要将第一层花心的"十"字显露出来,这样能够显出层次感。位置确定下来之后,用针线将关键部位连接固定起来,让两层花心成为一体。

接下来要对花心的造型做裁剪。为了让杯垫在做好之后能够更好地和杯子相贴合,最好直接用杯子来比量具体尺寸。以"十"字的中心为圆心,在花心上画出一个圆,将多余的布料剪掉之后,花心就算完成了。

下面开始制作花瓣部分。裁减5块边长为9厘米的正方形,沿着对角线将其对折两次,最后要进行的工作是美化底座。

(四) 小小爱迪生

教师引导学生开动脑筋,对废弃物进行创造性的回收利用,加入自己的奇思妙想制作出一件作品。学生先以口述的形式呈现创意,小组讨论,教师随机点拨可行性。创意具有可操作性的孩子继续画出创意稿。组员互相点评,推出最优稿(可行性、美观度)上台展示。最后班级投票选举评出"小小爱迪生"。

1. 将小树枝、小珠子、布头、干花等贴在各色卡纸上,再用水彩笔添画几笔后就制成了一张别具一格的小卡片。

2. 用小树枝、小珠子、毛线布头、扣子、干花、各种豆类、五谷等粘在不同外形卡纸的四周,制成精致的相框。

3. 用小珠子、扣子、吸管等制成项链。

4. 用小树枝、小石头、果皮等制成小动物。

5. 用纸筒和小树枝、小珠子、毛线、铁丝、冰棒棍等制成了笔筒、小桌椅、小船。

6. 用水粉彩绘鹅卵石。

7. 用玻璃瓶、铝罐、铁罐制成花瓶、笔筒等。

8. 用旧报纸做成纸球、拼贴各种人物造型等。

作品完成后,在班上开一个小型展示会,可请别班的同学、老师一起观摩,并向大家介绍自己的作品,说说自己创作时的想法和制作的体验,还可请别人为自己的小工艺品打打分,提些宝贵的意见。大家一起说说这次活动的体验和感受,谈谈还有什么好的构想,为继续开展下一个新的主题提出好的建议。

(五) 收获成功

教师在主题式综合活动中给予孩子指导、帮助与适时的评价,及时搜集孩子参与活动的轨迹,记录实践与体验的过程,保留孩子们的活动成果。适切的互动反馈有助于把评价与孩子的经验积累联系在一起,帮助儿童增长见识,培养兴趣,使其投入到有意义的反思中,提升发现问题、解决问题、合作交流、处理信息的能力。

(上海市黄浦区卢湾三中心小学　程菲)

第18问 主题式综合活动课程如何有效设计与组织开展职业体验活动？

我们的经验：职业体验活动给学生提供第一视角的体验，以促进学生融入社会，在活动中培养动手能力与创新精神，帮助学生形成正确的职业观、人生观。活动设计要结合学生兴趣，关注学生实际；活动开展要形式丰富，带动多种感官体验；活动过程中要多加关注学生感受的交流。

职业体验类综合实践活动课程的开设是为了培养学生的职业意识和职业兴趣，课程主体是学生，因此在设计与组织开展中要以学生的心理、生理特点和成长规律为基础。职业体验类综合实践活动的课程开设是为了帮助学生做好未来走向社会职业的准备，课程面向学生未来的职业，因此在设计与组织开展中要聚焦在职业认知、职业意识培养、职业领域知识学习、技能掌握等与职业相关主题的体验与学习，同时，还要注意课程中职业教育意义的渗透。

有研究者通过对职业体验类综合实践活动课程设计与实施的关键环节的分析，并结合《指导纲要》对课程关键要素（选择或设计职业情境；实际岗位演练；总结、反思和交流经历过程；概括提炼经验，行动应用）的界定，提出了职业体验活动设计与实施的具体过程[①]：

一、明确课程对象，根据不同年龄阶段的学生设计不同的活动

明确课程对象，根据不同年龄阶段学生的特点和差异设计与之相适应的活动是职业体验活动设计与实施的第一个关键要素。职业体验类综合实践活动课程的设计与实施要充分考虑课程对象的针对性，在课程设计时，切忌"一刀切"，对所有的学生都开展同样的课程。这是因为学生在不同的年龄阶段有着不同的心理、

---

① 步星辉：《职业体验类综合实践活动课程的设计与实施》，《当代职业教育》，2020年第1期。

生理和认知等特征,因此不同年龄阶段的学生对于职业体验类综合实践活动课程类型、目标、活动方式要求都存在着差异性。课程的设计与实施要根据学生的不同年龄、不同学段来进行设计,要适应学生身心发展规律。针对小学阶段的学生,职业体验类综合实践活动课程的设计与实施,更多应该聚焦在对职业的认知和体会等简单方面,此时职业体验综合实践活动课程应该是一种职业启蒙教育,帮助学生广泛的接触和了解职业,引导学生对职业产生认知和兴趣。

二、职业体验的选择与模拟要尊重学生的差异性和自主性

职业体验类综合实践活动课程是一种在实际的职业领域、工作岗位或者是模拟的职业领域、工作岗位上的见习与实习的课程形态,因此就要选择和模拟出能够真正发挥该种课程功能的职业体验领域或岗位。一方面,要根据课程对象的年龄特点进行职业体验领域或岗位的选择与模拟。不同年龄的课程对象决定了职业体验领域或岗位的选择与模拟的差异性,若选择模拟不符合学生年龄特点的职业领域或岗位,就会影响职业体验类综合实践活动课程的实施效果。如让低年级的学生去体验复杂、罕见的职业领域和岗位,不仅不会帮助学生形成正确的职业认知和激发职业兴趣,反而会极大地挫伤学生职业认知感。职业体验领域、岗位的选择和模拟可以随着学生年龄的增加逐步进行拓展和延伸。另一方面,要发挥学生在职业领域、岗位选择和模拟中的自主性。综合实践活动课程强调学生的自主性,在课程内容组织和选择上"要重视学生自身发展需求,尊重学生的自主选择",因此职业体验类综合实践活动课程在职业领域、岗位的选择和模拟中,要根据学生的职业兴趣,为学生开设符合他们自身发展需求的职业体验课程。

三、关注不同职业领域,设计职业体验活动的方案

指导教师要充分发挥作用,指导学生完成职业体验活动方案的制定与完善。学生要在教师的指导下,单独或者是小组完成职业体验活动的方案制定。活动方案的内容要包括职业体验活动的目标、活动方式、活动计划、活动的评价等环节。此外,在职业体验活动内容选择和组织的时候,要充分考虑到不同职业领域、不同岗位的区分度。在活动环节的设计中要注意职业性、实现性和教育性的凸显,每

个活动环节都要有教育价值的体现。

四、面向学生未来发展，实施与总结职业体验活动

在活动的实施阶段，教师要引导学生按照预设的职业体验活动设计进行职业体验，随时根据学生在职业情境体验中出现的问题调整活动环节的设计，保证课程取得效果。同时，还要指导学生做好活动过程的记录和活动资料的整理。

在活动的总结阶段，应主要聚焦在职业体验的总结、反思和经验的提炼。总结内容主要有对体验职业的认识和了解，对体验职业的历史脉络、现状及前景的了解，对职业领域内的岗位的种类、职责的熟悉和把握；从事某领域、岗位需要的知识技能储备以及任职条件、素质的明晰；对个体的职业兴趣与职业发展方向有一个较为清晰的认知；初步形成职业生涯规划等。职业体验活动总结阶段是针对学生当下的职业体验活动的总结，面对的是学生未来的职业选择和发展。

创意 18-1　体验地铁里的奥秘

上海的轨道交通早已是城市小公民们生活中不可缺失的交通工具了。让孩子真正以小公民的身份融入社会，成为社会一份子，提高作为公民的使命感，愿意为公共交通的安全有序出谋划策，这是"地铁里的奥秘"主题活动设计的初衷。

本主题活动呈现的是围绕"地铁"这一城市交通工具，让孩子们在课堂内了解上海的轨道交通、知晓文明出行的方式，在地铁站实践体验做一回小小站务员，以小报、文字记录"站务员任务单"等创意形式表达自己观察到的轨道交通的日常。依托4个活动环节有层次地组织实施，引导孩子们在了解——探究——实践的过程中以多样的视角、灵活的方式体验和学习，从而促进其多种经验的关联，激发其多种能力的协同发展。

一、活动的设计思路

根据学校主题综合活动课程方案，基于维度要点以及本次活动目标，充分考虑活动对象为二年级学生的认知特点，我们拟定了四项任务内容：① 观摩视频故事《上海地铁拟人》;② 地铁出行情景模拟;③ 阅读绘本《轨交 24 小时》;④ 实践体验站务员工作。这四项任务内容都是围绕着了解"地铁"这一日常交通工具展开。

由于本活动面向低年级开设,依据儿童认知规律,活动设计遵循从简单到复杂的原则。从生活实际出发,让学生观察生活中的地铁;从课堂出发,选取轨道交通的出行场景进行情景再现;从学生自身角度出发,实地考察团队合作。让学生了解本市的轨道交通,乐于合作探究,掌握轨道交通文明出行的礼仪。

二、活动的实施过程

(一)感知与体悟:关联生活经验

活动伊始,教师简单向学生介绍上海地铁轨道交通的发展历史和一些基本信息,请学生根据自己平时的出行习惯,相互交流自己所熟悉的地铁线路,引导学生仔细回想生活中出行的细节。通过教师引导学生联系生活实际的做法建立学生与轨道交通之间的联系。上海的轨道交通复杂且庞大,能给学生留下很多空间来说说自己眼中的上海地铁,让学生有交流的欲望。学生们纷纷说出自己平时在乘坐上海地铁时观察到的各种细节。

通过观看《上海地铁拟人》的视频,归纳总结每一条上海地铁线路的特点,认识自己所不了解的地铁轨交线路,初步建立学生对于上海轨道交通体系的认知,提高学生的学习兴趣。

(二)观察与表达:发现分析问题

教师出示轨道交通日常运行的片段,让学生通过视频来寻找,看看哪些现象是不文明的现象。通过小组讨论,学生互相交流自己日常生活中还观察到哪些轨交出行的不文明行为。教师引导学生开动脑筋,集思广益,思考面对这些不文明行为我们该怎么应对和劝阻。

这是一个表达的环节,学生用图画、文字等不同的设计制作形式,表达自己的所见所感。

对于低年级的学生而言,涂鸦是他们喜欢且擅长的形式,即便是不善口语表达的学生也乐于用涂鸦的方式记录。学生寻找到的轨交不文明行为是通过观看视频比较分散地获得的。而活动的第二部分则由教师指导学生归纳总结信息后进行再创作,并通过不同形式的设计制作进行表达。结合学生的喜好以及认知,教师引导学生用不同形式来表达文明出行的倡议。

(三) 思考与创造:自主表达观点

学生通过阅读绘本《地铁是怎样运营的》,了解轨道交通一天运营中会发生的一些故事。看似平常的地铁承载着整座城市的交通压力。

学生在阅读绘本的过程中对于轨道交通背后默默付出的工作人员有了进一步的了解。继而让学生以小组为单位,挑选一个最感兴趣的工作岗位,制定一份采访提纲,在实践中向对应的工作人员进行采访。

(四) 实践与体验:促进认知内化

通过前几次活动对于上海轨道交通的知识铺垫以及课前准备,学生们都摩拳擦掌跃跃欲试,带着好奇心深入走进地铁站。这一次他们不再是来往于不同的线路中的小乘客,这一次他们是小小站务员,驻扎在地铁站。

区别于普通的职业体验活动,本次活动走出校园,走进地铁站实地体验,而不是搭建虚拟的场景进行体验。而且在地铁站进行职业体验也不仅仅是体验站务员的工作,学生可以选择自己在几次活动中印象深刻或比较感兴趣的岗位,先对该岗位工作的叔叔阿姨进行采访提问,了解基本的工作内容和工作要点,再进行职业体验。有的孩子站在售票机旁主动帮助外地游客购票乘车;有的孩子进入了安检区帮助安检员叔叔提醒乘客放包安检;还有的孩子深入站台,观察每一次列车停靠时的上下客是否都保证安全。

整个活动中每个孩子获得的体验都是不一样的,同时带着问题来实践考察更能够调动孩子们的主观能动性,他们更愿意主动去询问地铁的站务员叔叔阿姨,也会擦亮眼睛去观察一些平时不太注重的细节,从而收获书本上没有但却实用的知识。这些知识也比书本上的知识更容易内化。

通过最后一次活动的职业体验,学生能够了解不同职业的特性,体会劳动的快乐,感受职业的艰辛,从而更深入地了解轨道交通。同时也可以通过学生之间的交流培养学生认知社会的能力,使其理解社会,学会尊重社会,在社会活动中学会尊重和团结各类群体等。

(上海市黄浦区卢湾三中心小学　陈倩)

创意 18-2 "探秘航海 圆梦蔚蓝"职业体验活动课程设计与实施

我校结合主题式综合活动课程,开展低年级职业体验教育活动,给学生提供第一视角的体验,以促进学生融入社会,在活动中培养学生的动手能力与创新精神,帮助学生形成正确的职业观。儿童的体验学习强调一种固定的方式,库伯的体验学习圈理论指出:人的学习过程分为四个循环往复的环节,即具体体验、反思观察、抽象概括、主动实践。①(见图4-5)基于此理论,我们围绕职业体验的主题,从儿童视角设计多元的活动,从而有效组织开展职业体验活动课程。

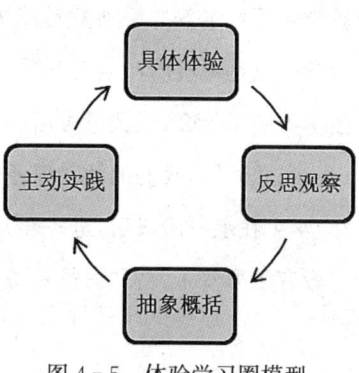

图4-5 体验学习圈模型

一、设计真实的具体体验

具体体验是让学习者完全投入并参与其中的一种新的体验。具体体验是职业体验活动的基础,同时也是其过程的逻辑起点。为了使活动更加完整,体验式学习最佳的状态是从"做"即具体体验开始的。它强调情境性与即时性,是直接经验获得的过程。这一环节库伯称其为"感知"。②

具体体验在职业体验活动中主要是通过眼、耳、口等感官的调动以及模仿活动,诱发学生对某一职业产生好奇与兴趣,进而促进对职业的初步了解。在此阶段,我们设计了三个活动任务:1. 看一看"海员生活";2. 辨一辨"海员服装";3. 学一学"水结""海员旗语"。相应的活动内容如下:观看反映海员生活的纪录片,直观地了解海员在海上的日常生活以及工作;教师讲解不同岗位的海员的不同服装和标识,学生进行知识抢答比赛;学习不同水手结的打法以及旗语知识,并进行简单练习。

---

① 严奕峰:《体验学习圈:体验与学习发生的过程机制》,《上海教育科研》,2009年第4期。
② 石雷山:《库伯的体验学习观及其在课堂教学中的应用》,《中小学教师培训》,2009年第1期。

二、引导体验后的反思观察

反思性观察是指学生在停下的时候对已经历的体验加以思考。体验式学习不止停留在体验的学习,而要通过一定的反思去催化后续的学习。反思能力是体验学习重点培养的一项关键能力。反思观察阶段主要是指学生对上一阶段的亲身参与或是观察所产生的感受进行分析与思考,将"知识碎片"进行整合,明确自己学习到了什么,强调思维活动的过程。

在此阶段,我们的活动任务是想一想"海员的职业内容"。活动内容为小组合作,学生在上一阶段后,进一步思考并在组内交流系列问题,如"你对海员的职业内容有了哪些了解?""海员具备什么样的精神和品质?"等。

三、关注抽象概括的内在思维

抽象概括是指学生能理解自己观察到的内容并在脑海中进行梳理,将反思的内容进行概括总结,从而形成一般性结论的过程。库伯将这一阶段总结为"领悟"。感知是一个记录的过程,而领悟是一个解释性的过程,这也是这两个环节的区别。抽象概括阶段侧重于间接经验,并指向最终的学习目标。[1]

在职业体验活动中,此环节需要给予学生充足的时间和机会来表述他们对问题的认识和理解,甚至可以以研讨或辩论的形式展开。同时,教师要发挥引导作用,对学生所整合的观念进行梳理与概括,提供明确概念。教师应当控制好给学生的支持力度,既给学生信心,明确其思考方向,又给学生发挥余地,从而更好地内化为学生的学习经验,发展思维品质。在这一阶段,我们的任务是议一议"我眼中的海员"。学生以小组为单位在班级内针对反思阶段所讨论的问题进行交流,甚至可以开展研讨与辩论。

四、再次创造主动实践的应用情境

在职业体验活动中,此阶段强调体验的持续性,将学生的体验空间拓展至校

---

[1] 严奕峰,谢利民:《体验教学如何进行——基于体验学习圈的视角》,《课程·教材·教法》,2012年第6期。

外,一般可以选择实践基地或职业体验馆。教师应当给予学生一定的独立发挥的空间,鼓励学生将前几个阶段吸收的输入性内容转变成其自身的输出性能力,做到学以致用,培养其真正的独立思维。活动结束之后,应对体验过程进行整理与总结,并进行成果展示与评价。

在此环节,我们的活动课程设计包括三个任务:1. 看一看"海员的船舶",即走进航海博物馆,亲身感受职业环境的构成。2. 试一试"船舶驾驶舱",即利用航海博物馆的模拟驾驶舱,体验亲自驾驶船舶的乐趣。3. 演一演"海员",即以小组为单位进行比赛,环节包括:穿海员服、系水手结等。

最后,我们还增加了成果展示阶段。此阶段的活动目标是:1. 通过职业体验活动发现自身专长,进而从自身兴趣、能力等方面发现自身职业意向,培养职业兴趣。2. 通过演讲、职业体验卡等形式对活动成果进行汇报展示,形成正确的职业价值观念。活动任务包括:1. 说一说"我眼中的海员生活",即学生交流职业体验后的心得,可以通过文字、演讲、小品表演等不同形式展现。2. 做一做"海员职业体验卡",即通过写一写、画一画的形式完成《海员职业体验卡》(如图4-6所示)

职业体验卡(海员)

我体验的职业是_____
我的体验内容:
我眼中的航海员(图画):
我的体验感悟和收获:
体验者:_____

图4-6

综上,以"体验学习圈"为框架的职业体验活动一般以四环节的循环历程来协助活动的设计与开展,具体设计如图4-7所示。

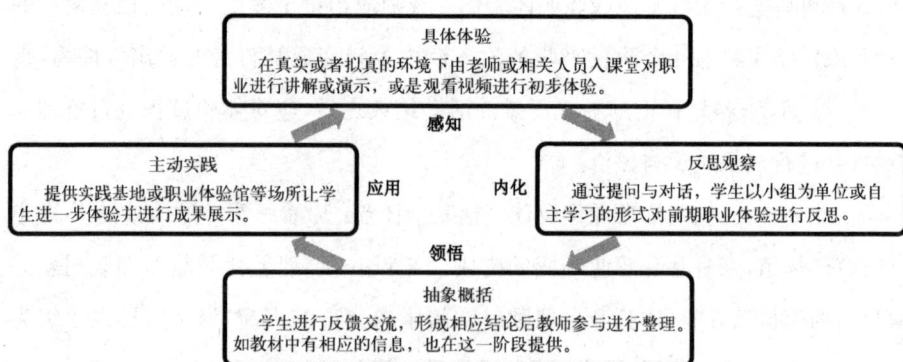

图 4-7 职业体验活动中的体验学习圈设计

职业体验活动经由"具体经验"的体验阶段，去促进后续的反思、内化或是应用与行动，强化学生的职业体验，从而引导学生获得有利于学习的经验，初步了解不同职业特点与社会职能，并能够判断模仿自己感兴趣的职业，初步形成正确的职业价值观念和态度。

（上海市黄浦区光明小学　孙悦）

第19问 教师在主题式综合活动课程实施中的主要作用是什么？

我们的经验：教师在主题式综合实践活动的准备、实施与总结三个阶段中全程发挥重要的指导作用，教师除了作为活动的指导者，还是活动的组织者、引导者与促进者。当教师充分认识到了自身在活动中的角色定位，并落实到具体行动当中，主题式综合实践活动的价值便会更好地实现。

《中小学综合实践活动课程指导纲要》指出，在综合实践活动实施过程中，要处理好学生自主实践与教师有效指导的关系。教师既不能"教"综合实践活动，也不能推卸指导的责任，而应当成为学生活动的组织者、参与者和促进者。教师的指导应贯穿于综合实践活动实施的全过程。

一、教师在活动准备阶段的主要作用

在活动准备阶段，教师要充分结合学生经验，为学生提供活动主题选择以及提出问题的机会，引导学生构思选题，鼓励学生提出感兴趣的问题，并及时捕捉活动中学生动态生成的问题，组织学生就问题展开讨论，确立活动目标内容。要让学生积极参与活动方案的制定过程，通过合理的时间安排、责任分工、实施方法和路径选择，对活动可利用的资源及活动的可行性进行评估等，增强活动的计划性，提高学生的活动规划能力。同时，引导学生对活动方案进行组内及组间讨论，吸纳合理化建议，不断优化完善方案。

例如，在上海市黄浦区中山学校的"娃娃农场"活动中，教师结合了低年级城市学生对于亲手种植蔬菜水果的兴趣，并且从学生的心理角度出发，得出那些好吃而且生长变化明显的蔬菜瓜果更适合作为课程资源的结论，据此开发了相关的综合实践活动课程。他们结合学生的经验，充分考虑了在设计主题式综合活动的具体内容时要依据一、二年级学生的能力范围，引导学生完成难易适中的种植活动,从而让学生有机会体验到目标达成的喜悦和自豪。

二、教师在活动实施阶段的主要作用

在活动实施阶段,教师要创设真实的情境,为学生提供亲身经历与现场体验的机会,让学生经历多样化的活动方式,促进学生积极参与活动过程,在现场考察、设计制作、实验探究、社会服务等活动中发现和解决问题,体验和感受学习与生活之间的联系。要加强对学生活动方式与方法的指导,帮助学生找到适合自己的学习方式和实践方式。教师指导重在激励、启迪、点拨、引导,不能对学生的活动过程包办代替。还要指导学生做好活动过程的记录和活动资料的整理。

教师为学生的活动开展创设真实的情境至关重要。情境的创设能有效激发学生策划活动的热情,使学生自然地进入活动状态,从而建立课程与生活世界之间的联系。除了情境创设,教师还要指导学生面向真实的生活世界选取主题,引导学生亲近生活、观察生活、体验生活。确定主题之后,教师要考虑如何指导学生采用合适的活动方式和方法去实践活动,每个学生都是独特的个体,因此方法也会因人而异,教师尤其要注意到学生的差异性,针对不同学生的不同特点进行个别指导。在整个活动过程中,教师要时刻注意自己的身份定位,即作为实践活动的指导者与促进者,要把活动的主动权交还给学生,充分尊重学生的意见和想法。活动过程的记录和相关材料整理十分重要,这将是学生对活动进行评价、反思和改进的重要工具,但是低年级学生尚缺乏合理记录和整理材料的能力,因此教师要发挥好指导者的角色,为学生提供记录表指南以及材料整理思路。

三、教师在活动总结阶段的主要作用

在活动总结阶段,教师要指导学生选择合适的结果呈现方式,鼓励多种形式的结果呈现与交流,如绘画、摄影、戏剧与表演等,对活动过程和活动结果进行系统梳理和总结,促进学生自我反思与表达、同伴交流与对话。要指导学生学会通过撰写活动报告、反思日志、心得笔记等方式,反思成败得失,提升个体经验,促进知识建构,并根据同伴及教师提出的反馈意见和建议查漏补缺,明确进一步的探究方向,深化主题探究和体验。

教师对学生综合实践活动的完成情况需要进行评价。评价要根据学生的年龄特点、主题活动的完成情况，对学生成果展示进行科学的评价，明确成果的内容、提交成果的形式、评价要点、评价标准、评价形式、评价主体，通过科学的评价提升成果的完成质量。

教师是主题式综合活动的组织者、观察者、指导者、参与者和促进者，应重视便于实践活动开展的环境创设与优化，加强与校外活动场所的沟通协调，激励、启迪、点拨、引导儿童开展活动，综合运用游戏、对话、参观、情景模拟、现场体验、小实验、小制作、表演等多种实施方式，带领儿童在校园、社区和自然环境中感受生活、亲历实践、主动探究。教师要在活动中观察儿童表现，适时给予指导和学习支持，并根据课程实施状况调整活动，根据学生兴趣、需求和本主题课程实施需要生成新的活动，甚至生成新的主题。

创意 19　包青团

根据二年级学生的年龄特点和动手能力，我们将活动设计为如下活动环节：课前学生可以利用网络资源查找清明吃青团的习俗相关知识，课堂则邀请有专业操作技能的家长协同老师一起教学活动，引导学生更快进入学习制作的体验当中，完成后学生将成品分享给自己的伙伴、老师一起品尝，整个活动逐步推进，渐入高潮，让学生在享受快乐获取积点的同时，激发学生爱过中国传统节日的意识，逐步增强对中国传统习俗的认同感。

（一）熟悉制作流程，设计合适的制作活动

制作青团对二年级学生而言操作很困难。学生没有生活经验，动手能力也不强，整个加工的过程需要较长的时间。但是青团作为清明主要的传统小吃，不能不提到。如何在短时间内让二年级学生也能完成青团的加工制作，教师要熟悉青团的制作流程，根据学生的动手能力，提供已经蒸熟的拌好麦青的面团、现成的馅料，并设计学生能够完成的制作活动。从材料着手，减少学生准备的工作，降低制作难度，让学生的成功率得到提升，激发学习兴趣，享受成功快乐的同时，热爱我们国家的传统习俗。

（二）专业老师指导，教师转换身份学习，创设新型课堂体验环境

"大家准备好了，那么现在开始包了，先看我包一遍。"只见L爸爸将面团快速地分成一个个的小团，然后取出其中的一个放在铺有保鲜膜的果盘的中间，用手把面团按扁，接着取20g事先分好并且搓圆的豆沙馅，放在面团中间，"包的时候注意，要拎起保鲜膜四个角，收拢，包成团子样，把保鲜膜卷紧，收口朝下放置。"L爸爸边讲边用手按要领慢慢地做了一遍。二年级学生跟随L爸爸的指导快速模仿起来，一个个漂亮的青团展现在大家眼前。孩子都异常兴奋。L爸爸是这次活动特地邀请过来的点心制作师。过去我们的教学是由学校老师独立完成，但是由于传统的青团类点心制作的手法、制作要领牵涉到一些专业知识，活动中邀请有这方面特长的家长加入教学，可以解决老师的薄弱点，为学生的体验创设更好的课堂学习环境；孩子在比较规范的操作体验中，感受食品安全操作的重要性，这也是丰富学生实践体验的重要组成部分。

整个制作学习活动中，教师不仅是指导者，还是引导者。当一个学生小心翼翼地看着自己的制作材料，怕做坏不敢尝试时，L爸爸手把手地教，不一会一个漂亮的青团展现在大家眼前。孩子乐了，说："我再试一个"。这时作为教师的我也取了一份材料请孩子充当小老师，孩子很吃惊地说："老师你不会？"很快又说："我教你。"有了前一个青团的制作经验，很快他也有模有样地包给我看。当我也包好了一个青团后，孩子别提有多开心，并且告诉身边的伙伴，自己教会了老师。

（三）送青团，引导大家分享体验劳动成果，注重过程评价

当热闹的包制青团活动在不知不觉中进入了尾声，桌上多了一盘盘包好的青团。大家相互欣赏着自己或同伴的青团，教师引导学生根据同伴的制作表现给出10分和20分实践积点分。"我能将青团去送给老师吗？"一个声音响起，其他同学们的目光也流露出渴望。"可以，今天你们包的很棒，你们每人可以拿一些自己包的青团去给你们最想送的人，一起分享，得到祝福的也能获得积点。"随着话音刚落，下课音乐响起，同学们开心地拿着自己的劳动成果，有去送给老师的，有去寻找没有参加制作活动的好朋友一起分享，也有带回家给弟弟妹妹品尝的，还有迫不及待吃上了的，个个脸上笑得是那么甜。甚至一些同学还在问什么时候还能再开展这样的活动，他也能参与制作。

由于场地、经费的限制,我们安排了一部分学生进行体验活动,还有一些同学没有机会进行体验。但是他们通过伙伴们的青团分享,也很开心,学生间的互动也为学生的交往能力提升提供了机会。老师根据学生在整个活动中的表现以积点的方式对学生做出不同的满意度评价。甚至一些学生课后在自己的家长帮助下,也在家自行进行了一下体验活动,并且对青团的口味进行了改进。整个活动没有因为活动的结束而结束,而是促使学生不断自主探究学习,达到了我们设计活动的初衷。

(上海市黄浦区董家渡路第二小学　陈荷静)

第 20 问 主题式综合活动课程中如何用任务单等工具引导学生自主探索与深度学习？

我们的经验：以任务为驱动，有助于让学生在"任务"引领下的主题学习活动中获得生动、活泼、可持续的发展，在活动中培养学习能力，同时强化价值体认。在活动过程中隐含着价值内容，教师要抓住关键点启发学生发生真实的价值体验，在体验的基础上建构价值认知，进而形成自己的判断和价值体系；并让学生按照自己建构的价值信念去解决问题，最终通过螺旋式上升的过程形成自己稳定的价值体认。

一、通过任务单引导学生自主探索与学习

任务单是学生学习的载体，为学生提供了"做什么"和"怎么做"的具体指导。用预设的"任务"引领学生开展学习活动，在此模式下充分发挥学生的学习主动性、活动自主性和思维创造性，努力使学生成为学习活动的主体，让他们在"任务"引领下的主题学习活动中获得生动、活泼、可持续的发展，在活动中培养"学习能力"。任务单以任务为驱动，把学习目标和学习重难点切换成与之相对应的任务，引导学生自主学习，合作解决。任务单为学生的预习指明了方向，学生可以依据教师设计好的路径进行自主学习，以期在活动中获得成功体验。

任务单是学生开展自主探索与学习的有效载体，设计任务单时应以分析学生的实际学情为依据，以达成学习目标为指向，以学习任务为载体，为不同基础的学生设计学习任务，提供学习资源，帮助学生提升自主探索学习能力，在学习上获得成功体验。

第一，聚焦真实学情。教师要站在学生的角度思考：学生的学习起点在哪里？在活动过程中可能会遇到什么问题？怎么找到学习切入口？任务单的制定必须符合学生的学习特点和发展需求。

第二,依据学习目标设置活动内容。只有精准把握学情,才能瞄准学习目标,在这一环节,教师要对学习要求有整体把握,然后对应到相应的活动、任务,具体到活动内容,将其细化成具体可行的活动目标,再将学习目标拆解成一项项环环紧扣的、与之相对应的活动任务。

第三,确定学习中的主要问题。教师在选择学习内容时要懂得取舍,分清主次,一堂课选择一到两个教学主问题,带领学生把主问题学精学透,不能带着学生天上地下到处"游走",否则满满当当的一堂综合实践活动课看似哪个点都涉及了,但其实每项学习内容都只是蜻蜓点水,浅尝辄止。

第四,创设情境,激发学习兴趣。小学生在学习上的热情很大程度受到兴趣的影响,越是与学生的生活息息相关,越能调动起他们的学习积极性,使之主动参与到学习当中,激活思维,提高自主探索学习能力。因此,教师在设计任务单时,要创设富有趣味、能激发学生思维的学习情境。

第五,设计支架,打造合作学习平台。为了让学生顺利开展自主探索学习,教师要为学生提供学习支架。所谓"支架",可以是资料补充、活动提示、问题引领,也可以是合作解释、对话沟通等方式,学生在学习支架的帮助下开展自主学习探索,小组合作探究。全体学生都是活动的主体,共同完成知识的建构。

第六,重视学生差异,分层拓展。教师要正视学生之间的学习差异,既要让学优生得到额外的能力提升,也要保持学生的学习热情。在任务单学习中可制定适用于不同层次学生的学习目标,设置不同难度的学习任务,提供不同程度的学习支架,以期让每位学生都在原有学习水平上得到提升,获得长足的发展。[①]

二、如何在任务单的基础上强化价值体认

《中小学综合实践活动课程指导纲要》指出,综合实践活动的总目标是在实践经验和整体认识基础上,着力培养学生具有价值体认、责任担当、问题解决、创意物化等方面的意识和能力。价值体认处于综合实践活动培养目标的首要位置。

---

① 张丽娜:《优化学习任务单 提高学生自主学习能力》,《课程教材教学研究(小教研究)》,2020年第3期。

价值体认是一个从知到行的过程,知是学生将价值信念纳入自己认知结构的内化了的"知",行是按照自己的价值信念去行动、遇到困难再想办法解决问题并螺旋上升的"行"。知不易,行更难。其间必然要经过"致知"和"力行"的过程,而这个过程就是综合实践活动作为的空间。① 强化价值体认关键要做好三点:

一是问题引人。综合实践活动强调从学生的真实生活和发展需要出发,从生活情境中发现问题,进而转化为活动主题。生活由问题组成,基于真实生活和发展需要的问题,是学生进行实践探究的动力源。任务单的一个个任务中包含了问题发现和问题解决,可以起到"问题引人"的作用。问题本身需要蕴含着育人价值,使学生在找答案的过程中,对某方面价值进行体验、认知而后内化。教师在引导学生发现问题和解决问题的过程中,也要细心发现活动过程中隐含的价值内容,抓住关键点启发学生发生真实的价值体验。

二是实践树人。综合实践活动课程强调学生亲身参与各项活动,通过任务单等工具,可以让学生在"动手做""完成任务"和"反思"的过程中进行"体验""体悟""体认",在全身心参与中,发现、分析和解决问题,体验和感受生活。实践是综合实践活动课程的主要学习方式,学生在解决问题的过程中获得属于自己的经验,在个体体验的基础上建构自己的价值认知,进而形成自己的判断和价值体系。

三是活动育人。综合实践活动课程鼓励学生主动参与并亲身经历实践过程,体验并践行价值信念。在综合实践活动课程中,"践行"价值信念应是在形成价值认知和体悟之后的再实践,是价值信念真正内化后外显的行为习惯和意志品质。综合实践活动有利于让学生按照自己建构起来的价值信念去解决问题(完成任务单),让学生基于已有的价值信念在实践中遇到困难时再调整、再认识,最终通过螺旋式上升的过程形成自己稳定的价值体认。②

创意 20　小小道路规划师

城市道路与学生息息相关,成长在都市中的孩子对道路和道路周围的事物可

---

① 郭红霞:《综合实践活动如何落实价值体认?》,《中国德育》,2018 年第 2 期。
② 同上注。

以说非常熟悉,到处可见的交通指示牌,道路周围两旁有绿化有房屋,还有很多公共设施,比如警察局、邮局、医院、消防局等等。这些都是低年级学生已有的生活经验,综合实践活动课程强调学生亲身经历各项活动,在完成任务单的过程中进行体验、体悟、体认,在全身心参与中,发现、分析和解决问题,体验和感受生活。

一、生活问题的任务单引导学生自主探究与学习

任何一个来源于生活的问题,都包含丰富的育人价值,不必担心学生没有发现问题、解决问题的欲望。杜威指出,"儿童有固其于内的本能和不待外求的冲动"。学生对于生活中的很多问题都具有强烈的一探究竟的冲动和兴趣。因此"问题引入"对于综合实践活动的教师而言,意味着"引发",不愤不启,教师应顺势而为,细心发现活动过程中隐含的价值内容,抓住关键点启发学生发生真实的价值体验。故设计如下的"任务单一",识别交通标志,说说他们的作用是什么? 并提出问题:你还知道哪些交通标识,能画一画,说一说吗?

任务单一 交通标识知多少	
交 通 标 识	作 用
![P]	
![斑马线]	
![禁止鸣喇叭]	
![禁止行人通行]	

当任务单呈现时,一下子就激发了学生交流学习的欲望,第一个是停车、停车场标志;第二个是斑马线,行人横穿马路时要走斑马线;第三个是禁止鸣喇叭的标志,黄浦区是内环以内,所以不管什么时候都不能按喇叭;第四个是禁止行人通行

的标志。这四个生活中常见的交通标识，学生都能说出这些标识的作用，还能画出生活中常见的其他交通标识，即使了解不多的孩子，相信在回家的路上也会做个有心人，去观察道路上的交通标识，不懂的来问问家长，这样的主动学习探究达到了育人目标，同时也培养学生安全文明出行的意识。

二、学生在体验并完成任务单的基础上建构自己的价值认知

综合实践活动要想培养学生具有价值体认的意识和能力，必须通过实践这种学习方式。学生在解决问题的过程中通过上述一系列实践方式，获得属于自己的经验，即在个体体验的基础上建构自己的价值认知，进而形成自己的判断和价值体系。故在"任务单一"的基础上，设计了"任务单二"，让学生观察道路及道路周围的事物并记录，培养学生观察和整理信息的能力。

通过任务单的形式，帮助学生复习交通标识，并请学生记录道路周围的事物，根据这一目标，设计如下任务单：

任务单二
道路及道路周边小调查

1. 道路两旁有些什么？

2. 道路上你见到的哪些交通标识？他们分别出现在道路的哪里？（写一写，画一画）

通过自主探究完成任务单，学生对道路的基本结构有了新的认识，为自己成为道路规划师打下基础。生活是最好的老师，一切源于生活的活动激发了学生浓厚的学习兴趣，通过自主探究和学习对生活中的事物有了新的认知，构建了新的知识体系。

三、小组合作规划城市道路，在活动中再实践价值体认

在综合实践活动课程中，"践行"价值信念应是在形成价值认知和体悟之后的再实践，是价值信念真正内化后外显的行为习惯和意志品质。前面一系列的活动

都是为最后的道路规划做铺垫,学生真正开始解决问题。

学生通过小组合作形式进行道路规划,先讨论道路规划的具体想法,然后分工,确定组长。有学生对老师没有提供的建筑场馆用废旧纸板进行搭建,有学生对已有的建筑场馆进行涂色,有学生用彩色胶带对道路进行铺设,最后一起来摆一摆,规划自己的城市道路。当然在搭建的过程中,学生也会碰到一系列的问题,比如说建筑物太多,街道比较拥挤;街道附近没有停车场等等。学生根据先前的任务单,一一解决了问题。通过这一系列的活动,首先培养学生的团队意识,人人参与团结合作。其次学生的动手能力有了很大的提高,因为不管是建筑场馆的搭建,道路的铺设,还是最后的道路整理规划,都是学生自己动手操作完成。最后,学生按自己团队的想法完成道路规划整体布局,学生们的作品富有创意。

图4-8 作品展示

学生通过综合活动,能力得到普遍提升,对于生活中的常见的交通现象也能更好地认知,如路牌、指示牌等等;学生也能合理规划道路,对道路上的规则意识更清楚,他们的安全出行意识得到增强,价值体认到了强化。相信这样的综合活动,能让学生更快更好地融入小学生活,更加积极参与班级和学校活动,学习兴趣更加浓厚,基于兴趣的学习持久性和效益有比较明显的提高,更多的欢声笑语洋溢在校园。

(上海市黄浦区蓬莱路第二小学 曹佩华)

第五章
关注活动过程与表现性的评价

对主题式综合活动课程的评价需要根据活动的目标综合选择评价方式以提升评价的有效性和合理性。常用的评价方式有观察法、调查法、档案袋法等。在实践中可以据学生特点和活动目标设置表现性评价任务,支持学生选择适合自己的个性化表达表现方式;运用恰当的语言引导学生进行自我反思与改进,如提供自我评价表、展示交流、反思日志等方式。评价时不仅要关注学生参与活动的态度、能力以及效果,还要关注教师对活动主题和教学目标设定的合理性、活动组织的有序性和灵活性以及指导和评价的及时性。

第21问 对主题式综合活动课程的评价应关注哪些方面？

我们的经验：对于综合实践的评价不仅要关注学生，还要关注教师，对学生的评价应重视其活动的态度、能力以及效果，对教师的评价应关注其活动主题和教学目标的合理性、活动组织的有序性和灵活性以及指导和评价的及时性。

综合实践活动的评价内容应当与综合实践活动的课程目标相一致。教育部2017年颁布的《中小学综合实践活动课程指导纲要》中提出综合实践活动课程的课程目标为"学生能从个体生活、社会生活及与大自然的接触中获得丰富的实践经验，形成并逐步提升对自然、社会和自我之内在联系的整体认识，具有价值体认、责任担当、问题解决、创意物化等方面的意识和能力。"上海市的《上海市小学低年级主题式综合活动课程指导纲要（征求意见稿）》中提出"小学低年级主题式综合活动课程旨在引领儿童认识并发展自我，参与并融入社会，亲近并探索自然，初步形成对自我、社会和自然的整体认识。"由此可以发现，对学生的评价主要包括学生的活动态度、活动能力以及活动的结果。又因为综合实践的主要参与者包括教师和学生，因此对综合实践活动的评价对象既包括学生，也包括教师，对教师的评价主要包括活动主题和教学目标的合理性、活动组织的有序性和灵活性以及指导和评价的及时性。

一、关注主题式综合活动课程中学生的评价

（一）学生活动态度

活动态度的评价是指对学生参与综合实践活动的态度的评价，包括对活动的参与程度、与他人的合作程度、对活动的专注程度、积极性和主动性等。综合实践活动关注学生的主动参与和亲身体验，并且综合实践活动以小组合作的方式为主，重视培养学生的自主参与意识与合作沟通能力。因此对学生活动态度的评价

尤为重要,可以通过学生参与综合实践活动的时间、次数、行为表现等来衡量学生的态度。

(二) 学生活动能力

活动能力的评价包括对学生探究能力和解决问题能力的评价、社会实践和交往能力的评价、创新意识和实践操作能力的评价、收集和处理信息能力的评价等。探究能力和解决问题能力的评价可以通过学生在提出问题、解决问题过程中的表现及其探究的结果来评价。如学生是否善于提出问题,是否能够综合地运用相关资料、积极采用多种多样的方法解决问题,以个性的方式着手,并且能够以自己独特的方式生动形象地表达学习结果等。社会实践和交往能力的评价可以通过学生在与他人进行合作的过程中,与他人的沟通、合作技巧方面的能力来进行评价。创新意识和实践操作能力的评价可以通过学生在综合实践活动中是否善于提出新颖的想法,是否能够熟练地进行相关的操作等对学生进行评价。收集和处理信息的能力可以通过学生收集信息的多少、方法、途径以及对信息的辨别反思能力等方面进行评价。[1]

上海市实验小学于2019年推出"小龙人向祖国敬礼"的综合实践活动,在活动中关注学生活动能力的评价,如在活动实施的过程中,关注以下能力的形成:"学生是否认真观看视频,是否有联系生活找不同的能力,是否主动表达""学生是否有认识中国地图的能力,是否知道中国疆域的大致范围""学生是否课前做调查准备,是否主动分享、自信表达"和"学生是否有探究的兴趣,是否仔细分辨民族特色"等。

(三) 学生活动效果

活动效果评价包括作品成果、个人体验、掌握技能的程度等方面的评价。通过活动效果的评价,可以对学生的活动效果作阶段性的总结,有利于下一步活动的开展。作品成果可以包括基本符合规定的研究报告、奖杯、小论文等;个人体验可以通过对学生的访谈或者问卷调查等形式进行评价;掌握技能的程度可以通过自评、互评和他评等综合评价的方式进行。

---

[1] 庞非:《综合实践活动评价策略研究》,《中国教育学刊》,2013年第4期。

光明小学的"寻找口琴中的音乐奥秘"主题式活动中,最后的评价采用综合表演的方式。在综合表演的环节中,通过整节课的学习和对歌曲的理解,孩子们进行小组演奏表演。在歌表演过程中,互相点评,互相学习。教师在这个评价过程中的标准为:① 能够完整吹奏歌曲;② 能够加上动作表情完整吹奏歌曲;③ 小组合作以多种形式有感情的完整表现歌曲。这样的评价方式使学生更明确地了解要求,在表现活动上也能够更好地展现张扬出自己的个性。(详见创意 21)

二、关注主题式综合活动课程中教师的评价

对综合实践活动的评价应当关注教师在综合实践活动课程中的作用是否得到充分的发挥。综合实践活动的顺利开展和教师在其中发挥的作用息息相关,因此对教师的评价显得尤为重要。对教师的评价主要关注教师活动主题设计的合理性、活动组织的有序性和灵活性以及指导和评价的及时性。

(一)教师活动主题和教学目标设置的合理性

活动的主题和教学目标引领着综合实践活动课程的方向。综合实践活动课程的内容不固定,任课教师没有现成的教学大纲、教科书可依赖,因此教师主要自己设计综合实践活动的主题和教学目标等。但综合实践活动课程本身的领域比较广泛,各领域的内容又需要融合为一体,因此对教师的要求较高,在实践中需要注重活动主题和教学目标合理性的评价,以期及时发现教师在设计活动主题和教学目标方面存在的问题,及时进行纠正,为教师指明方向。对活动主题和教学目标的评价需要分析活动主题和教学目标是否充分结合学生经验,为学生提供活动主题选择以及提出问题的机会,引导学生构思选题,鼓励学生提出感兴趣的问题。①

在上外-黄浦外国语小学中,学校开发了课程规划阶段、课堂教学和活动实施阶段的评价工具,其中在课程规划阶段,学校注重对教师活动主题和教学目标合理性进行评价,其具体的维度包括"体现培养目标""符合学生年龄特点""结构设

---

① 《中小学综合实践活动课程指导纲要》,中华人民共和国教育部,http://www.moe.gov.cn/srcsite/A26/s8001/201710/t20171017_316616.html,检索日期 2017 - 10 - 17。

计""学时设置"等,分别对应的评价要点是"贴合'小海豚'课程特征,符合学校培养目标""目标设置合理,适切学生年龄特点""对课程的目标、内容、过程、评价有完整设计""学时总数、分课时设置合理,能达成课程目标"等。(详见创意27)

(二) 教师活动组织的有序性和灵活性

综合实践活动课程与学科课程相比,更加强调实践性,强调学生亲身经历各项活动,在"动手做""实验""探究""设计""创作""反思"的过程中进行"体验""体悟""体认",并且综合实践活动课程的场所也不是固定的,而是重视引导学生把自己成长的环境作为学习场所,在与家庭、学校、社区的持续互动中,不断拓展活动时空和活动内容。因此综合实践活动课程的实施容易出现无序、混乱的问题。此外综合实践活动课程需要及时捕捉活动中学生动态生成的问题,组织学生就问题展开讨论,确立活动目标内容。[1] 因此教师活动组织的灵活性是重要的评价内容。

上外-黄浦外国语小学开发了课堂教学评价表,在教学组织的维度下,关注综合活动课程实施过程中教师教学方式的多样性与适切性,教学策略选择与运用恰当,学生经历和体验学习过程与方法,积累思想感悟。此外,上外-黄浦外国语小学开发了活动实施的评价表,强调活动中纪律、规则的设定明确、具体,适合学生年龄特点。(详见创意27)

(三) 教师指导和评价的及时性

综合实践活动中,教师的指导作用非常重要,贯穿实施的全过程。在活动准备阶段,应当及时捕捉活动中学生动态生成的问题,引导学生积极展开讨论。在活动的实施阶段,要加强对学生活动方式和方法的指导,通过激励、启迪、点拨、引导等帮助学生找到适合自己的学习方式和实践方式;在活动总结的阶段,教师要指导学生选择适合自己的结果呈现方式,鼓励呈现方式的特色化、多元化,并指导学生进行反思。同时评价也应当贯穿综合实践活动的全过程;在活动的准备阶段,教师需要及时地评价学生对活动主题的理解程度、活动规划能力等;在活动实施阶段,教师要及时的评价学生在活动中的表现情况,并根据评价的结果予以及

---

[1] 《中小学综合实践活动课程指导纲要》,中华人民共和国教育部,http://www.moe.gov.cn/srcsite/A26/s8001/201710/t20171017_316616.html,检索日期2017-10-17。

时的指导;在活动的总结阶段,教师需要对学生的活动结果进行及时的评价,以帮助学生查漏补缺,明确进一步的探究方向。

创意 21　在评价中展现个性——寻找口琴中的音乐奥秘

我设定的小学音乐主题式综合活动主题是:"寻找口琴中的音乐奥秘"。本课程主题选择了我校特色课程口琴作为音乐媒介,激发孩子们在音乐上的探索欲和求知欲,在分层次评价中采用自我评价、教师评价、学生相互评价等形式,进而培养他们的音乐素养。

一、确立口琴音乐课程主题目标

对于低年级的学生,他们对新鲜事物的好奇心十分强烈,那清脆悦耳的口琴声,让他们不由自主的想要去聆听、感受,想要去赏玩、学习。所以,把口琴特色运用到综合音乐课程主题活动中,能更好地让他们去感受音乐情绪、表现音乐、喜爱音乐,加深对音乐知识点的理解学习。

在课堂活动中紧紧围绕音乐课程活动主题——寻找口琴中的音乐奥秘,让孩子们在感受和体验中学习,在评价中展现个性。从聆听口琴吹奏歌曲的特点,发现问题和解决难点,让孩子们学会用耳朵去感受聆听,再运用口琴实施活动,开展层次性的评价,以为歌曲伴奏或吹奏歌曲旋律的方式进行评价;采用歌表演、创编动作等方式进行评价。让课堂更富有趣味性,这样能够更好地让孩子在评价中潜移默化地解决问题难点。

二、在音乐体验和联想中评价

在富有童趣的音乐中,我选取好听又明快的歌曲为例,歌曲充满了故事性,流畅、轻快的旋律就像萤火虫在夏天的夜空里飞舞时的情形。歌曲歌词简单、易记,旋律流畅、优美,特别适合作为小学低年级段的口琴演奏、伴奏和歌表演活动音乐。

我的教学设计借助口琴的辅助让孩子们感受体验旋律中音符的特点。首先通过视觉体验,观看一场好玩的萤火虫魔术表演,让他们在视觉上感受并观察这些音符是如何变化的,这时教师的评价要有明确的指向性:① 旋律音符舞动的线条;② 旋律音符舞动的方向;③ 旋律音符舞动的规律。从而让孩子能更直观地感受到音符s的位置发生了变化。

接着我设计进一步鼓励他们去对富有童话趣味的歌曲进行联想,聆听歌曲并发出关键设问:孩子们,这些断连有变化的音符就像萤火虫在做些什么呀?这时教师的评价内容要具有开放性:① 引导孩子激发联想;② 鼓励孩子主动联想;③ 推动孩子进一步联想;④ 激发孩子自主创新的意识。让学生在评价中主动思考,自发地感受学习,体会到那就像萤火虫一闪一闪的闪烁感。在有效的评价中,孩子们对音乐的学习兴趣被有效激发。

三、在节奏训练和旋律演奏中评价

在"寻找曲谱中的特点"环节中,通过之前的评价引导,孩子们也想做一做这些灵动的萤火虫,它们发光的感觉让他们十分好奇。我设计先拍击萤火虫闪动的节奏,让学生自主探究节奏学习,这时教师的评价要有准确性:① 节奏中音符的时值;② 节奏的特点;③ 节奏的速度控制;④ 节奏拍击的完整性。从而为口琴吹奏旋律做好铺垫。

继而呈现乐谱,我设计通过教师的正确口琴示范吹奏音符 s、m、d 和 m、d、s,让孩子们从听觉上聆听感受音符在连音和断音上的变化,并尝试吹奏。请学生吹奏口琴后,通过学生互评、自我点评,发现① 吹奏时音有没有找准;② 断音吹得太响的错误情况;③ 断音吹成连音的错误情况,再请学生做小老师吹奏,让学生之间互相帮助,找出正确的吹奏方法并及时改正,为学生提供了一个开放的、和谐融洽的、互帮互助的学习氛围。

通过音乐学科的分层评价,明确吹奏旋律时的评价要求:① 分别吹奏 s、m、d 和 m、d、s,口琴位置音高的准确性;② 吹奏 s、m、d 和 m、d、s,断连节奏的准确性;③ 吹奏 s、m、d 和 m、d、s,旋律呼吸气口的准确性;④ 能够完整准确地吹奏旋律。通过评价要求,再以生动的话语引导性评价,想象自己就是萤火虫在闪闪发光,要求学生把断音处吹得要像萤火虫一样轻盈活泼,不能太顿、太响,否则会破坏小萤火虫飞舞的美感。

通过教师评价和学生自评互评的评价方式,学生能够正确找出断音连音,并能正确区分,培养孩子们有意识地自主学习音乐技能,提升了他们的音乐能力,让他们在歌唱时能用举一反三的方式学习,事半功倍。

四、在综合活动和评价中展现个性

通过之前的自我探究提升和评价过程中,我设计请学生上台表演,鼓励孩子表现自我,通过学生互相点评,让他们能够自我改进,展现个性,能更好地掌握正确的吹奏技巧,为综合表演环节打下坚实基础。

在综合表演的环节中,通过整节课的学习和对歌曲的理解,孩子们进行小组演奏表演。在歌表演过程中,互相点评,互相学习,教师在教学评价过程中,评价要有综合性和梯度性:① 能够完整吹奏歌曲;② 能够加上表情和情绪完整吹奏歌曲;③ 能够加上动作和表情完整表演歌曲;④ 小组合作以多种形式有感情地完整表现歌曲。这样的评价方式使学生更明确地了解要求,在展示活动上也能更好地展现并张扬出自己的个性。

本次小学低年级主题式综合活动课程"寻找口琴中的音乐奥秘",在低年级音乐课中采用体验感受口琴的方式来开展音乐教学活动,这种形式受到低年级小朋友的欢迎和喜爱。借助吹奏口琴的精心设计,让学生在音乐课堂中不仅能够学到音乐知识,还能够感受到音乐带来的无限魅力,更让他们的个性得到展现,让他们敢于表现自己。学生在感受体验和创造探究中,在教师评价和学生评价的交流中获得音乐学习的成功和喜悦。

(上海市黄浦区光明小学 郑智月)

第 22 问　如何评价学生在主题式综合活动课程中的表现？

我们的经验：主题式综合实践活动中，需要根据活动的目标综合选择各种评价方式以提升评价的有效性和合理性，常用的评价方式有观察法、问卷和访谈结合法、评价任务单法和档案袋法等。在使用这些评价方式的过程中并不是一成不变的，需要根据实际情况及时进行调整。

学生在活动过程中的参与与表现需要及时地评价，宜采用质性的评价方式，并且综合多种评价方式来对学生的活动过程和结果进行综合评价。目前在综合实践活动中常采用的评价方式包括观察法、问卷和访谈结合法、评价任务单法、档案袋法等。

一、观察法：直观地获取学生的活动参与和表现信息

观察法能够直接获得比较真实的、自然的、生动的材料，并且能够比较及时地捕捉一些细微的现象和行为，因此，对于评价学生的参与度、积极性、合作精神等具有重要的意义。无论运用何种方式对学生在综合实践活动过程中的参与和表现进行评价，其先决条件都为观察。[1] 运用观察法进行评价，最重要的是对观察结果的记录，那么在观察前就要明确以何种形式来记录观察的结果。如核对清单法，即将想要观察的事项列为清单，在观察时可以参照清单做出标记；也可以按照学生活动的顺序做翔实的记录，进行记述性描述，形成完整的原始材料，这种形式也需要先制定一个观察记录表，基本的观察记录表包括三列，分别是时间、观察到的事实以及观察者的解释和分析。

黄浦区淮海中路小学的"做个好苗苗"的主题式综合实践活动中，教师将观察

---

[1] 李树培：《综合实践活动课程核心素养与评价探析》，《全球教育展望》，2016 年第 7 期。

作为评价的重要手段之一。教师通过观察学生在课堂中的表现,如两分钟预备铃观察整理桌肚情况、上课积极举手发言、认真听讲、放学时整理书包情况,教师可当堂敲章或课后敲苗苗章。教师通过平日观察学生每日进出校门和平日各方面表现行为,每星期授予有礼貌的学生文明礼仪小使者章。

二、问卷和访谈结合法：深入了解学生的参与和表现

在主题式综合活动课程的实施中,外向活泼、大胆发言的学生容易被教师关注到,教师对这类学生的学习进展往往较为清楚,而对一些内向、胆小或者暂时不适应主题式综合活动课程形式的学生,在课堂上没有进行充分地展示,教师往往难以及时了解这类学生的参与和表现,此时教师首先可以采取发放问卷的方式进一步了解每个学生的学习情况。这里所运用的调查问卷最好是开放式的问卷,可以让学生写下自己在主题式综合活动课程中的感受、收获、问题等,教师可以根据问卷反馈的结果来对学生的参与和表现进行判断,以便于进行下一步的行动。但是由于此类问卷是实名制的,很可能导致学生并不愿意去表达自己的真实想法,因此教师还可以有针对性地采用访谈的方法,在较为轻松的环境中对一些学生进行访谈,形式不需要非常正式,主要的目的是深入地了解每位学生在主题式综合活动课程中的所思所得,以便于后续教学的改进等。

三、评价任务单法：明确活动评价的指标

评价任务单的编制与运用,可以使综合实践活动的评价可见,即有助于教师向学生明确综合实践活动的任务,评估达标程度并做出可靠的评价,同时还可以及时准确地反馈任务信息,促进学生调整及改进;有助于学生理解任务目标,监控任务进展,解决活动中遇到的问题,学生不但可以进行自评,还可以与同伴进行互评,提高学生对任务的自我认知以及交流沟通能力;有助于家长了解学生学到了什么,还有哪些地方需要强化和巩固,从而有针对性地提供帮助或予以配合。[①] 对

---

① 李刚,吕立杰:《可见的评价:基于量规的核心素养评价单编制及应用》,《教育理论与实践》,2018年第29期。

综合实践活动的评价带来深远的影响。评价任务单的开发需要注意以下几个原则：一是评价指标互异，即任务评价单中的各个指标都是独立互斥的；二是评价水平划分清晰，即评价指标所代表的水平应当是有序的，并且逻辑清晰；三是评价方式明确可操作，即注重评价任务单语言描述的清晰性，从而有助于提升评价的可操作、可实施性；[1]四是评价依据科学，行为应当参照的是活动的目标、内容等；五是权重适宜，各个表现向度的评价权重要根据表现任务的侧重点进行合理的分配，其划分要有足够的说服力。[2]

复兴中路第二小学主题式综合活动课程的主题是《动物世界大探秘》，最终的表现性评价环节是一场集合全体学生创意、制作以及表演的小小舞台剧《动物狂欢节》。配合舞台剧的活动，老师设计了一份评价任务单，原先的评价任务单包括学生对自己所承担的任务和任务职责的描述以及教师评价和自我评价的八项指标。这份任务单共分两个阶段完成：第一阶段为学生自由报名阶段，选择自己在舞台剧中要承担的任务，他们将组成"动物演员组""道具制作组"和"媒体制作组"三个小组，分别负责表演、道具制作和多媒体剪辑几项主要任务。学生们要努力展示自己在本学期学到的各项技能及知识，以此获得同伴和老师对自己整个学期课程的评价。第二阶段为评价阶段，在舞台剧展示后，学生的任务单将会交到老师和小组同伴的手中，由他们为自己的表现打星，作出学期最终的评价。在活动之前，由于一位学生的"特殊情况"，老师发现现有评价任务单的设计是存在问题的，于是及时地对任务单进行修改，修改后的任务单增加了任务的分组，并且增加了学生自评的项目，更加适合所有的学生。（详见创意22-1）

四、档案袋法：记录活动全过程

档案袋法是在综合实践活动开展过程中最常见的一种评价方式。档案袋是学生自我评价、同伴互评、教师评价学生的重要依据，也是招生录取中综合评价的

---

[1] 霍兰婷：《基于可见的学习的评价单编制及应用》，陕西理工大学，2020年。
[2] 李刚，吕立杰：《可见的评价：基于量规的核心素养评价单编制及应用》，《教育理论与实践》，2018年第29期。

重要参考。在活动过程中,教师要指导学生分类整理、遴选具有代表性的重要活动记录、典型事实材料以及其他有关资料,编排、汇总、归档,形成每一个学生的综合实践活动档案袋,并纳入学生综合素质档案。在运用档案袋之前,指导教师和小组成员要事先确定建立档案袋的目的,并且根据目的来确定档案袋的类型。如果是过程型档案袋,那么就要收集小组每个成员认为有价值的资料,并且档案袋将随着探究活动的推进而日渐丰满充实。学生可与小组同伴、指导教师合作整理与调整档案袋,共同鉴赏和评论其独特之处,修正有待改进之处,使其日臻完善。

黄浦区巨鹿路第一小学的"乒乓世界奇妙巡游"的主题式综合实践活动中,"成长档案袋"成为主题式活动中阶段性评价的载体,它记载着孩子们在主题活动中的成长足迹,如"神奇画展"和"推荐之星"等活动掠影、学生个性的乒乓创意画作品,还有自己、同伴和老师对本人在阶段性任务中的表现性评价。这种评价方式既能激励90%学生去尝试完成活动中的每项任务,达成课程评价指标中"乐尝试"维度内的相应标准,又借助这一评价载体帮助学生全面地认识自我、建立自信、激发其内在发展的潜能。(详见创意22-2)

创意22-1 任务导向,多维评价——动物世界大探秘

本学期,我们主题式综合活动课程的主题是《动物世界大探秘》,作为最终的展示评价环节,一场集合全体学生创意、制作以及表演的小小舞台剧《动物狂欢节》就要上演了。区别于传统的评价模式,以"舞台剧表演"为任务导向,舞台表演本身就是一次自我的评价展示。同时,老师设计了一份评价任务单,又从师评和他评开展了多维度的评价活动。

这份任务单共分两个阶段完成:第一阶段,预设阶段,由学生自由报名,选择自己在舞台剧中要承担的任务,他们将组成"动物演员组""道具制作组"和"媒体制作组"三个小组,分别负责表演、道具制作和多媒体剪辑几项主要任务。学生们要展示自己在本学期学到的各项技能及知识,以此获得同伴和老师对自己整个学期课程的评价。第二阶段,评价阶段,在舞台剧展示后,学生的任务单将会交到老

师和小组同伴的手中,由他们为自己的表现打一打星,从多个角度作出学期最终的评价。

然而,这份评价任务单却在小俞同学手上石沉大海,这是怎么了呢?正在办公室里的她低着头,脸上满是苦恼的神情。原来,班里的同学们早早就选好了自己的任务:外向的学生早就分配好了表演的角色,心灵手巧的孩子被一致推选为道具制作的负责人,只有平时最沉默寡言的小俞,被热情讨论的孩子们遗忘了。等到小俞要交任务单时,她才发现早已没有了自己合适的任务。

相信每个班里总有那么几个孩子,他们不善交往、不爱表达,在每一次小组活动中都像一个小影子,成为了优秀学生的背景板。对于这样的孩子,我们在组织展示性评价的时候要怎么做才能调动起他们的积极性呢?教师设计展示性评价时要留给他们充分的空间,关注到这群孩子的获益,要强调过程性的评价和隐性的评价,不能只把目光集中在活跃度高的孩子身上。

对于这样的孩子,评价任务该怎么做?……许多问题百转千回地在老师的脑海中徘徊,有一个想法却变得更加清晰:展示性的评价绝不是逼迫每一个孩子都要站在台上表现自己的长处,而是一个体现自我认同、同伴欣赏和课程经历的评价方式。学生有没有在课程中得到自我提升,有没有看到同伴合作的重要性,有没有在课程中感受到愉悦的情绪,才是展示性评价要呈现的主题。

老师有了一个好主意:"你愿不愿意担任班级的摄影师,去记录同学们的展示过程呢?"不等她反对,张老师又自顾自地说起来:"这个岗位可重要啦!你不光要拍摄舞台上的表演,日常的准备也要关注到哦!老师得给你改改任务单,在任务小组这一栏再加上一个保障小组。……"在老师的鼓励下,小俞欣然接受了这个新任务,十分钟后,一张填写完成的评价任务单终于摆到了张老师的桌上。

每一个孩子都有自我认同的需求,教师在这个过程中要成为一个推动者,让孩子能够克服困难,主动向前。在展示性评价中,老师要走到幕后,给学生搭建通往成功的脚手架,化解他们的疑虑,尤其要关注到每一个学生在课程经历中的情绪,要考虑到不同个性特点的学生是否都能找到符合自身情况的评价方式,是否都在课程中得到了自我的提升。在此过程中，适当地调整评价机制、评价模块都是可以被接受的，教师要因地制宜地调整评价的方式，让评价适应班情，适应学情。

"同学们，今天我们要来完成一份新的评价任务单哦！"一场别开生面的舞台剧最终顺利收官，而作为最后总结的评价任务单也经过了老师的再度修改重新摆在了学生的面前。

大家发现，任务单里增加了一个新的小组——保障小组，还改变了不少评价指标和评价模式。评价的对象从教师评价变更为了自我评价和同伴评价。原本的同伴星级评价被开放式的"写一写活动中你觉得最棒的演员""说一说你们在活动中遇到了什么困难，又是如何解决的"这些问题所取代。而在自我评价中，更有"活动中我的开心指数、活力指数、能力指数"这样的自我认同板块，让大家能对自己的表现作出客观的量化评价。

看到了新的评价任务单，学生们马上七嘴八舌议论开了："我觉得这次活动我做的恐龙蛋可逼真了，我的能力指数要打五星！""我们排练的时候范范老是忘词，后来还是小徐每天下课都去和她对台词，终于让她记住台词啦！""我觉得最厉害的还是小俞，她给我们拍了好多照片，我妈妈还给我印出来了呢！"……

一份评价任务单，引发了一场全班的大讨论，虽然低年级的孩子还不能用复杂的语言来表达内心的喜悦，但我们依旧能从他们的脸上看到成功后的激动和对自己、对同伴的赞赏。课后，一份份独一无二的评价单被递交上来，里面洋溢着孩子们的兴奋和幸福。

在过去的评价模式中，量化的指标往往更受老师和学校层面的欢迎，因为只有量化的指标才更具备可操作性和普适性，让更多的老师能够用同一份模板来开展评价活动。然而，在主题式综合活动课程中，量化的评价方法却未必合适。一份带有更多开放式的、主观化的评价标准的评价单，反而更容易激发起学生对自我的认同，对他人的欣赏和对整个活动过程的重视。以任务为导向，开展多维度的评价活动，这样的课程评价，才会更符合课程培养学生综合素养的核心理念。

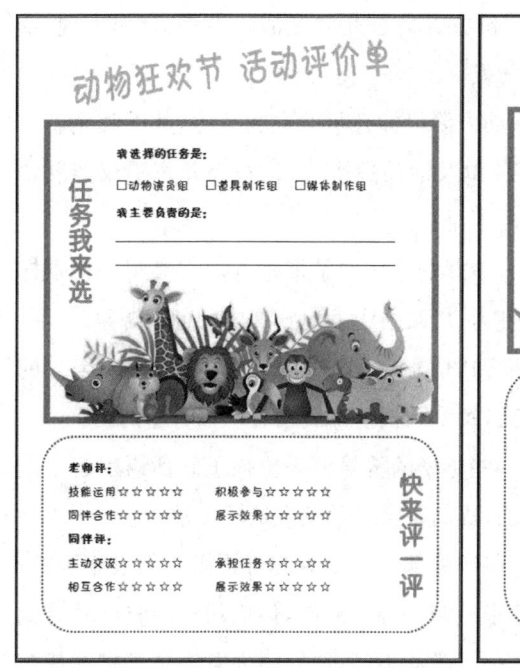
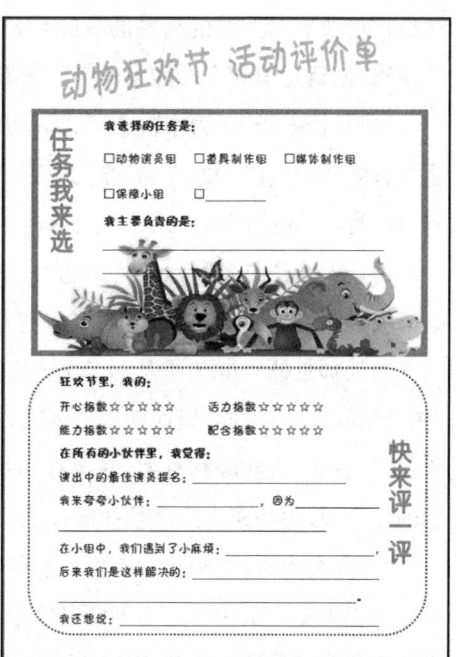

（修改前）　　　　　　　　　　　（修改后）

图 5-1　两次任务单修改设计

（上海市黄浦区复兴中路第二小学　张欣珮）

创意 22-2　评价贯穿活动全过程——乒乓世界奇妙之旅

"乒乓世界奇妙之旅"的主题选取是依托学校乒乓特色教育根脉而来的，学校的乒乓启蒙教育蜚声海内外，先后走出了 10 余位世界冠亚军，为国家输送了 14 名国手，被誉为"乒乓冠军的摇篮"。基于一年级学生学习环境的改变，他们对新的学习环境充满好奇，因此借助参观、观察、探索等途径实施来帮助儿童认识新环境，适应新环境，进而了解学校的特色教育。

为激励儿童感知与探索奇妙的乒乓世界，激发其"善观察、敢提问、乐尝试、慧表达"的潜能，在本次"乒乓世界奇妙之旅"的主题活动实施前设计了相应的评价指标。通过情境与任务的创设，开展阅读、绘画、参观、演讲等多种活动，同时又融入"童梦车票""成长档案袋""个性舞台秀"等多样的评价载体，以即时性评价、阶段性评价及展示性评价相融的多元评价方式促进儿童在活动参与、合作表现、个性情感、创新意识和实践能力等方面的发展。

"成长档案袋"成为本次主题式活动中阶段性评价的主要载体,其中收藏着儿童在各个活动阶段中的作品、学习任务单及活动掠影等,让每个儿童不仅能欣赏到自己特长,还能清晰地认识到自身的不足。

为培养儿童具备"善观察"的能力,最好的方法便是带领着他们参观一场别样的画展,让他们近距离地感受艺术的魅力,用眼睛去发现画展中的创意源泉。

当教师带领一群孩子从教室移步到"炫彩空间"时,好奇的他们发现今天的"炫彩空间"有所不同,里面摆满了画架,每个画架上都展示着一幅有趣的画。

"你看呀,这些画真有趣,好像有一些奇怪的符号。"一位孩子的话语引起了全班的注意,教师特意走到这位孩子面前,提高了嗓音示意全班转向她。

"你真会观察,老师给你点赞。这些作品都是二年级的哥哥姐姐们去年画的,今年你们也要尝试用自己的创意灵感来绘制一幅创意画,你们的作品将会收藏到成长档案中。"教师的这席话让所有的孩子激动不已,他们睁大着眼睛都想在最短时间里发现到画中的奥秘。

"我看到这幅画里有乒乓球和乒乓板。"

"老师,快来看呀。我发现这幅画里除了有乒乓球,还有三个字,陆……元……盛。"一位孩子念叨着,"好像是一个人的名字。"

"我也要学学哥哥姐姐的创意设计,到时我的爸爸妈妈就能在成长档案里看见我的作品啦。"

在老师的引导下,孩子们拿起手中的画笔,在小组合作中完成了自己的第一幅乒乓创意画。

这场神奇的画展打开了一双双善于观察的眼睛,发现画中的奥秘;激发孩子的创作灵感,带领着他们在艺术的海洋中感悟作品的魅力;激励他们在观察与表达中,分享自己的所见所闻、所思所想;用手中的画笔表达着自己的奇思妙想。

在每一本成长档案袋中,我们看到的不仅是孩子的作品,更是他们的成长轨迹——在活动体验中感悟学习的快乐、探索的喜悦、收获成功的幸福,促使学生正确认识自我,建立自信,激发其内在潜能。

(上海市黄浦区巨鹿路第一小学 季笑燕)

1. 动物狂欢节　活动评价单

任务我来选

我选择的任务是：
　　☐ 动物演员组　　☐ 道具制作组　　☐ 媒体制作组
　　☐ 保障小组　　　☐ _____
我主要负责的是：
_____

快来评一评

狂欢节里，我的：

开心指数 ☆☆☆☆☆　　活力指数 ☆☆☆☆☆

能力指数 ☆☆☆☆☆　　配合指数 ☆☆☆☆☆

在所有的小伙伴里，我觉得：

演出中的最佳演员提名：_____

我来夸夸小伙伴：_____，因为_____。

在小组中，我们遇到了小麻烦：_____
_____，后来我们是这样解决的：_____
_____。

我还想说：_____
_____

2. "乒乓世界奇妙之旅"主题活动评价指标

表 5-1 评价指标表

活动	评价维度	评价量规		评价方式
乒乓世界奇妙之旅	敢提问	1. 我能根据故事封面提出1—2个与故事主题相关的问题。	●	即时性评价（童梦车票）阶段性评价（任务单）
		2. 我能根据学校的乒乓特色教育，对学校乒乓馆能提出1—2个感兴趣的问题。	●●	
		3. 我能以问题的形式说出自己的创意画的设计想法。	●●●	
	善观察	1. 我能在故事中获取与"胖胖球"的生活环境和工作职责有关的信息。	●	即时性评价（童梦车票）阶段性评价（成长档案袋）
		2. 我能在参观中发现在乒乓馆内的特别之处。	●●	
		3. 我能在创意画展中找出画中的1-2个创意元素。	●●●	
	乐尝试	1. 我愿意向家长推荐故事《一颗乒乓球的故事》。	●	展示性评价（童梦车票）阶段性评价（成长档案袋）
		2. 我愿意向家长介绍馆内的一位乒乓名人。	●●	
		3. 我愿意将姓名和乒乓元素结合进行创意作画。	●●●	
	慧表达	1. 我能向同伴介绍故事人物"胖胖球"的生活与工作情况。	●	展示性评价（推荐之星）阶段性评价（成长档案袋）
		2. 我能向家长推荐一位自己崇拜的乒乓名人。	●●	
		3. 我能独立完成一幅乒乓创意画并介绍自己的设计想法。	●●●	

第23问 主题式综合活动课程如何支持学生选择适合自己的个性化表达方式，表现性评价任务如何设计？

我们的经验：表现性评价任务需要根据学生的特点和综合实践活动的目标加以确定，从而为表现性评价任务的具体设计提供方向。表现性评价任务的设计需要达到多个标准，要体现主题式综合活动课程的特点，并且需要建立符合学生个性特点的相关规则以规范表现性评价。

综合实践活动倡导要创设丰富多元的活动内容与任务情境，鼓励和尊重儿童自主选择游戏、对话、写作、表演、演讲、绘画、制作、实验等符合个性、彰显特长的表达表现方式。通过对话、讨论、交流、展示等方式鼓励儿童自我评价和同伴互评，引导儿童关注自己与他人在活动中的表现。[1]

表现性评价是一种真正体现综合实践活动课程实施理念的评价方式。运用表现性评价的方式，通过设置若干的情境或具体的任务，让学生去完成某项任务，通过学生完成任务的具体情况表现，就可以对其关键能力的发展情况作出较为准确的判断。[2]

一、根据课程指导纲要确定表现性评价的目标

表现性评价是通过对被评价者在具体情境中完成任务的实际表现进行观察分析来完成的，表现性任务设置是否科学、清晰、可操作，决定了评价实施的有效性。开发表现性任务，其实质是依据评价目标设计情境和活动，是一个将评价目标情境化的过程。所以，要在明确评价目标的基础上，依次展开设置活动任务、选

---

[1] 《上海市小学低年级主题式综合活动课程指导纲要（征求意见稿）》。
[2] 万伟：《综合实践活动课程关键能力的培养与表现性评价》，《课程·教材·教法》，2014年第2期。

择活动情境、拟定活动要求等几项工作。① 确定表现性评价的目标,有助于确定应当观察与评价的行为类型以及观察的范围,以此来控制表现性评价的内容。② 《中小学综合实践活动课程指导纲要》中规定,综合实践活动的总目标是学生能从个体生活、社会生活及与大自然的接触中获得丰富的实践经验,形成并逐步提升对自然、社会和自我之内在联系的整体认识,具有价值体认、责任担当、问题解决、创意物化等方面的意识和能力。每个学段的综合实践活动的目标不同,如小学阶段的具体目标为:(1)价值体认:通过亲历、参与少先队活动、场馆活动和主题教育活动,参观爱国主义教育基地等,获得有积极意义的价值体验。理解并遵守公共空间的基本行为规范,初步形成集体思想、组织观念,培养对中国共产党的朴素感情,为自己是中国人感到自豪。(2)责任担当:围绕日常生活开展服务活动,能处理生活中的基本事务,初步养成自理能力、自立精神、热爱生活的态度,具有积极参与学校和社区生活的意愿。(3)问题解决:能在教师的引导下,结合学校、家庭生活中的现象,发现并提出自己感兴趣的问题。能将问题转化为研究小课题,体验课题研究的过程与方法,提出自己的想法,形成对问题的初步解释。(4)创意物化:通过动手操作实践,初步掌握手工设计与制作的基本技能;学会运用信息技术,设计并制作有一定创意的数字作品。运用常见、简单的信息技术解决实际问题,服务于学习和生活。在表现性评价任务的开发中,教师要依据这些目标,将自己的评价标准准确地、具体地描述出来,以便在任务开发的过程中不断地提醒自己。

海华小学的"走近神奇的朋友,走进生命教育"主题式综合活动中,基于学生喜爱小动物的天性和兴趣,学校以生命教育为契机,从"我与自然"的维度入手,将活动的目标确定为帮助孩子初步地认识生命、呵护生命、珍爱生命,创设了"神奇的朋友"主题式综合活动,该主题由"生命的由来""成长的脚步"和"永远的朋友"三个活动组成,并且这些活动都是以任务为驱动。(详见创意 23-1)

---

① 钱新建:《综合实践活动表现性评价的认识、开发与运用》,《课程·教材·教法》,2015 年第 5 期。
② 王小明:《表现性评价:一种高级学习的评价方法》,《全球教育展望》,2003 年第 11 期。

二、设置体现主题式综合活动课程特点的表现性评价任务

设置表现性评价任务首先要在研读课程目标的基础上概括出相应的评价要点,确定具体的评价内容。评价任务的选择要注意以下几个原则:一是与目标相匹配,表现性任务不应该涉及与学习目标没有联系的知识和技能。① 二是选择有意义的任务,即任务的选择要根植于学生现实世界的情境,表现性评价需要在一个真实或模拟的活动情境中展开,以考查学生在实际活动中的能力表现。活动情境应当是新颖的,以充分激发学生投入活动的兴趣;应当是贴近学生实际的,以充分调动学生原有的知识经验;应当是具有挑战性的,以充分反映出学生解决问题时的能力水平。② 三是要明确任务的过程和结果;四是要让学生明确所要完成的任务,即需要对学习目标等作出解释,让学生理解他们需要做什么。③ 设计评价任务时也要考虑以下因素:一是完成任务的时间,完成任务的时间的长短需要与综合实践活动的目标相匹配。二是完成任务的数量,这也取决于多个因素,如评价的目的、范围等。三是任务结构。四是小组参与,综合实践活动提倡小组合作学习,那么在任务的设计中一般来说应该要有需要通过小组合作开展的任务。五是表现样式,这也与综合实践活动的目标息息相关,并且也与学生的个人的特点有关。④

黄浦区董家渡路第二小学的"寻找季节的变化"主题式综合活动中,在自然课上创设情景,从观察植物的六部分开始,循循引导学生观察紫藤,再引发学生猜测紫藤的叶在秋冬季节会发生什么变化,逐渐引出"季节变化"这个主题。紫藤的叶只是季节变化的观察点之一,老师抛出主题后让学生集思广益,讨论更多的观察点。由于学生的年龄特征,他们能设想到的观测点多是各种动植物的变化,之后老师将及时补充其他观测点,使得观察的内容丰富多彩,且更贴近学生的生活。老师根据师生共同讨论出的观察点,选取特征明显且可操作行强的罗列成三张观察记录表,并确定观察的时间和记录的方式。本次长周期探究前后历经 3 个月,

---

① 周文叶:《学生表现性评价研究》,华东师范大学,2009 年。
② 钱新建:《综合实践活动表现性评价的认识、开发与运用》,《课程·教材·教法》,2015 年第 5 期。
③ 王小明:《表现性评价:一种高级学习的评价方法》,《全球教育展望》,2003 年第 11 期。
④ 周文叶:《学生表现性评价研究》,华东师范大学,2009 年。

每星期记录1次,共计12次。前6次由老师带领学生记录,老师重点指导记录的内容和方法,考虑到一年级学生的年龄特点,尽量用简单的文字和数字来记录。后6次由家长协助孩子共同记录,利用班级微信群,把记录的方法通知家长,以获得家长的支持和配合。12次观察记录之后,要请家长和孩子共同完成3份总结,帮助孩子归纳发现,培养孩子的口头表达能力、概括能力和记录能力。(详见创意23-2)

三、建立符合学生个性特点的表现性评价的规则

评价规则至少有三个方面的特点:一是评价规则中要包含用来决定学生反应质量的各种指标。二是对于每一条评价标准,学生反应的质量区别到底如何表现,评价规则中要有具体的描述。三是评价规则必须说清楚,其标准是以整体评分法的形式使用,还是以分项评分法的形式使用。[1] 整体评分法即评价基于对表现或作品的整体影响上,其规则要阐明每种表现水平应该是什么样;分项评分法即对学生活动过程和作品的各个要素和特点进行评分,有时也可将各部分分数相加得到总分。[2]

海华小学的"播种绿色,绽放绿色"的主题式活动中,注重活动形式的多元化,采用有利于激发学生兴趣的集星的评价方式,建立了星级评价制。学校老师结合一年级学生的特点,采用汇总星星的方式设计了表现性的评价表。表现性评价表根据任务的三个环节设计了三个一级指标,然后根据每个环节的具体要求对一级指标进行细化,形成更加具体的二级指标。如在"大声说"的环节中,评价的一级指标为"举止落落大方并能够大声、自信地说出自己的名字",其具体的二级指标为"1. 听清指令,轮到自己时能及时地走出座位;2. 能站在讲台前,做到身站直、手贴裤缝说出自己的名字;3. 举止落落大方并能够大声、自信地说出自己的名字"。学生根据自己活动中的表现,在自评表中涂上相应的星星数量,最后通过谁的五角星最多,评选出班级"自信小能手"的称号。

---

[1] W. James Popham 著,国家基础教育课程改革"促进教师发展与学生成长的评价研究"项目组译:《促进教学的课堂评价》,中国轻工业出版社,2003年1月第一版,第142页。
[2] 钱新建:《综合实践活动表现性评价的认识、开发与运用》,《课程·教材·教法》,2015年第5期。

创意 23-1　走近神奇的朋友，走进生命教育

小学低年级主题式综合活动课程面向学生完整的生活世界，从学生日常学习生活、社会生活以及与大自然的接触中寻找具有教育意义的活动主题，使学生获得关于自我、社会、自然的真实体验。我校从学生的真实生活和发展需要出发，聚焦学生心理健康，创新地将生命教育融入主题综合活动之中。及早地根据低年级学生的认知特点，对小学生开展生命教育，帮助学生认识生命、珍惜生命、尊重生命、热爱生命。

一、以目标为导向：评价目标与活动目标相一致

综合实践活动的总目标中提到"要让学生从个体生活、社会生活及与大自然的接触中获得丰富的实践经验，形成并逐步提升对自然、社会和自我之内在联系的整体认识"。在总目标的导向下，基于儿童喜爱小动物的天性和兴趣，我校以生命教育为契机，从"我与自然"的维度入手，将活动目标确定为帮助孩子初步地认识生命、呵护生命、珍爱生命，创设了"神奇的朋友"主题式综合活动。该主题综合活动的评价目标与活动目标相一致，都是围绕"生命"展开，分别从认识生命、呵护生命和珍爱生命的不同维度和程度来进行表现性评价。

二、以生命为原点：评价内容与活动任务相匹配

"神奇的朋友"主题式综合活动以生命为原点，设计了"生命的由来""成长的脚步"和"永远的朋友"三个活动。"生命的由来"让学生通过观察记录、参观和实际体验等多种方式了解一些关于动物的知识，积累丰富的情感体验，增强探究自然的浓厚兴趣以及关爱自然、呵护生命的强烈意识。"成长的脚步"通过实践体验活动，让学生体会生命成长的不易，从而珍爱生命。"永远的朋友"以融合式活动培养学生爱护动物、保护环境的意识，懂得用自己的行为营造和谐环境的重要性。在评价内容的设计上，我们充分考虑到活动任务的综合性、递进性和实践性，围绕学生在活动中观察、体验、记录的内容具体展开。让自然、美术、语文等多学科老

师共同参与,陪伴并指导学生观察、思考与感悟。

三、以任务为驱动:评价方法与学生个性化表现方式相适应

现以"生命的由来"这一活动为例,具体呈现以任务驱动的评价方法与学生个性化表现方式相适应的过程。

基于二年级学生的认知特点和情况,我们将"生命的由来"活动分成了三项任务,分别是"蚕宝宝长大了""小蝌蚪找妈妈"以及"守护蛋宝宝"。从一只蚕宝宝开始,观察生命的变化;从小蝌蚪找妈妈开始,寻找生命的由来;从保护一个蛋开始,承接生命的重量……

在第一项任务中,孩子们通过认识饲养蚕宝宝的记录表格,学会了如何正确使用表格来记录自己的饲养过程。而观察表格上留出的评价一栏是特地让家长从学生饲养的认真程度、观察的仔细程度和记录的完整程度三方面来评星,对学生作表现性、过程性的评价。

从一只蚕宝宝开始,在孩子的心底撒下一颗生命的种子,他们虽说不清却能体会到蚕宝宝的一生是短暂却又丰富的,它的生命在不断延续的过程中有了升华。

第二项任务中,在老师的指导下,学生选择动画片中喜欢的场景模仿作画,在孩子们色彩鲜艳的画作中能看到小蝌蚪遇见了大虾、水母、海马等生物后各种神奇的经历。教室里的背景墙是他们分享、展示的最佳舞台,在评价中,教师引导学生不仅去关注作品本身画得如何,更要用心去感受每幅作品蕴含的独特想象和特殊意义,通过在自己欣赏的画作上贴"大拇指"这样的点赞方式进行评价,既即时又真实。

从看懂小蝌蚪找妈妈开始,让学生涂画出一个生命成长的过程和它寻找生命由来的过程。在欢声笑语中尽情创作,让每个学生都有自己的独特体验。

第三项任务是小朋友们都感到非常新奇的"护蛋行动"。学生一天的体验过程与感受都通过"护蛋日志"记录了下来。护蛋的一天,有的学生收获了保护好蛋的喜悦之情,有的不免留下了些许遗憾,而这些都是一段特殊的经历:当自己成为了蛋的"小主人",肩负起呵护这份生命的责任时,会时刻担心它们的安全,会因为

没照顾好它们而感到自责,也会因为成功保护好了它们而感到满足……蛋是容易碎的,生命在某种意义上来说是很脆弱的,所以呵护好一个生命更是不容易的,需要人们足够的重视。一个蛋的重量是轻的,但这份生命之重,却让每个学生都感受到了。学生在"护蛋日志"上通过画"七彩蛋奖章"来评价自己一天"护蛋"的表现,"护蛋日志"中还增加了"爸爸妈妈的感受"这一留言栏,让学生整个表现过程的评价更为全面。

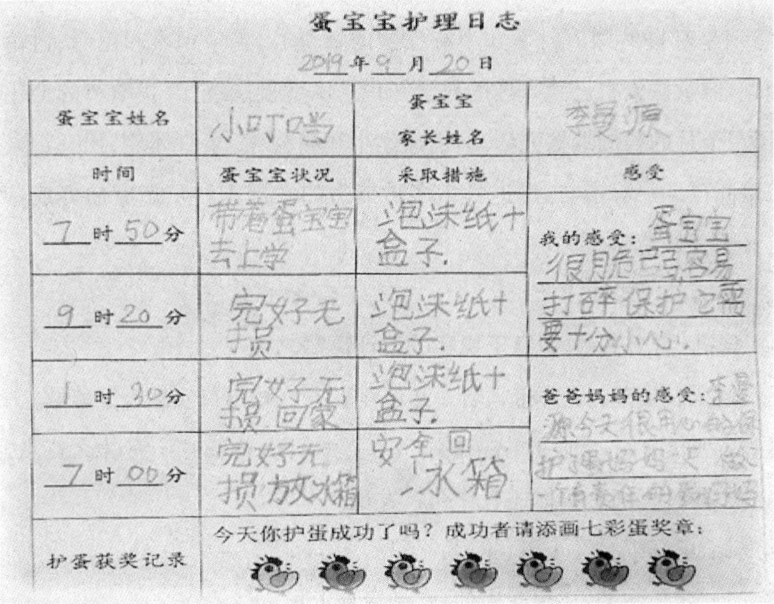

图5-2 学生的"护蛋日志"

主题式综合活动,影响的不只是学生,还包括家长和老师。在之后一段时间内,家长的朋友圈中也都在分享孩子们活动中的点滴片段,这不仅是对于孩子的表现给予了肯定,更是对此项活动的大力赞扬。家庭、学生、学校真正做到了三位一体。老师们在活动中关注到学生的不同兴趣和能力,并给予充分的尊重、支持和个性化的指导。教师的课程意识和专业素养在这过程中也在不断地提升。期待在不断实践、反思和创新的过程中,海华小学的主题式综合活动会更加彰显出生命的活力与光彩!

(上海市黄浦区海华小学　庄圆)

创意 23-2　设置情境化的表现性评价任务——寻找季节的变化

金秋十月正值夏末初秋,头顶的太阳依旧耀眼,天依旧蔚蓝,秋风习习,校门口的紫藤迎风招展生机盎然,校门外弥漫着桂花甜美的芳香……季节正悄悄地变化着。

一年级的小朋友们入学才一个月,他们对小学阶段的学习生活充满着好奇和期待,特别是对自然课上所学知识有强烈的好奇心,善于观察和思考、讨论,喜欢提出问题,愿意探索自己感兴趣的科学知识。本案例围绕"寻找季节的变化"的主题,经历三个月的长周期探究活动,引领学生积极探索、亲身体验、认真记录,并邀请家长陪同孩子一起参与,促进学生多种能力的发展和科学态度的养成,产生热爱大自然的美好情感。

一、寻找契机,引出主题,置身于真实的设计情景之中

活动情景:课堂上老师带领着一年级小朋友在校门口实地观察紫藤。

老师:小朋友们,紫藤的根躲在哪儿?茎长什么样?叶子有什么特点?是什么颜色的?通过仔细观察你还有什么新发现?

学生 1:紫藤根长在土里,我们看不见。

学生 2:茎很硬的,还扭起来的,爬到屋顶上了。

学生 3:叶子很多,都是绿色的。

老师:大家观察得很仔细,现在是 10 月份,紫藤的叶子都是绿色的,但是随着季节的变化,秋冬季节将要来临,猜一猜,紫藤会发生什么变化?

学生 4:叶子会掉了。

老师:叶子为什么会掉?说明什么?

学生 5:天气冷了叶子就会掉的,我看见以前幼儿园里的树叶也会掉的。

老师:天气变冷了紫藤的叶子会悄悄掉落?季节会悄悄地变化吗?我们还可以从哪些方面发现季节在变化呢?我们回到教室里讨论讨论。

教师在课上创设情景,从观察植物的六部分开始,循序引导学生观察紫藤,再

引发学生猜测紫藤的叶在秋冬季节会发生什么变化,逐渐引出"季节变化"这个主题。紫藤的叶只是季节变化的观察点之一,老师抛出主题后让学生集思广益,讨论更多的观察点。由于学生的年龄特征,他们能设想到的观测点多是各种动植物的变化,之后老师将及时补充其他观测点,使得观察的内容丰富多彩,且更贴近学生的生活。

二、确定计划,讨论方案,提供真实可行的观察点

活动情景:课堂上老师追问学生如何寻找季节的变化,师生展开热烈讨论。

老师:秋天已经来临,冬天的脚步离我们越来越近了,季节发生了变化,我们周围会发生哪些变化?

学生1:风会越刮越大,冬天的风更大,还很冷呢。

学生2:我们要穿更多的衣服和裤子。

学生3:我们以前幼儿园里秋天有菊花,冬天就没有了。

老师:说得真好!小朋友很会观察身边的变化,我们一起想一想还有哪些事情也能说明季节在变化呢?

对于小学生来说,在课堂上掌握做好计划的方法技巧非常重要。计划的设定相对于一般的知识点的学习过程往往要耗费更多的时间,也会遇到更多的阻碍。如果没有做好计划,学生也很难真切地投入情感参与进去,也很难体验到对过程和成果的满意。一年级学生对"探究"没有概念,也不知道怎么探究,设计探究方案更是无从入手,对于零起点的孩子来说,教师首先要让学生"明确探究活动的方向",也就是计划先行的意义。只有在讨论中让学生明白了"我们要观察什么""我们应该怎么观察""我们应该怎么记录"等问题,让学生清楚探究活动的方向和过程,后续的活动开展才能变得容易。教师作为指导者,在初期的"确定主题-制定计划"中起到至关重要的作用。

三、发展能力,养成良好的科学态度,形成学习型家庭

小学阶段探究型课程注重实践过程,重视培养学生发现问题、解决问题的能力,发展学生的创造力,培养学生广泛的兴趣爱好,让学生通过实践活动和亲身体

验,初步感知和学会科学探究的基本过程,掌握探究的方法。在"寻找季节的变化"活动中,学生从一开始跟着老师一起观察记录,连续6次后,老师逐步放手让家长陪同孩子一起观察记录。在三个月的长周期探究中,学生的成长是在从"扶"到"放"的过程中完成的。无论是在老师还是家长的陪伴下,他们都必须严格完成探究任务、细致观察、真实记录,养成坚持不懈、尊重事实的科学态度。小手牵着大手,共同打造积极好学的家庭学习氛围,也为今后家长参与互动打下基础。活动完美收官之前还要请家长和孩子共同完成3份总结,帮助孩子归纳发现,培养孩子的口头表达能力和概括能力。

四、交流总结与评价

收获的季节学生的感想很多:有的学生认为好辛苦但收获很多;也有的学生想探究更多季节变化的奥秘。我们的家长也发表了感言:孩子的耐心和坚持力有所提升,孩子的观察记录也更为认真了,不仅对他们学习知识有帮助,同时对他们的学习习惯的培养有良好的影响。因此,"寻找季节的变化"这一主题探究活动从设计到实施,都围绕着真实的主题开展,全体学生和班主任以及家长都积极参与其中,活动时间长且牵涉面广,规模浩大。正是这样一种特别的探究方式,给学生很好的体验,为其今后的发展奠定基础。

(上海市黄浦区董家渡路第二小学　陈芳)

第 24 问 主题式综合活动课程如何引导学生进行反思与改进？

我们的经验：学生的自我反思有利于学生正确地认识和评价自己，是学生进行自我改进的有效方式，同时在学生自我反思的过程中也不能忽略教师的引领作用，教师可以运用恰当的语言引导学生进行自我反思与改进，并且可以制定自我评价表作为学生反思的依据，同时多种方式的成果展示、撰写反思日志也是学生自我反思的有效方式。

学生自己如何正确认识和评价自己有赖于自己的反思、综合和判断。在综合实践课的评价过程中也应尽可能多地让学生参与，特别应当重视学生的自我反思。重视学生的自我反思，既可以保证评价的真实性，又可以促进学生的自我发展与完善，会更客观确切地反映学习者的实际情况。综合实践活动评价的依据应来源于学生在活动中的亲身体验、悉心观察、感悟与思考等，离开这些活动过程中的原始积累，评价容易有失偏颇。[①] 教师要指导学生对活动过程和活动结果进行系统梳理和总结，促进学生自我反思与表达、同伴交流与对话。要指导学生学会通过撰写活动报告、反思日志、心得笔记等方式，反思成败得失，提升个体经验，促进知识建构，并根据同伴及教师提出的反馈意见和建议查漏补缺，明确进一步的探究方向，深化主题探究和体验。[②]

一、注重语言的引导

教师在活动的实施过程中要注重对学生的语言的引导，即用适合的语言来引发学生的反思。在引导学生反思时，不要简单地问：这节课你觉得你的表现如何？

---

① 李树培：《综合实践活动课程核心素养与评价探析》，《全球教育展望》，2016 年第 7 期。
② 《中小学综合实践活动课程指导纲要》，中华人民共和国教育部，http://www.moe.gov.cn/srcsite/A26/s8001/201710/t20171017_316616.html，检索日期 2017 - 10 - 17。

这种宽泛的问题得到的回答往往也是空泛的,学生并不会因为这个问题而对自己在活动中的经历进行深刻地反思。教师可以尝试问一些具体的问题,以引导学生进行反思,如刚刚的活动中,你遇到了什么困难?你是如何克服的?今天的活动中主要运用到了哪些方面的知识和信息?哪些是你以前接触过的?哪些是没有接触过的?你是用什么方法来收集这些信息的?在这个过程中你有什么新的发现?能提出什么新的问题?通过诸如此类的问题,学生可以较为仔细地回顾自己参与综合实践活动的过程,并且根据问题作出相应的反思,学生思考的目的会更明确,思考也会更深入。

二、制定自我评价表

综合实践活动课程的评价主张采用"自我参照"标准,引导学生对自己、对他人在活动中的表现进行"反思性评价"。学生需要自觉投入活动过程、调动积极的智力和情感因素、分享和思考活动过程中的问题、主动审视自己的行为和表现。[1] 教师可以和学生一起讨论评价的标准和内容,最终形成学生的"自我评价表""自我评价单"等,学生在综合实践活动的过程中可以随时拿出"自我评价表"或"自我评价单"进行自查和自我反思,发现自己已达到哪些标准,还未达到哪些标准,及时发现问题,从而及时改进。

黄浦区董家渡路第二小学的"书画童缘"主题综合活动中,评价表贯穿课程实施的始终,学生可以对照评价表进行自评、互评等。"书画童缘"活动评价表由两张组成,其中一张为课程题目,包括课程概述和评价内容与细则,另一张学习单由有趣的象形字、互动留言、欢乐积攒点、我的作品组成。评价标准分成三级指标:一级指标是学校统一规定的(懂礼仪、有情趣、乐创作、爱生活);二级指标是根据学科特点制定的(遵守规则、学会欣赏、乐于体验、敢于实践、分享快乐);三级指标是根据本课程制定的具体条目,如"在使用的过程中做到爱护书画用品,保持环境整洁""在讨论和完成作品中有自己的独特想法"等。教师根据本课程特点的三级指标评价内容给每个评价内容提出了三个评价细则,如"合理安排书画用品,蘸墨

---

[1] 李树培:《综合实践活动课程核心素养与评价探析》,《全球教育展望》,2016年第7期。

方法正确,保持桌面干净""知道以水墨为主是中国书画的特点,山水画是中国画其中一类,说出和其他绘画方法的不同"等,每一个具体条目都有各自的分值。学生可以通过这种具体的评价内容和评价标准,来及时地检查自己的进度。(详见创意24)

三、多种方式成果展示

综合实践活动虽然强调过程中的评价,但是也同样强调成果的形成,恰恰是综合实践活动课程的成果的形成与完善可以更直观地反映学生在活动实施中的表现,可以看到学生是否得到了全方位的成长。综合实践活动的评价强调在师生之间、同伴之间进行个性化的鉴赏和评价,强调对"作品"的描述和体察,强调欣赏和关注同学的优点和长处,强调自我反思。一个阶段的主题活动结束之后,就可以组织一些交流活动。展示和交流活动不仅是一个阶段活动的小结,也是师生、生生之间交流和学习的过程,是学生自我反思和欣赏同伴的过程。教师可以充分利用教室内的空间,作为学生成果展示的场所。通过展示和交流,学生可以反思自己是否完成目标计划、目前存在的不足,为未来的计划奠定基础;并且在公开的展示中,学生还可以了解其他同学取得的成绩和付出的努力,能够达到互相学习互相激励的效果。学生可以运用多种形式展示自己的学习成果,可以是线下实物的展示,也可以借助网络平台进行展示,并且这种展示不一定在固定的时间,可以按照实际的情况进行随机性的展示,可以达到及时交流的效果。在展示中,不仅要有学生之间的交流学习,也要有教师的参与,教师可以在学生们交流时进行有意识地引导,并且最后进行总结和评价,引领学生做出下一步的规划和方向,真正确保学生在交流中有所收获。①

在黄浦区淮海中路小学的"做个好苗苗"主题式综合实践活动中,教师开发了"争章我能行"的综合活动,这个"章"包括"苗苗章"和"文明礼仪小使者章",其中"苗苗章"的争章标准是"坐如钟,站如松""上课积极举手发言、认真听讲""我会叠叠乐""我会理理齐"。"文明礼仪小使者章"的争章标准是"见到长辈问声好"和"与同学相处有礼貌",学生可以根据这个标准进行自评,然后老师对其进行评价,

---

① 刘美辰:《普通高中综合实践活动课程中的学生评价研究》,河南大学,2017年。

最后综合两者决定学生是否获得奖章。教师制作"我能行"表，张贴在教室中，展示孩子们获得的"苗苗章"和"文明礼仪小使者章"，以此来促进学生们之间的互相学习、交流，以及学生的自我反思。

四、引导学生撰写反思日志

综合实践活动的评价强调学生自觉投入活动过程、调动积极的智力和情感因素、分享和思考活动过程中的问题、主动审视自己的行为和表现，指导学生如实记录参与活动的具体情况，包括自己在综合实践活动中的感想、体悟，尤其应聚焦并描述记录成功后的经验或挫折后的教训。用这种写反思日记的方式促进学生积极进行自我反思，既简便易行，又能克服学生畏难的毛病。

黄浦区董家渡路第二小学的"民俗情艺——重阳节"主题活动，注重学生在活动过程中的自我反思。如在"登高赛"活动中，教师鼓励学生在参加中秋登高赛后，回顾比赛过程，写下自己的感受，学生们积极地针对自己比赛中的表现进行了深刻的反思，如有学生写道"今天我们学校组织了登高比赛，我和班级四个同学代表班级出战。比赛前半段，我们拼命往前跑，遥遥领先，但由于前半段用力过猛，跑完一半后，体力都快没了，就像乌龟一样往前挪，也就落后了。但是我们五人依然相互鼓励，手拉着手，往终点前进。跑到终点时，我们都气喘吁吁，满头大汗。虽然没有得到第一名，但我们收获了友谊，也懂得了团结的力量，我认为这也是一种胜利，是一种坚持到底，收获友谊的胜利。"教师也会针对学生的反思予以点评，给予学生及时的引导和反馈，帮助学生下一次改进。

创意 24　　"书画童缘"活动评价策略

一、活动评价表设计目的

根据市教委关于开展低年级主题式活动课程的要求，学校为更好地促进儿童从幼儿园到小学的平稳过渡，通过各类活动为儿童提供学习经历，引导儿童"做中学"，感受、体验与探索真实世界，满足好奇心和发展需求，为儿童的后继学习和终身发展奠定基础。

"书画童缘"主题综合活动,针对二年级学生零基础学习毛笔使用的情况,引导学生体会毛笔书画带来的不同感受。整个活动以文字为载体,学习用毛笔写字和画画,用书画结合的方法,体悟中国文化的魅力。在活动过程中,评价表的形式是让教师检验教学效果、了解学生对活动的兴趣和掌握毛笔的使用方法的情况的一个很有效的手段。

"书画童缘"评价表在整个课程的实施过程中贯穿始终。学生对照评价表通过自评、互评、师评、家长互动式评价等多种评价形式,复习知识点、掌握技能、提高兴趣、完成课程目标。

二、活动评价表简介

"书画童缘"表格由两张组成,其中一张为课程题目:包括课程概述和评价内容与细则,另一张学习单由有趣的象形字、互动留言、欢乐积攒点、我的作品组成。

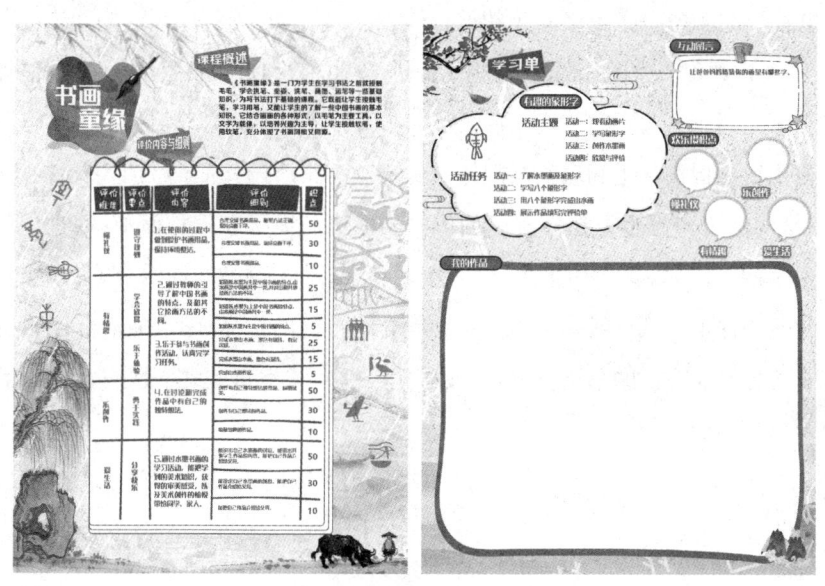

图 5-3 "书画童缘"表格

评价标准分成三级指标,一级指标是学校统一规定的(懂礼仪、有情趣、乐创作、爱生活);二级指标是根据学科特点制定的(遵守规则、学会欣赏、乐于体验、敢于实践、分享快乐);三级指标是根据本课程制定的具体条目。

一级指标有四类，每一类为50分，共200分。教师根据本课程特点的三级指标评价内容给每个评价内容提出了三个评价细则，分别给出每一个具体条目分值。学生通过评价，赢取积点，换取奖品。

学生评价后根据自己每一类所获得的分值在欢乐攒积点栏中贴上相应的积点，完成"书画童缘"评价全过程。

三、活动评价表操作简介

懂礼仪是指从小培养学生的学习习惯。学生学习新的内容，需要通过多次的练习才能逐步掌握。课前把一张图文并茂的评价表发

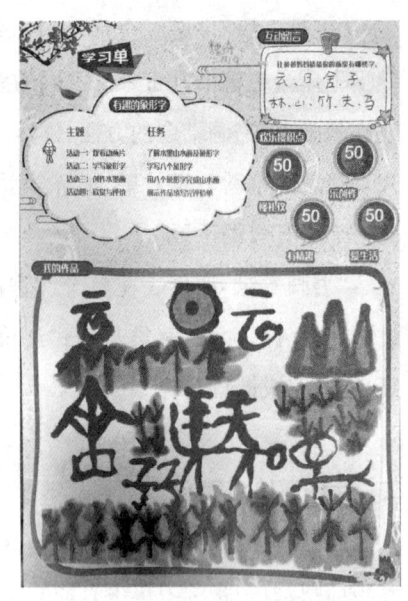

图 5-4　学习单示范

给学生，通过评价表中图片的演示、提示促进学生自查和自我反思，在每节课的评价和修正中，学生慢慢学会了执笔、蘸墨的方法，养成了课后整理学习用品的好习惯。

爱生活是指在学生和家长之间架起桥梁。一张绘画作品的诞生包括构思、创作、欣赏的过程。学生把在学校里创作的绘画作品展示在家长面前，通过让父母猜象形字的方法，跟家长积极地互动，家长猜字，学生讲解画面内容，完成家长对孩子作品的评价。低年级的学生特别喜欢介绍自己的作品，学生通过介绍再次欣赏了自己的作品，犹如"书读百遍，其义自见"一样，学生每欣赏一次自己的作品一定会看出不同的内容。

（上海市黄浦区董家渡路第二小学　沈涛）

第六章
保障主题式综合活动课程落地

主题式综合活动课程设计和实施具有较大的挑战性,教师需要变"单兵作战"为"协同作战",不同学科教师合作形成教师团队。学校可以通过开展校本培训和教研,引导教师自主学习和反思等途径,提升教师设计和实施主题式综合活动课程的能力,增强课程的实效性。此外,需要建立详细的评价指标体系,基于客观评价,寻找问题和对策,有效整合校内外资源,提供多方保障,不断优化和改进主题式综合实践活动。

第 25 问　如何组建有利于主题式综合活动课程设计与实施的教师团队？

我们的经验：主题式综合活动课程设计和实施具有较大的挑战性，教师需要变"单兵作战"为"协同作战"，成立由不同学科教师构成的教师团队，并且可以根据综合活动课程的主题聘请校外专家等作为兼职教师。教师团队形成后注重形成合作的教师文化，并且建立合作交流的平台保障教师团队的合作。

承担起学生的学习与发展的不是某一个教师，而是整个教师团队。[①] 因此学校要创新、组建多样态的主题式综合活动课程研究和实施团队，实现教师优势互补。各学校要通过专业引领、同伴互助、合作研究，积极开展以校为本的教研活动，及时分析、解决课程实施中遇到的问题，提高课程实施的有效性。

一、优势互补，成立多学科融合的教师团队

综合活动课程的主题选择要求面向学生完整的生活世界，引导学生从日常学习生活、社会生活或与大自然的接触中提出具有教育意义的活动主题。这些活动主题具有强大的包容性和整合性，涉及不同的学科领域，因此是一门具有开放性、综合性、实践性、富有挑战性的课程。而我国目前的师范教育一般是采用分科的机制培养教师，某一学科的教师对另一学科领域的知识可能并不熟悉，单一学科的教师可能无法胜任综合活动课程的设计与实施，因此不同学科教师之间的相互协作十分重要。教师之间必须跨越学科界限，从"单兵作战"到"团队协作"，教师群体共同完成教学任务。[②] 学校可以根据综合活动课程的主题由一名专门教师主要负责指导学生开展主题式活动，同时组建不同学科背景的教师团队，促进教师

[①] 钟启泉：《核心素养的"核心"在哪里》，《中国教育报》，2015 年第 7 期。
[②] 李剑：《小学综合实践活动课程资源开发策略》，《唐山师范学院学报》，2010 年第 4 期。

之间的优势互补,共同协作。各学科教师各自发挥专业优势,以更好地设计和实施主题式综合活动课程。

在每一个子目标任务的达成过程中,黄浦区卢湾二中心小学各学科教师发挥自己所长,一同为学生完成任务提供实施阶梯不同节点上的关键支持。如"寻找校园植物朋友"的环节由自然老师提前制作各种植物的卡片,引导学生自主识别校园里的各种植物,数学老师带领孩子们给校园里的植物朋友们编号,并将编号在植物地图上一一对应标记,最后制作校园植物地图;"观察校园植物朋友"的环节由自然老师教学生们观察和描述植物朋友区别于其他植物的显著特征,美术老师教学生们绘制自然笔记;"植物朋友乐趣多"的环节由美术老师带学生们创作树叶创意画,自然老师示范植物标本制作,数学老师分享利用方格纸估算植物叶片大小的窍门;"带植物朋友回'家'"的环节由道法老师组织学生认领班级的绿植,形成责任区绿植养护小分队,自然老师引导学生探究绿植的养护办法。学校教师们携手整合已有课程内容,设计情境化、故事化的实践活动任务,吸引学生积极主动参与,同时通过项目解构为每一个活动子任务提供实施阶梯,助力学生在综合活动中个性化地成长。

二、专兼职结合,组建校内外专业教师团队

主题综合活动课程是一门综合性很强的课程,一些综合活动课程的主题非常具有挑战性,有时候学校已有的教师可能无法胜任综合活动课程中某一部分的活动设计和实施,因此需要借助校外的师资力量。此时学校可以聘请校外的师资力量,如有关领域的专家学者、学生家长、博物馆的讲解员等等,作为学校主题式综合活动课程的兼职教师,组成校内外、专兼职结合的教师团队,逐渐壮大主题式综合活动课程的教师团队,共同对学生研究的课题进行指导,为学生提供全方位的帮助。

上海市七色花小学聘请了小不点大视界亲子微剧场负责戏剧教育的邵蓉老师参与到了学校低年级主题综合活动课程——戏剧社团课程中,和本校的教师组成主题式综合活动的教师团队,共同参与到低年级主题综合活动课程教学研讨中,一起研讨如何依据"我与社会"板块目标设置"戏剧课程"的目标与主要内容,如何体现课程的丰富性和适切性。

三、协同合作,形成教师团队内合作的文化

主题式综合活动课程的设计和实施需要教师团队间各个教师的协同合作,因此在教师团队间形成合作的文化尤其重要。合作的教师文化有以下特征:(1)自发,即合作关系的来源和维持主要依赖于教师本身;(2)自愿,即教师之间共同的价值观念源自于教师的过往经验、倾向或相互之间非强迫性的说服;(3)自主,教师自己建立起合作的任务和目标,教师应该有自己的主体性,而不是对他人的目标加以贯彻;(4)超越时空,在正规的抑或非正规的各种工作任务和日常生活中,都可以体现自然合作文化;(5)不可预测,即由教师判断并控制合作发展的目的、内容和过程,其结果是难以预测的。① 因此,学校要鼓励教师根据设计和实施主题式综合活动的需求自发地形成教师团队,团队自主确定合作的任务与目标,并且自发地维持群体的秩序,群体成员共享信息,在完成任务的过程中形成良好的合作关系。群成员之间相互影响,形成积极的教师文化,获得群体共同的发展。并且要注意,教师团体的个体之间没有主次之分,各成员应当关系平等,教师可以针对某一问题自由地发表观点,提出建议,而不是由少数的权威掌控整个群体的话语权,由此教师的个性和特长能够得到充分的发挥。分工是形成良好合作的前提,但重中之重是分工后的合作,合作强调共同的目标、共同的兴趣和利益以及平等的权利和义务。因此,教师团队成员间是为了同一个目标,共同行动,所有的团队成员共同参与每一个环节,最后达到单个教师无法达到的目标。

四、加强交流,建立教师团队合作平台

主题式综合活动课程需要不同的教师主体之间加强合作、交流与对话,因此建立教师间合作交流的平台,有利于促进教师之间更好地交流。可以借助网络平台,如成立微信群、开发专门的网站等,方便教师及时地进行交流和相互之间的学习,促进教师间更好地合作,以保障主题式综合活动课程的顺利实施,提升学生的素养。

为加强低年级主题式综合活动课程专题校本培训,上海师范大学附属卢湾实

---

① 张静:《基于教师文化的教师合作学习研究——以集体备课为例》,山东师范大学,2016年。

验小学以年级组(打破学科教研组界限,将各学科老师以年级组为单位)进行编组,建立微信工作群。除了分享关于低年级主题式综合活动课程的各类课程信息外,更重要的是通过使用课程微信工作群对课程实施进行过程监控与评价。每周五下午课程实施的时间段里,学校课程管理者通过课程微信工作群,及时了解到课程开展的情况。微信工作群的运用从根本上解决了课程管理者受限于时间、空间,难以兼顾众多课程的管理难题。并且通过微信工作群内分享的文字记录资料和影像资料,为工作群内其他执教课程的老师提供了延迟观课的可能。同时微信工作群是老师开展互动研讨的平台,老师们可以在微信工作群里分享观课感受,这种互动研讨形式从很大程度上改变了传统校本教研形式单一、收效甚微的问题或状况。

创意 25　教师跨学科合作　开展主题式综合活动

学生的学习活动离不开教师的参与,学习活动的效果与教师在活动中扮演的角色密切相关。在不同学科老师带领的博物馆课程中,我们可以观察到这样的现象:强调行为规范的带队老师,带领的学生在场馆参观时能够做到文明有序;主张学生多实践多见闻的带队老师,在参展中会不时停下脚步提醒学生们停下来仔细地观察某一个展品,在之后的班级活动中也会请学生分享自己的所见所闻和所得;又或者兴趣爱好广博的带队老师,在发现学生存在困难时,凭借丰厚的储备能够快速发现解决问题的关键点并提供创造性方法的指导……而在馆校合作项目中,常见不同特长、不同学科的教师共同合作完成一个项目的设计与实施。

借鉴馆校合作的经验做法,在学校"绿梦树"综合实践活动中,我们开始倡导教师开展跨学科交流合作,同时鼓励教师有自己的个性化教育主张。

一、基于共同的主题兴趣,形成跨学科研讨小组

教师研讨活动以往通常以学科组形式开展研讨活动。学校实施综合实践活动课程后,学校各学科的骨干教师、青年教师形成综合实践活动专项研究小组,针对同一感兴趣的主题开展研究。

在跨学科组的研讨活动中,尽管每位老师平时任教学科不同,但是他们基于共同的主题研究兴趣,发挥自己的学科特长却又不拘泥于自己的学科来鼓励学生全方位地发展,让学生有更开放的发展空间,助力学生未来的多元发展。于是,在学校主题综合实践活动设计时,同一个主题活动内容,前面是由自然老师设计,后面换成美术老师,又或者自然老师和美术老师共同参与,设计学生综合实践活动课程内容。

开放包容的学习心态、乐观合作的实践态度,这样的跨学科教师成为了学校综合实践活动课程实施的主力。

二、开展理论与实践研讨,发展教师的专业素养

什么是主题综合实践活动?怎样开展主题综合实践活动?……学校通过理论与实践的研讨活动,培养教师主题综合实践活动的设计与实施能力。

在理论上,组织教师学习国家和上海市出台的政策文件,并进行解读,提高教师对综合实践活动的课程认知和理解;在实践上,通过案例示范、教师实践经验分享、文本框架模板等多种方式对参与综合实践的教师进行课程培训,组织不同学科的教师针对同一综合实践活动主题进行交流和研讨,共同设计综合实践活动主题内容,提高教师综合实践活动课程的设计能力。此外,通过关键节点管理、评价、成果分享等管理手段推进综合实践活动课程的实施,保障教师开展综合实践活动的成效。

三、搭建多学科实施阶梯,提高活动的实施成效

为了吸引学生积极参与,并在活动中综合培养学生,教师携手整合已有课程内容,设计情境化、故事化的实践项目活动任务,同时通过项目解构为每一个活动子任务提供实施阶梯,助力学生在综合实践活动个性化成长。

在"我的校园植物朋友"主题综合实践活动中,数学、美术、自然、道法学科老师共同参与综合实践活动课程设计。老师们一致认为,对于一年级新生,校园植物不仅可以成为学生学习的课程资源,还能成为学生融入校园课程文化的突破口。经过多学科老师的头脑风暴,设定了"交一个校园植物朋友"的核心目标任

务,并围绕核心目标任务设计了"寻找校园植物朋友""观察校园植物朋友""植物朋友乐趣多""带植物朋友回'家'"4个子项目任务,并提出了多学科教师共同实施每一个项目任务的实施阶梯(图6-1)。

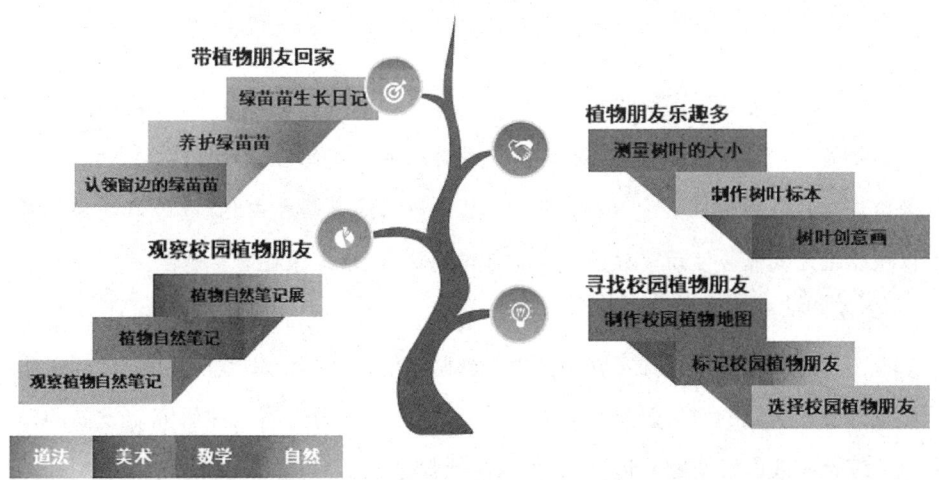

图6-1　多学科教师搭建实施阶梯

"寻找校园植物朋友"环节,由自然老师提前制作各种植物的卡片,引导学生自主识别校园里的各种植物,数学老师带领孩子们给校园里的植物朋友们编号,并将编号在植物地图上一一对应标记,最后制作校园植物地图;"观察校园植物朋友"环节由自然老师教学生们观察和描述植物朋友区别于其他植物的显著特征,美术老师教学生们绘制自然笔记;"植物朋友乐趣多"环节由美术老师带学生们创作树叶创意画,自然老师示范植物标本制作,数学老师分享利用方格纸估算植物叶片大小的窍门;"带植物朋友回'家'"环节由道法老师组织学生认领班级的绿植,形成责任区绿植养护小分队,自然老师引导学生探究绿植的养护办法。在项目中每位老师的学科专长得到发挥,每个学生总能找到自己喜欢的活动项目,有自己满意的活动成果。

(上海市黄浦区卢湾二中心小学　吴汉红)

第 26 问　如何提高教师设计与实施主题式综合活动课程的能力？

我们的经验：学校可以根据教师在实际中遇到的问题和需求，开展校本培训和校本教研，有针对性地促进教师设计和实施主题式综合活动课程能力的提升；教师自身可以加强自主学习和反思，加强对知识的巩固和内化；教师培训部门可以根据主题式综合活动课程的特点完善培训课程，增强课程的实效性。

主题式综合活动课程实施的主体是教师，教师水平高低、素质优劣，直接影响课程开发和实施的质量。每个教师应在课程开发方面扮演一种研究与发展的角色。综合实践课程要顺利进行，必须以尽快促进教师专业成长为前提。

一、围绕主题式综合活动课程开展校本培训

主题式综合活动课程具有实践性、生成性和开放性等特点，并且每一所学校都有自己独特的学校环境、教师特点、学生情况等，因此教师培训机构统一提供的培训可能并不完全能够满足学校当下的需求，需要校本培训来弥补这一缺陷。校本培训是指在教育行政部门、教师培训机构的规划指导下，由中小学校长组织领导，教师任职学校自主开展，紧密结合学校工作实践，以提高学校教学质量和办学效益、促进教师专业发展和职业修养为目的的教师在职培训形式。[①] 校本培训的内容源自于教师在亲身的教学实践中生成问题、解决问题，学校在开展综合活动课程中，要根据具体实践中遇到的问题，对教师开展有针对性的培训，如针对教师在设计和实施主题式课程中信息技术运用困难的情况，学校可以开展信息技术方面的教师培训。校本培训的方式应当是灵活多变的，不仅要有理论培训，还要有案例分析、课堂观摩等形式，多种形式共同促进教师设计与实施主题式综合活动

---

① 熊焰：《试论教师专业化与校本培训》，《课程·教材·教法》，2002 年第 7 期。

课程能力的提升。

上海市七色花小学建构"七色花小学教师课程领导力综合评价系统"操作平台,从专家评价、教师自评、教师他评、学生家长评四个层面,收集相关数据。在学期结束时,课题组开展了"教师课程领导力评价"系列论坛活动。其中,学校利用课程领导力评价系统,组织参与戏剧课程的教师撰写了课程概述,并请校外指导老师结合学校的课程领导力评价表,将自己在该课程开发与实施中体现品质课程关键元素的具体做法向全校教师进行介绍,详细阐述低年级小主综"戏剧课程"的建设思路。指导老师还通过视频,向全校老师展示了该课程丰富多彩的活动花絮。良好的课程评价有利于教师课程开发力和课程实施力的提升。在这种培训中,学校老师通过对戏剧课程的成果分享、评价反馈,以点带面,集思对策,形成了经验,拓展了教学思路。

二、基于主题式综合活动课程中的问题开展校本教研

除了校本培训以外,校本教研也是提高教师设计和实施主题式综合活动课程能力的重要方式。校本教研,就是为了改进学校的教育教学,提高学校的教育教学质量,从学校的实际出发,依托学校自身的资源优势和特色进行的教育教学研究。在校本教研中,教师以自己的教育教学活动为思考对象,对自己的决策、行为及由此产生的效果进行审视;以课题研究为切入点,成立课题组,自主研究、同伴互助,共同发现课程实施过程中的问题,并在交流、研讨中找到解决问题的方法,不断地研究和总结,提升设计与实施主题式综合活动课程的能力。

三、教师自我反思与自主学习相结合

教师在综合活动课程的设计和实施过程中,要针对遇到的问题和困难及时补缺补差,而不能完全依靠外界的培训。教师可以通过理论学习不断地深化自己对主题式综合活动课程的认识,丰富自己的课程原理知识、方法论知识和内容知识。

同时,教师在主题式综合活动的实施过程中要注重及时地自我反思,外界的知识传授或者教师自主的学习所获得的知识若想内化为可供教师使用的实践性知识,真正能够对教师在课程的设计与实施中起到指导作用,必须通过教师的亲

身实践和不断地反思来实现。教师可以尝试利用教学反思日记、教育叙事等方式,对课程实施进行反思,从而丰富其实践性知识的积累,从深层次上提高自身设计与实施主题式综合活动课程的能力。

四、根据主题式综合活动课程的特点完善教师培训课程

教师培训机构等单位提供给教师的培训课程也应当进行相应的改革。首先,培训要转变教师的观念。教师的信念、价值观和思想等对教师进行综合活动课程的设计和实施尤其重要,综合活动课程是国家义务教育和普通高中课程方案规定的必修课程,与学科课程并列设置,是基础教育课程体系的重要组成部分。但是因为其不与中、高考的成绩直接挂钩,所以很多教师并不认为它是一门正式课程,将它作为正式课程之余的"情绪调节课程",缺乏开展活动的动机,活动的目的不明确,缺乏计划性。[1] 教师培训部门可以通过经典案例展示、理论学习让教师真正了解到综合活动课程的实际价值与意义,转变教师的消极想法,提高教师的积极性。其次,培训应当关注教师的实际需求,以教师实际的课程设计和实施过程中所遇到的困难为出发点,对教师进行针对性的指导,而不是仅仅停留在对《中小学综合实践活动课程指导纲要》等政策文件的文本解读上,也不要仅仅传授教师主题式综合实践活动的相关理论知识,要切实地从教师的实际需求出发确定培训的内容和形式。并且,需要加强对教师专项技能的培训,如计算机信息技术、课件制作、各种模型制作以及活页资料的教法辅导等。最后,培训方式注重教师的亲身体验。在培训中,要让教师经常性地预测学生可能出现的问题及其处理方法,为教师设置真实的活动情景;让教师从不同的角度去审视有关活动的各种问题,对活动过程进行全方位的认识。[2]

创意 26 依托"戏剧课程",加强教师培训,提升课程质量

为了更好地提升教师设计与实施小主综课程的能力,我校以"戏剧课程"的开

---

[1] 田景正:《综合实践活动课程实施中的问题与策略》,《中国教育学刊》,2006 年第 6 期。
[2] 同上注。

发与实施为载体,进行教师课程开发能力、课程实施能力、课程评价能力的系统培训,保障我校低年级小主综课程的质量。

一、参与设计,深层次了解与把握戏剧课程的开发思路

我校将七色花低年级主题式综合活动与学校七彩校本课程统整融合,并从"我与自己""我与社会""我与自然"三个板块设置活动课程。其中,"戏剧课程"从属于我校低年级主题综合实践活动课程中的"我与社会"板块。这一板块的课程目标是以儿童社会关系为载体,强调遵守规则、乐于交往、爱国自信。通过多种活动引导学生以开放包容的心态,欣赏世界,发现生活中的乐趣,养成乐于交往的习惯,享受探究、合作、学习的快乐。依据课程目标,我校邀请具有丰富戏剧课程教育经验的小花老师参加到低年级小主综课程教学研讨中,和老师们一起研讨如何依据"我与社会"板块目标设置"戏剧课程"的目标与主要内容,如何体现课程的丰富性和适切性。

在多次的问题聚焦和思维碰撞中,老师们对小花老师的课程建设思路有了深层次的了解与把握。

小花老师指导一、二年级学生排练的第一个戏剧叫《埃米尔擒贼记》。这部剧改编自一部非常有名的同名儿童文学作品,也非常适合小朋友们的年纪。它的作者是曾获德国文学最高荣誉毕希纳奖、儿童文学最高荣誉安徒生奖的德国小说家埃里希·凯斯特纳。讲述了一个小男孩第一次离开家去往柏林看外婆,可是却在火车上遭遇了小偷。他跟随小偷下车后,在一群机智勇敢的少年的帮助下,最终抓获了小偷的故事。

有了现成的优秀小说作为剧本,而且连舞台的呈现也已经有了现成的模板,是否小花老师的戏剧课就让孩子们直接按照小说来排练,或者直接跟着舞台剧台本来表演就可以了呢?

答案是否定的。我校教师在与小花老师开展研讨后感受到,作为长期和艺术家工作在一起、了解他们创作的全部过程的人来说,小花老师想要在孩子身上培养的其实是更多的东西。她想要通过一个学期的戏剧课,用一种比较系统的方式,把艺术家们的创作方法和创作过程教给孩子们,让孩子经历一个作品从无到

有的全部过程。他们不仅仅是舞台上的表演者,他们还会参与剧本的创作、角色的定位、场景的设计、肢体和语言的表演,甚至还有配乐、制作演出服装、舞美制作等。

如何体现课程的丰富性,课程是否能满足学生的发展需求?如何体现课程的精致性,课程开发是否得当,是否与学生的学习与发展匹配?无疑,小花老师的戏剧课程开发思想与策略给大家带来很多启发。

二、浸润课堂,多维度获取"戏剧课程"实施有效路径

为了有效提升小主综课程的实施质量,我校安排小主综课程任课老师轮流担任助教,走进课堂,学习课程内容和实施路径。大家了解到戏剧课程的开展主要有以下三大路径:

1. 戏剧创作基本练习,通过大量的戏剧游戏帮助孩子们培养戏剧创作和表演的基本素养。每一个游戏的目的和指向性都有区分,例如专注力、倾听力、身体的控制力和协调性等。

2. 把戏剧创作的自由度最大限度地给孩子。例如让孩子们故事接龙,一人一句来编剧;例如让孩子们通过画画的方式来设定场景和细节;例如让孩子们分组,挑选一些孩子作为导演来带领整个团队排戏、反复修改台词;甚至可以开展设计服装、设计道具、设计舞美装置、配乐等相关课程。

3. 通过游戏的方式来排练,互相给予意见和反馈。

各科老师与小花老师一起研究戏剧课程的教学计划,研究如何根据我校小主综课程调整方案,开展跨学科创意教学活动。小花老师整合学科教学要求,采用英国戏剧教育经典方法"专家的面纱"(Mantle of the Expert)的方法,让小学生们化身为"园林专家",并让教师入戏成为"园林局主管""园林设计公司同事"等角色,带领孩子们最终完成"设计一座智能化的新公园"这样的戏剧项目任务,并做了方案汇报。在这个戏剧课程学习过程中,孩子们有机会学习和运用自然课、数学课、英语课所学的知识,更通过"实践"的方式,培养了孩子们团队合作、沟通表达、运用创意的能力。

三、开展论坛,多层面辐射"戏剧课程"建设经验

为了更好地提升教师课程领导力,我校开展了市级课题《七色花小学教师课程领导力研究》,在形成评价指标体系的基础上,我校与软件公司反复协商沟通,建构"七色花小学教师课程领导力综合评价系统"操作平台,从专家评价、教师自评、教师他评、学生家长评四个层面,收集相关数据,以雷达图的形式展现学校课程的发展状况,使评价系统更具操作性,评价数据更具可视化。

在学期结束时,课题组开展了"教师课程领导力评价"系列论坛活动。其中,我校利用课程领导力评价系统,组织参与戏剧课程的教师撰写了课程概述,并请小花老师结合我校课程领导力评价指标,将自己在该课程开发与实施中体现品质课程关键元素的具体做法向全校教师进行介绍,详细阐述低年级小主综"戏剧课程"的建设思路。小花老师还通过视频,向全校教师展示了该课程丰富多彩的活动花絮。

良好的课程评价有利于教师课程开发力和课程实施力的提升。在此次培训中,大家通过对戏剧课程的成果分享、评价反馈,以点带面,集思对策,形成了经验,拓展了教学思路。

(上海市七色花小学　蒋美芳、费妮娜)

第 27 问 如何评估主题式综合活动课程的实施成效？

我们的经验：对活动和课程主题实施成效的评估有利于对课程的进一步改进。评估活动和课程主题的成效主要采取主观感受法，可以比较具体地反映实际成效；并且建立详细的指标体系，学生和教师可以根据这个指标体系评估自己在课程中收获与否，师生、生生、师师之间应当互相对成效予以评估，此外，家长、社会机构等的评估也可以作为重要的参考意见。

一、多途径调研，关注师生的主观感受

要评估活动和课程主题的实施成效，主观感受调查法是有效的方式之一，因为综合活动课程是一门实践性很强的课程，倡导学生在自身生活或社会生活中发现问题，在教师的引导下，在尝试解决问题的过程中获得经验、能力和情感体验。每个人发现和研究的问题不同，获得的经验、能力和情感体验也各不相同。这种内在的体验和收获正是综合活动所追求的，是很难用对照实验、测验等方式测评出来的。[①] 因此可以通过问卷、访谈等对教师和学生的主观感受进行调查，来评估综合活动课程的实施成效，如可以询问教师和学生在主题式综合活动中有哪些收获，认为综合活动课程有哪些方面需要进行调整、综合活动的方案有哪些优缺点，有哪些活动不合适等。

二、建立评估指标体系，注重过程性评价

主题式综合活动的评价注重过程性评价，倡导寓评价于活动过程之中，因此评价需要贯穿主题式综合活动课程评价的全过程。广义的综合活动课程实施效果包括课程实施的环境、课程实施的过程以及课程实施的效果。其中课程实施的

---

① 冯新瑞：《综合实践活动课程实施效果的调查研究》，《教育科学研究》，2013 年第 1 期。

环境包括对课程的认识与支持、课程规划与管理、师资建设以及安全保障；课程实施过程包括课程开设情况、教师指导情况、资源开发和利用情况以及评价情况；课程实施效果包括学生综合素质发展、教师专业成长以及学校发展。① 狭义的课程实施效果主要包括学生综合素质发展、教师专业成长以及学校发展三个方面。学生综合素质的发展主要包括价值体认、责任担当、问题解决和创意物化，其中不同的学段具体的标准不同，可以参考《中小学综合实践活动课程指导纲要》中的具体内容。教师专业成长包括专业情意、专业技能和专业知识。其中专业情意主要指教师对综合活动课程的理解和把握程度，可以根据以下几个指标进行判断：一是教师是否改变原有的"学科本位"的意识；二是教师是否尊重学生的主体地位，把课程活动建立在学生生活经验、发展需要、兴趣与爱好基础之上；三是教师是否有敏锐的活动生成意识和资源开发意识；四是教师是否能够适当地运用多种评价方法和手段，激发学生深入探究的欲望。② 专业技能包括教师对综合活动的指导能力和水平，教师对学生活动的组织、管理、协调和应变能力，教师的课程开发与指导能力，以及教师自身的再学习和教育科研创新的能力。专业知识主要考察教师是否掌握科学的研究方法，是否具有开展相应主题式综合活动课程的知识。学校发展主要包括学科课程和学校面貌两个方面。

上外-黄浦外国语小学在"小海豚"主题式综合活动课程的教学中关注活动课程实施的效果，主要从三个指标考察课程的实施效果，包括学生成长、教师发展和教学满意度。学生成长的二级指标为掌握课程基本知识与技能、学生发展状态体现"小海豚"课程培养目标；教师发展的二级指标为教师课程专业技能提升，教师课程开发能力、研究能力提升，教师对课程反思意识提升，不断修正改进；教学满意度的二级指标为教师对学校给予课程支持的满意度高。"小海豚"主题式综合活动课程同时关注活动总体实施的效果，活动的效果主要从学生发展、教师发展和满意度三个方面考察。学生发展维度的二级指标为学生的参与感受、活动收获，学生的能力得到发展；教师发展维度的二级指标为教师的活动设计能力提升，

---

① 冯新瑞：《综合实践活动课程实施效果的调查研究》，《教育科学研究》，2013 年第 1 期。
② 张光富：《综合实践活动课程常态化实施研究》，西南大学，2008 年。

教师对活动过程的指导能力提升，教师的反思能力提升，不断修正改进；满意度维度的二级指标为教师对学校给予活动支持的满意度高。（详见创意27）

三、多元评价主体

（一）学生和教师的自我评价

自我评价法是指教师或者学生参考主题式综合活动课程实施成效的评价指标体系，回忆和反思自己在参与活动时的感受经验，并将其书写出来。每个人获得的经验、能力和情感体验也各不相同，并且只有自己最清楚，因此教师和学生的自我评价必不可少，可以厘清自己在活动中的收获，反思自己在活动中的进步与不足。

（二）师生、生生、师师互评

有时学生或者教师并不能意识到自己在主题式综合活动课程后的变化，而师生作为活动中的共同参与者，对彼此的变化也十分了解，因此学生之间的互评、教师与教师之间的互评、以及师生之间的互评都十分重要，有助于厘清主题式综合活动课程的成效。学生互评可采用表格式将所评定的事项标准和具体内容预先制表，由学生互相评议，也可采用小组讨论式将学生分为若干小组，民主自由地对小组成员发表自己的看法，再由小组长将评议的结果记录下来。师生互评可以参考评价的指标，由教师对学生在活动中的变化进行评价，学生对教师在活动中的指导、管理等进行评价，获得更加全面的信息。教师团队的成员间也可以互相评价，以发现各自在活动实施中的不足和进步。

（三）他人评价

他人评价法可以弥补评价仅仅局限于教师和学生之间的缺点，如可以借助学生家长对自己孩子在家庭中各种活动表现的评议，以及社会各教育机构，如青少年宫辅导站、博物馆、社区等的相关教育人员对学生的评议全面综合地考察学生的活动情况。此外，上级教育部门对下属学校的评价，教研部门、学生家长对教师的评价、社会舆论对学校的评价都属于他人评价，这使综合活动课程的评价尽可能地客观化和真实化。[①]

---

① 文可义：《综合实践活动课程的评价研究》，《广西教育学院学报》，2001年第1期。

创意 27　基于目标，关注特性，设计多维评价

一、分析课程目标与内容特性

《上海市小学低年级主题式综合活动课程指导纲要（征求意见稿）》提出，小学低年级主题式综合活动课程旨在引领儿童认识并发展自我，参与并融入社会，亲近并探索自然，初步形成对自我、社会和自然的整体认识。从"我与自己""我与社会""我与自然"三个维度确立课程目标。根据纲要精神、结合儿童实际需求和学校"健康、自信、好学、明达"的培养目标，我校定制的"小海豚"主题式综合活动课程目标如下：

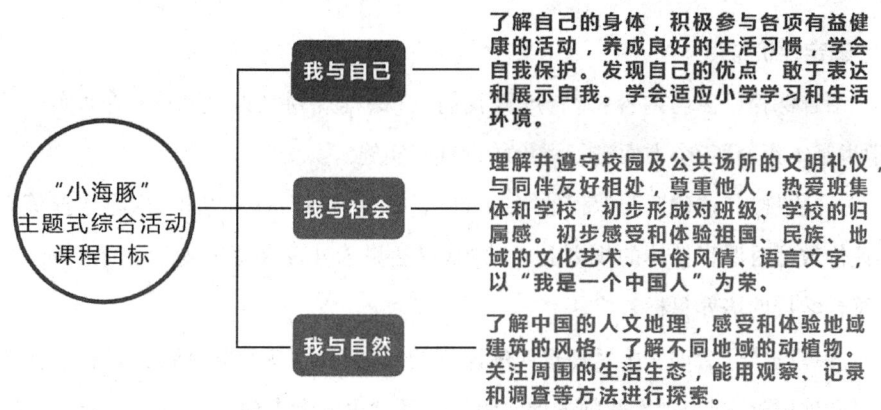

图 6-2　"小海豚"主题式综合活动课程目标体系

"小海豚"课程中"我与自己""我与社会""我与自然"三大维度下包含"我运动我快乐""我行我能行""阿拉上海人""健康生活乐淘淘"等 12 个主题，每个主题下匹配了相应的活动内容，例如"我是小学生""运动小健将""校园礼仪""我们的水资源"等 44 个活动项目。

通过观察与分析，可以发现学校"小海豚"课程目标与内容特性主要有：

（一）具有创造性——课程的目标既落实了国家培养目标，又体现了校本化的表达和诠释，活动内容几乎都来源于教师的原创课程。因此在评价时要注重多维度与多元，包括课程规划、课堂活动的实施以及学生的能力素养等方面。

（二）综合性强——课程活动内容并非针对单一学科，既有跨学科也有跨课程，对于执教教师而言有一定挑战性。因此评价时可从课程内容的选择、教学过程的实施以及活动的效果等角度开展观察与评价。

（三）实践性强——"小海豚"课程涵盖"我与自己""我与社会""我与自然"三个维度，课程活动内容皆以学生喜爱的、可实践操作、有显性成果的内容为载体，以小项目形式开展教学。因此课程效果可通过学生的课堂及课后表现进行评定，其结果也反映了学生基本素养的形成情况，这也是在课程评价中不可或缺的一个方面。

分析课程目标与内容特性为后续确定评价维度、制定评价工具及实施评价要点起到了非常重要的指标性作用。

二、确定评价维度

结合课程目标与内容特性分析，我们从"课程规划""课堂教学（活动实施）""学生基本素养"三个方面进行评价的设计与实施。

"课程规划"评价匹配课程的"创造性"，从目标设计、课程结构、内容选择等方面评价教师对课程总体的规划是否清晰，是否贴合小学主题式综合活动特征，是否符合学校的培养目标。

"课堂教学（活动实施）"评价匹配课程的"综合性"，从教学（活动）过程及实施效果开展评价，同步观察教师的课堂组织以及学生课堂表现。

"学生基本素养"评价匹配课程的"实践性"，以学生为评价主体，通过观察学生的行为表现、学习成果、互动反馈等方面来评价学生在不同维度的发展情况，其也是课程规划及课堂教学实施的效果反馈。

三、制定评价工具

依据"小海豚"主题式综合活动课程目标及活动内容，课程评价工具的制定关注到了学生基本素养与身心成长的同步发展，同时还兼顾教师的实际操作。具体设计如下：

"课程规划"的评价划分了"目标设计、课程结构、内容选择、反思改进"四项一级指标,下属有"符合学生年龄特点、结构设计、学时设置、维度凸显、资源利用"等二级指标,每项指标后还设置了对应的评价要点,例如"对课程的目标、内容、过程、评价有完整设计""校内外资源的开发与利用""教师在课程规划方面有反思意识,并有不断修正改进的具体行动"等。

对于"课堂教学"的评价,设置了"教学目标、教学过程、实施效果"等指标,凸显了教学组织的观察与分析,例如"学生参与程度高,课堂气氛民主、融洽,体现师生互动,学生兴趣高""教学方式的多样性与适切性,教学策略选择与运用恰当,学生经历和体验学习过程与方法,积累思想感悟";对于活动实施评价设置了"活动设计、活动过程、活动效果"等指标,关注到了组织形式多样化、综合化,过程指导有效性、切合性等,例如"活动组织超越单一学科型态,体现综合性、跨课程特点""活动导向活动目标的有效指导,切合学生实际"。

"学生基本素养"的评价中,包含了"健康的身心""对中华民族优秀文化感到自豪""多领域积极主动学习"等10项指标,并与相应的评价要点共同构成了评价体系。例如在"1 我与自己"维度中,包含"1-4 明白事理,知错就改"指标,其对应了"1-4.1 做事不混乱;在进行道德判断时不颠倒黑白""1-4.2 面对错误不将错就错、有错不改"两项具体的评价点。

四、确立评价实施要点

(一) 导向发展,注重激励

评价前期要引导被评价者了解、判断自己在课程规划、课程实施和学校目标之间的"距离",特别关注学生、教师以及学校课程发展的需要,激发学生、教师、学校和课程的内在发展动力,促使其不断进步完善。

(二) 多元主体,共同参与

评价主体不是一元的、单向的,而是多元主体共同参与的多维度评价,包括参与课程开发的、来自学校内部与外部的所有相关人员。外部人员主要是上级教育主管部门、课程专家以及学生家长代表、社区代表等。内部人员包括学校的管理人员、教师和学生。

(三) 一以贯之,循序渐进

过程中要对课程的各个环节进行及时的诊断和预估,这些环节每一步都需要评价来进行修改和完善。要注意在课程发展的不同阶段选择"适切"的评价尺度,循序渐进,充分发挥评价的发展功能,避免评价结果对教师产生消极影响。

(上外-黄浦外国语小学　奚悦)

第 28 问 如何优化和改进主题式综合活动课程？

我们的经验：主题式综合活动课程需要基于评价的反馈不断地优化和改进。优化和改进的步骤为感知和分析主题式综合活动课程实施中的问题、确立主题式综合活动课程改进和优化的目标、寻找主题式综合活动课程改进和优化的对策、实施改进后的主题式综合活动课程和开展新一轮评价。这个过程是螺旋式上升的，并且在优化中要兼顾校长、教师、学生、家长、专家学者、原有的课程方案和政策文本等要素。

一、主题式综合活动课程改进中的各要素

主题式综合活动课程的完善作为一个系统的运作过程，其中必然涉及到多重要素，主要包括校长、教师和学生、家长、原有的课程方案、政策文本等。

（一）校长

校长是学校的领导者，校长的课程理念、价值观念，以及对学校主题式综合活动课程完善的理解、期望，主导着学校主题式综合活动课程优化和改进的方向、形式等。除此之外，主题式综合活动课程的优化需要多主体的参与，在这个过程中校长需要具备相应的领导素质，包括与学校外的专家学者、家长的协调和合作能力；与学校的教师进行不断对话和鼓励合作的能力，必要时要体现运用权力而不至强加于人的艺术；必须具有同情心，有开放意识。

（二）教师

教师是主题式综合活动课程优化和改进的主要参与者，教师的态度、能力、期望对课程的改进是否可以顺利启动以及课程的质量有重要的影响。同时，教师是主题式综合活动课程的实施者，对课程在实践中遇到的阻碍和需要解决的问题有最直观的感受，教师关于课程的反馈对课程的完善有重要的参考价值。

（三）学生

学生作为主题式综合活动课程的实施对象，是课程改进中不可或缺的要素。

学生主要通过两种方式对主题式综合实践活动课程的改进产生作用,一是学生适当参与有关课程完善的决策。学生参与课程改进的决策,有利于课程更多地反映学生的需求,便于新课程方案的推行。二是通过学生反馈数据的收集确定课程完善的方向。分析现有的主题式综合活动课程下的学生的认知水平、情感、技能水平等特征,感知学生的需求,有利于确定课程改进的方向。

(四) 专家学者、社区、家长等校外人员

专家学者、社区相关人员、家长虽然是学校外的人员,但也是主题式综合活动课程改进过程中不可或缺的要素之一,由于主题式综合活动课程非常具有挑战性,学校的校长和教师的水平毕竟有限,需要时常借助于外部力量的帮助以便形成科学的课程方案等,而这个外部力量通常是专家学者。这些专家学者包括高校的课程理论或相关学科的专家、教研员等,他们对课程完善的作用主要表现为为主题式活动课程的完善提供建议、帮助等。家长对子女学习的关注度和期望使家长成为学校主题式综合活动课程改进中的重要要素,家长的参与对课程的改进至关重要。

(五) 原有的主题式综合活动课程方案

原有的主题式综合活动课程方案是进行优化和改进的基础,要对原有的课程设计方案进行深入的分析,继承其长处,改进其短处。

(六) 国家和地方的政策文本

目前国家层面有关主题式综合活动课程的政策文本主要是《中小学综合实践活动课程指导纲要》。地方也有相应的政策文本,如上海市的《上海市小学低年级主题式综合活动课程指导纲要(征求意见稿)》,主题式综合活动课程的优化和改进应当符合这些政策文件的精神和要求。

二、优化和改进主题式综合活动课程的路径

路易斯(A. J. Lewis)和米尔(A. Miel)在哈夫洛克(R. G. Havelock)问题解决模式的基础上作出进一步改进,提出校本课程开发程序问题解决式的开发模式,其基本程序可以简单概括为:感知问题——分析问题——确立目标——寻找解决途径——找到解决对策——采用或现编现成课程或新编——开始使用——评

价——继续采用。① 主题式综合活动课程的完善是基于课程实施中出现的问题对课程进行完善,其实质也是解决课程中的问题,所以此处借鉴路易斯和米尔的问题解决式的开发模式作为完善主题式综合活动课程的模式。

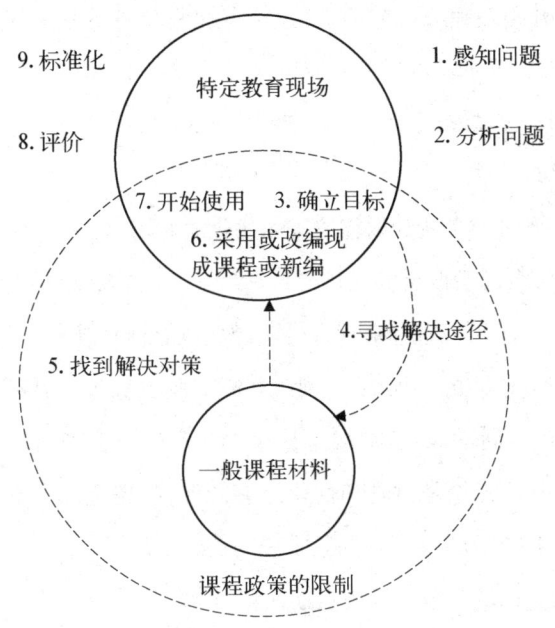

图6-3 特定教育现场课程开发的问题解决模式

(一) 感知和分析主题式综合活动课程实施中的问题

问题的感知来自于学校在开展主题式综合活动课程中的评价。在主题式综合活动课程中,强调评价要贯穿全过程,突出评价的发展导向,及时获得活动实施过程的反馈,以改进后续的活动。在主题式综合活动课程的实施过程中,学校要及时根据评价的结果来感知课程实施中存在的问题。发现和感知了问题之后,学校要主动地分析问题,全方位地分析问题出现的原因,有时可能会同时出现几个问题,需要根据优先次序作出选择,一旦确定了问题,学校就收集数据并对问题进行诊断。教师在其中参与数据的收集和解释,可以增加他们对诊断结果的接受程度,并且由此会产生解决问题的计划,这便形成了课程改进的初步想法。

---

① 转引自:Saylor, J. G. et al. Curriculum planning for better teaching and learning (4th). New York: Holt, Rinehart and Winston, 1981: 93-96。

（二）确立主题式综合活动课程改进和优化的目标

改进目标是在对问题的感知和分析的基础上确立的。目标的确立十分重要，对主题式综合活动课程的改进具有重要的引导作用。但是主题式综合活动课程改进目标的确立并不是随心所欲的，需要符合课程政策的基本理念与要求，如符合《中小学综合实践活动课程指导纲要》、义务教育课程标准、高中课程标准等的理念和要求。同时，主题式综合活动改进和优化的目标也要依学校的基本情况而定，切不可脱离实际。

（三）寻找主题式综合活动课程改进和优化的对策

确定主题式综合活动改进和优化的目标后，学校要积极寻找改进和优化的途径和对策，一方面学校可以选择对现有的主题式综合活动课程进行一定程度的改编，以使它更加符合学生的需求，更有利于实现课程目标等。另一方面，学校可以放弃原有主题式综合活动课程，抑或是只采取一小部分合理的内容，开发新的主题式综合活动课程。无论是改进和优化原有的课程，还是开发新的课程，都需要符合相关政策文件的要求，并紧密联系学校的实际情况。

（四）实施改进后的主题式综合活动课程

对主题式综合活动课程进行优化或者新开发后，学校要对其进行试点测试，看看新的课程是否解决了实际中的问题，并根据测试结果对其进行适当的调整，随后推广至整个学校。

（五）开展新一轮评价

评价机制主要指优化和改进后的主题式综合活动课程落实到实践后，开展对课程落实情况新一轮的评价，了解其在实际中取得的成果如何、遇到了哪些问题以及出现这些问题的原因等，以发现主题式综合活动课程的设计和实施过程中的需要改进之处，为课程的完善提供反馈，引导其优化和改进的方向。

课程优化和改进之初，形成性评价就通过一个系统的数据反馈过程开始。这些数据用于监控程序，并为课程的适当修改提供依据。在经过一个稳定的和一致同意的阶段后，学校开设收集数据进行总结性评价。如果新的课程的确有助于问题的解决，则其将成为标准操作程序的一部分。

创意 28　建工作群"直播课堂"　驻云端"动态管理"

在制定小学低年级主题式综合活动课程方案过程中,学校不仅科学研发课程目标与教学内容,还充分关注到课程实施与管理保障。为此学校成立了课程项目试点工作领导小组,由校长、分管教学副校长领衔,学校课程师训部负责人作为组员,定期召开课程管理例会,为推进课程开展深入研讨,旨在使低年级主题式综合活动课程实施规范化、科学化,将主题开发、内容实施、管理与评价、课务统筹、师资安排等环节落到实处,把控好课程质量。

如何让执教课程的老师们充分认识低年级主题式综合活动课程的价值,把握课程特点,掌握课程教学方法,尽快地胜任工作?如何在课程实施的过程中进行有效的干预或客观的评价,以达到优化课程管理的目的?学校尝试运用了建立微信工作群的方法在课程实施的过程中进行科学干预、客观评价,达到了预期的优化课程管理的目的。

在低年级主题式综合活动课程实施的起步阶段,执教老师往往因缺乏组织学生实践活动的相关经验(情景表演、绘画、制作、小实验),也缺少相应的学科知识储备,从而造成课程实施质量不高的情况。

在课程实施过程中配备助教进班参与协助管理,对于指导学生开展小组合作学习、体验各项动手实践类教学活动,都有很好的辅助作用。通过建立微信课程工作群,助教用直播课堂、在线互动的方式建起了课程管理者和课程实施者之间沟通的桥梁。"直播课堂"更直观、更生动地还原了师生在课堂内的状态,这样的平台可供彼此对话、探讨。另一方面,课程管理者在课程实施的过程中给予关注和指导,过程性的管理优于给课程实施下定性定量的结论式评价。

一、设计观察量表——保障路径可视化

周五下午的"低年级主题式综合活动课程"时间,助教张老师拿着她的手机准时出现在二(6)班应老师的课堂。这堂课应老师执教的是"放大镜中的世界"这一主题的第三课时"放大镜下的微观世界"。课前,应老师已向张老师主动提供了这

一课的教学设计。张老师和她沟通了本周上课的内容后,收集整理教案,并提炼出教学环节。

在课的准备阶段,助教张老师对"课堂观察评价量表"需采集的基础内容进行梳理,将"课程名称""上课时间""上课班级""教学用具准备""教学目标"等一系列课程实施概况传到了"低年级主题式综合活动课程的校内工作群"(见图6-4)。每次课程实施前,助教公布课程实施基本情况,有助群内所有执教老师熟悉课程目标与内容,督促教师进行跨学科知识储备及课程组织的规划。通过安排助教进班参与管理、记录观察,在一定程度上能推进和提高课程实施的水准。

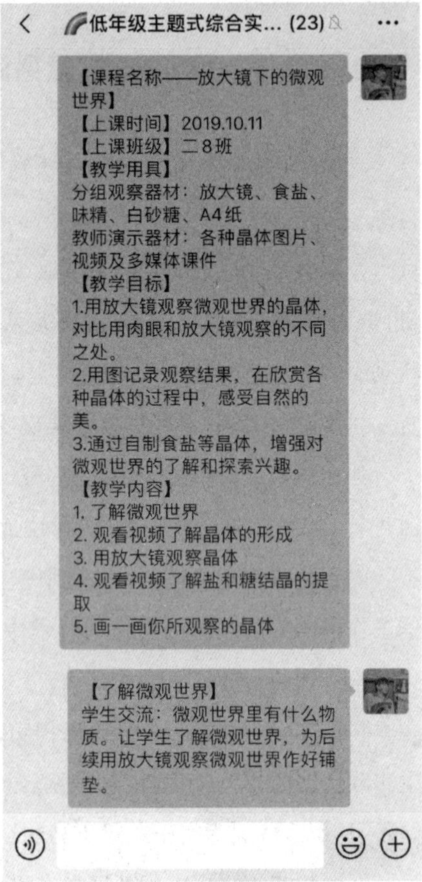

二、图文记录——保障过程动态化

讲台前,应老师正一步步地展开教学。教室内,助教张老师根据教学的主要环节拿起了相机进行拍摄记录:她时而躬身倾听学生们的发言,在手机上迅速输入摘录提要;时而走到学生们中间,对学生进行点拨与激励,抓拍小组合作的情况以及学生们个体的操作。

图6-4 主题式综合活动课程校内工作群中,课前助教发布的课程实施概况

这堂课的教学活动形式多样:提供文本让学生开展阅读,引导小组进行合作观察,配合讲解内容观看相关视频资源等。助教张老师随着教学活动的开展,有意识地抓住关键,用手机及时拍摄和记录课堂教学过程、学生的学习参与以及师生互动情况,做着动态记录,通过微信工作群进行着"课程直播"(见图6-5)。

助教协助上课教师引导学生,并用镜头、用微视频采集现场教学素材,对课程实践者而言,有益于增强课程实施的信心。

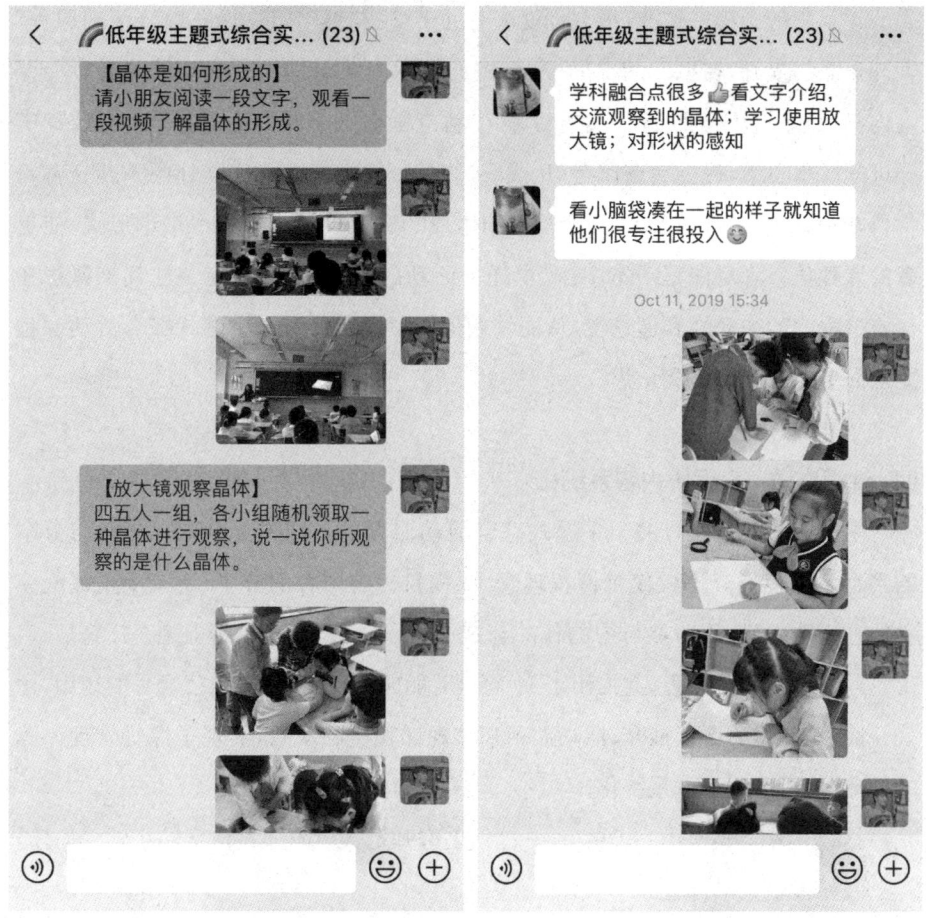

图6-5 微信群的"课程直播"记录课程实施　　图6-6 借微信工作群提升课程管理效能

三、微信直播——保障管理效能化

教室外,手机工作群的另一端,学校课程项目试点工作领导小组成员也正通过这个工作群关注着课程的实施。看到学生们饶有兴致地参与课堂互动,小组合作也开展得有条不紊。更令人欣喜的是这堂课的教学活动有了"学科融合"的创新设计。课程管理团队写下了即时感言:"学科融合点很多、很好:看文字介绍、交流观察、学习使用放大镜、对形状的感知、动手画"。从直播的画面和文字记录可以了解到,这堂课中的师生互动、学生的个体学习及合作学习都体现得很充分,课程管理团队也及时给予了肯定(见图6-6)。

建立微信课程工作群，很大程度上有助于学校"低年级主题式综合活动课程"管理效能的提升，在更广的空间中、更短的时间内让管理者观察到了执教者在课堂内实际开展教学的情况。实施后，多学科老师在微信群中从不同维度对课程实施进行反思总结、提炼实施策略、达成改进建议，教师们在分享互补中不断完善跨学科知识，促发教师实践性教学智慧的生成。这不仅创新了校本培训形式，使更多的课程执教者对课程中本主题、本任务活动的教学了然，还能关注到该课程在实施过程中的关联性和递进性，从而使老师们形成对低年级主题式综合活动课程更全面更深入的理解和认识。

四、课程推送——保障内容系统化

学校的微信公众号关于主题式综合活动课程的系列推介是课程展示与分享的平台。课程推介不仅仅是课程理念、课程目标与内容的分享，更有学生课程体验的过程性内容、活动参与中的作品与成果展示。疫情期间，学校在"云端"开启了主题式综合活动课程，共推出了100多期"丽园小课堂"。微信公众号的运用，用公开性、显性化的课程推介、活动展示来体现课程实施成效，实现了课程管理保障的闭环，使得课程保障系统化。

（上海师范大学附属卢湾实验小学　周珏）

第 29 问 主题式综合活动课程如何开发、利用好校内课程资源？

我们的经验：学校内有丰富的资源可为主题式综合活动课程所利用，设计和开展主题式综合活动课程时，应当关注学校的环境，并从学科课程和校本课程中挖掘可供利用的资源，同时不要忽视教师本身就是重要的课程资源之一，要充分利用不同教师的优势和长处。

学校内的课程资源包括学校内的图书室、运动场、实验室、广播站、板报等各种教育场所；书报杂志、录音带、录像带、光盘等各种教育材料；师生关系、干群关系、员工素质等各种教育因素。[①]

一、关注学校环境资源，发挥环境育人功能

综合实践活动强调从学生的真实生活和发展需要出发，从生活情境中发现问题，转化为活动主题。学生在学校中度过大部分的时间，校园这一独特的环境，正是进行教育活动的重要场所，它积淀着历史、传统、文化和社会的价值，有潜在而巨大的教育功效，因此挖掘学校资源首先是引导学生关注校园环境，学校环境是教育环境之一。学校的环境包含物质环境和精神环境。物质环境是指学校的硬件建设，包括教室、实验室、运动场等建筑物的设置，道路的建设，校容校貌，自然物等。精神环境包括校园内的人际关系、校风学风、管理思想、办学理念等。我们可以从这两个方面来设计、规划综合活动课题。校园环境作为教育可控制因子，正确地认识和把握好，并以高瞻远瞩的眼光看待它，对青少年成长有着至关重要的作用。综合活动课程通过引导学生关注自己学习的校园环境不仅可以实现其课程价值，还可以培养学生的主人翁精神和对他人、对集体的责任感，从而促进学

---

① 范蔚：《实施综合实践活动对课程资源的开发利用》，《教育科学研究》，2002 年第 3 期。

生的健康人格的形成。①

上海师范专科学校附属小学基于学校环境优美、绿化覆盖率高、树木花草种类较多的特点,在进行主题式综合活动课程整体设计时,学校设想将环境植入课程,以其隐性文化的特有元素,与学校课程、学生活动相融合,为学生提供开放学习、生活实践、体验快乐的场所。因此,围绕"季节里的童话"这一主题,我们设计了"种子宝宝发芽记""亲亲我的校园""金秋拾穗"等活动。在开放的活动环境中,通过一系列实践活动为学生提供个性化表达的媒介并强化学生的整体感知。如同围绕"季节里的童话"这一主题,学校设计了面向二年级学生的"你好,树先生"主题式综合活动。根据维度目标以及本次活动目标,针对活动对象为二年级学生的情况,我们选择、拟定了三项任务内容:① 到校园中去,和树先生打个招呼,观察树先生,发现它们的不同之处;② 尝试借助不同的工具进一步观察细节;③ 思考如何表现自己所观察到的细节,选择合适的艺术形式呈现。教师带领学生走出教室,来到校园中。请小朋友说说自己认识哪些树,如何和树先生打招呼。香樟树、梧桐树、桂树……校园里常见的树种,让学生产生了兴趣。教师鼓励学生在情境中尝试体验,初步学习如何观察。和一年级综合活动目标设置相比,二年级综合实践活动在直观的基础上更侧重于激发学生的发散性思考,也为后续学生的创意表达提供基础。

二、突破学科界限,拓展学科课程资源

在开发和利用课程资源的过程中,我们应注意打破学科之间的界限,强化学科资源的整合与利用,提高课程资源利用率。② 同时由于综合活动课程没有专任教师,课程主要由其他学科的教师兼任,学科教师身兼多职会使他们力不从心,因此要将综合活动课程与学科活动进行有机地整合,从学科课程中开发综合活动的资源,让学科活动承载综合活动的使命,从而产生一举多得的功效。

董家渡路第二小学的自然课上,学生学习了植物由 6 个部分组成。课堂上老

---

① 张光富:《综合实践活动课程常态化实施研究》,西南大学,2008 年。
② 叶蕾:《小学综合实践活动课程资源开发的意义与途径》,《现代教育科学》,2011 年第 4 期。

师带领着一年级小朋友在校门口实地观察，找一找校门顶棚上的紫藤的6个部分在哪里。在自然课上创设情景，从观察植物的6部分开始，循循引导学生观察紫藤，再引发学生猜测紫藤的叶在秋冬季节会发生什么变化，逐渐引出"季节变化"这个主题，开发了"寻找季节的变化"主题式综合活动课程。紫藤的叶只是季节变化的观察点之一，老师抛出主题后让学生集思广益，讨论更多的观察点。由于学生的年龄特征，他们能设想到的观测点多是各种动植物的变化，之后老师将及时补充其他观测点，使得观察的内容丰富多彩，且更贴近学生的生活。

三、利用校本课程资源，突出学校特色

校本课程是以学校为本位、由学校自己确定的课程，它与国家课程、地方课程相对应。校本课程内容的选择和开发主要是基于学校的办学理念和学校特色，并以学校所在的社区为依托，因此一些校本课程的资源非常符合主题式综合活动的资源要求，学校可以对其进行充分的利用。

海华小学一直致力于创建"绿色学校"，围绕"让每一个生命体和谐地、可持续地发展"的"绿色"核心，将每位学生作为鲜活的生命体来对待，认可每个学生具有独特的个性和灵动的生命活力。"统整"是海华小学课程建设的基本思想，学校强调要在整体课程的实施中，使所有课程共同实现培养目标。十多年来，学校不断尝试将校本课程与国家课程实施进行适度整合，既充分利用拓展型、探究型课程的平台，又合理整合基础型课程即各门学科的相关内容，构建以主题单元活动为抓手的"海华特色"校本课程，并提出了"经历获得目标"的理念，即让学生更多地积累日后走进社会所必需的各种经历，重点为"关心助人，遵守规则，合作共处，独立生活，社会服务，生态环保"。学校强调要把办学特色融入整体课程的实施中，即"海华特色"体现在学校所有的课程中，使"绿色"办学内涵全面融入到了学校整体课程中，使之真正具有生命力。为使"海华"办学特色全面融入到小学主题式综合活动中，使之真正具有校本特色，学校首先设计了一年级新生的第一个主题式综合活动：我是绿娃娃。"我是绿娃娃"设置适合低年级学生的更儿童、更多元、更全面的活动内容，使孩子产生乐学、好学的健康心态，从而帮助孩子更好地渡过这一时期，自然、健康、和谐地过渡到小学的学习和生活阶段；使学生在熟悉学校环

境、班级生活的过程中,更充分地认识自己,而且能理解并遵守小学生活的各项规则,在参与各项校园文化活动的过程中,养成良好的习惯。

四、开发教师资源,加强学科整合

教师不仅决定着课程资源的选择与利用,而且教师自身就是重要的课程资源。学校和教育行政部门都应高度重视对教师的培训,秉承先培训——再实践——再培训的循环提升模式,指导教师边学边干边提高。其次,提供技术支持,提高教师搜集和处理信息的能力。鼓励教师在资源开发中的创新意识和尝试,不怕失败,勇于创新。①

在黄浦区回民小学的"奔跑吧,羚羊"主题式综合活动课程中,语文老师要准备藏羚羊的一些文本知识;音乐老师给予音乐配乐方面的指导,采用了歌曲《可可西里我的家》;美术老师给予色彩方面的启发,教学生绘制带有学生个人色彩的藏羚羊;自然老师从藏羚羊的习性出发,引导学生创想藏羚羊可以栖息的草原以及藏羚羊与蒙古包相和谐的生长环境布置等。为了推进课程的顺利实施,大家互相帮助,团结一致,互相激发灵感,加强了学科资源的整合与利用。

创意 29　善用家长资源,推进主题式活动

案例一:

在"我们的家乡"主题活动课中,学生对"超市"这个地点十分有兴趣。对于超市的商品,孩子们都很熟悉,因为他们有太多逛超市的经验了。为此,我们准备开展这个主题的有关活动。考虑到孩子人数多、超市的环境乱,老师对孩子的指导肯定缺少针对性,所以请家长带学生去参观超市不妨是更好的举措。但是在事后的集中活动中,当我让学生重温逛超市经过时,大多数的孩子不能很好地记住商品种类、价格;在游戏过程中,虽能进行买卖活动,但只停留在简单的摆弄、操作、交换上,没有商品分类、商品价格、货币交换规则的意识,兴趣也不浓,主题无法深

---

① 李剑:《小学综合实践活动课程资源开发策略》,《唐山师范学院学报》,2010 年第 4 期。

入开展。原因在哪里？通过与家长的交流，我们发现家长带孩子去超市购买物品时大多是走马观花式的参观，所有的操作基本都是大人完成的，而让孩子真正认识、了解商品的家长较少。这说明家长对孩子教育是缺少目的性的，可以说我们的家长还是缺少这方面的指导能力。带着这样的想法，我又进行了尝试，特地利用"晓黑板"这个软件，向他们展示超市商品调查表，并介绍指导孩子参观的方法，转变家长角色，明确操作中孩子在前家长在后的位置，使家长与老师达成了基本统一的意见。很多家长都说："老师的话有道理，我们去试试！"孩子们在家长的带领下又一次逛超市，他们有目的地用观察、调查的方式参观了超市，对商品的分类、购物的规则、服务的方式等等有了细致的了解。

反思：

当我们再坐下来回顾这件事时，我们发现：我们的主题活动离不开家长的有效配合，而家长毕竟不是专业从教的，很多方面是需要我们进行相应指导。每位家长的文化水平及个性都存在着较大的差异，面对着这样一个成人群体，在主题活动中我们必须运用专业素质影响或支持家长的教育行为，转化家长教育观念，帮助他们形成科学的育儿教育观。以"逛超市"的前后两次活动为例，家长的角色是重新定位的，而关于从主角调整为配角的意义、价值和具体的操作等等这些方面，是需要我们教师去指导的。从结果来看，指导后实施的效果是非常明显的。所以，我认为，只有我们主动拉起家长的手，引导他们走进我们的主题活动，我们的教育效果才能达到有效甚至优效。

案例二：

在学习"安静的校园"时，我们设计的教学目标是：① 认识"安静"标记，知道它代表的含义；② 通过设计安静标记，增强学生遵守社会规范的意识；③ 懂得在看见"安静"标记时，应当遵守安静的原则。节选一段上课片段：

1. 认识"静"的标记

教师出示"静"字标记，提问："这是什么？你在外面什么地方看见过这个标记？"（医院、银行、餐厅等）

师："它表示什么意思？为什么要设立这个标记？"

小结："安静"其实是一种好习惯，看见"安静"标记，表示在这里的每一个人都应该保持"安静"来做事。

2. 组织学生讨论：在班级哪些地方需要设立安静标记

教师提问，组织学生讨论后，请学生讲述：为什么要在这些地方设立安静标记？设立标记后我们应该怎么做？

3. 学生设计

师："今天我们来设计一个'安静'的标记。你们觉得应该怎样设计才最能表示安静呢？"

生："不讲话""贴个月亮，像睡觉一样""可以画个人在睡觉"。

师："那里放了很多材料，小朋友可以自由选用，也可以自己画，或者在那些东西上添画也可以。"

4. 制作标记，教师巡视指导

学生创作完成，展示作品，看看谁的标志最棒。

师："你能看出别人的标志表达的意思吗？"

师："你最喜欢哪个标志？为什么？还有什么需要改进的地方吗？"

5. 张贴宣传画

① 将学生作品进行展示，共同选出最佳设计"静"标记，并将好的设计标记放在班级需要静的地方。

② 表扬所有参与设计的学生，鼓励学生回家后和家长一起设计各种标记。

6. 总结

师：生活离不开标志，标志为生活服务。生活中有一些不文明现象，如大声喧哗、乱扔垃圾等，教师出示"安静""禁止扔杂物"等标志，让学生认识到今天的学习不仅了解标志知识，掌握标志的设计方法，而且要让标志深入人心，规范大家的言行，让小标志发挥大作用。我们要有遵守公共环境秩序的意识。知道在标有"安静"标记的场所里，要注意自己的言行，做到不影响他人。

反思：

有了家校间的沟通和理解，家长们开始积极地参与教育活动的实施。家长们帮助孩子搜集信息。他们或去图书馆查阅，或上网查询，或参观访问，或亲身实践。正如学习"标志"这一课时，在课堂中，学生们只是粗略学习了标志本身，或者可以说只是记住了这个图形。而课后,通过被家长带领到图书馆,看到"静"的标志后,别人怎么做,家长怎么做,学生模仿着怎么做,亲自去体验去实践,学会如何保持安静地看书的这个过程是课堂中难以实现的。又或者家长带领孩子亲自设计一个"静"的标志,放飞孩子想象的翅膀,与孩子共同编织一个新的家庭标志,甚至设计一个新的家庭规章制度,在自己的努力及爸爸妈妈的帮助下,完成了属于一个家庭独一无二的制作,这背后是孩子们乐不可支的笑脸。所以我们需从生活点滴入手,从低年级开始,真正将主题活动融入进日常生活中。

(上海市黄浦区梅溪小学　钱悦)

第 30 问　主题式综合活动课程如何开发、利用校外课程资源？

我们的经验：主题式综合活动课程强调实践性和开放性，因此学校可充分地开发和利用校外资源，如家庭资源和社区资源。开发家庭资源的重要前提是与家长进行良好的沟通，增进家长有关主题式综合活动课程的认识。开发社区资源需要对社区的资源有充分的了解，并且与社区保持积极的联系。

综合活动课程的资源开发不能局限于校内的课程资源，学校外的课程资源也是十分广泛的，如社区的生活环境、文化设施、风土人情；学生的家庭环境、家长素质等，都可以纳入校外课程资源的范畴。[1]

一、挖掘家庭资源，实现家校共育

家庭是儿童生活、成长、交往的重要环境，也是儿童认识客观世界、丰富生命体验、探索科学规律的重要场所。挖掘家庭课程资源在综合活动课程资源开发中显得尤为重要，可以让学生的活动真正走向生活，走向社会，有效地达成综合活动课的目标。家庭课程资源是指蕴藏在家庭中的各种有形的和无形的可以成为课程的要素来源和实施的条件的资源，包括人力、物力等各个方面。[2]

家庭中的人力资源主要指家长的资源。家长们分布于工、农、商各行各业，他们有着不同的职业背景、知识背景、特长爱好和生活体验，是一种丰富的课程资源。教师需要加强与家长的沟通，有效地开发和利用家长资源，如教师可以通过家长的职业与相关单位取得联系，让学生们走进社会中去参观、去体验，促进学生实践能力、服务精神和社会责任感不断发展。[3] 并且，学校可以根据综合活动课程

---

[1]　范蔚：《实施综合实践活动对课程资源的开发利用》，《教育科学研究》，2002 年第 3 期。
[2]　陈丽：《家庭课程资源的开发与利用》，《太原师范学院学报（社会科学版）》，2008 年第 3 期。
[3]　同上书，第 172 页。

的主题，邀请相应专长的家长作为兼职老师，弥补学校已有教师资源的不足。如涉及木工制造类的主题活动，教师可以邀请从事木工行业的家长进学校给同学们进行专门的示范和讲解。

家庭中的物力资源包括家中的物品，如日常生活用品、学习或者娱乐的设备，也包括建筑空间。教师可以在主题式综合活动课程开发的时候充分利用学生家庭中的资源，比如可以让学生在阳台栽种花草，观察其生长过程；抑或是让学生从家中拿来一些物品，在主题活动课程中使用。

开发家庭课程资源时，家长观念的转变非常重要，只有让家长真正认识主题活动的价值并明确自己在其中的重要作用，家庭资源才能真正发挥出来，与学校形成合力，最大限度地促进每个学生的发展。这就要求教师与家长进行有效的沟通与合作，一方面让家长意识到参与到主题式综合活动课程中的意义，另一方面让家长更有效地参与。

黄浦区梅溪小学首先利用各种宣传渠道，帮助家长树立正确的儿童观、教育观。其次，召开家长座谈会，有针对性的对家长进行专题讲座，让家长走出观念上、教育上的误区。再次，开设班级家园共育"家校直通车"栏目，真正实现家校互动。最后，给予家长挖掘资源的机会，使家长感到成就感、满足感、欣慰感。此外，黄浦区梅溪小学非常强调家长参与的有效性，如在"我们的家乡"主题活动课中，学生对"超市"这个地点十分有兴趣。考虑到孩子人数多、超市的环境乱，老师对孩子的指导肯定缺少针对性，因此请家长带学生去参观超市不失为更好的举措。但是在事后重温逛超市的经过时，教师发现大多数的孩子不能很好地记住商品种类、价格，在游戏过程中，虽能进行买卖活动，但只停留在简单地摆弄、操作、交换上，没有商品分类、商品价格、货币交换规则的意识，兴趣也不浓，主题无法深入开展。通过与家长的交流我们发现家长带孩子去超市购买物品时大多是走马观花式的参观，所有的操作基本都是大人完成的，而让孩子真正认识、了解商品的家长较少。于是教师特地利用"晓黑板"这个软件，向家长展示超市商品调查表，并介绍指导孩子参观的方法，使家长与老师达成了基本统一的意见。孩子们在家长的带领下又一次逛超市，他们有目的地用观察、调查的方式参观了超市，对商品的分类、购物的规则、服务的方式等等有了细致的了解。

二、挖掘社区资源,丰富学习体验

社区的资源主要包括物质资源、人力资源和文化资源。社区课程资源可以弥补学校课程资源和家庭课程资源的不足。

综合活动课程面向学生的个体生活和社会生活,注重学生主动实践和开放生成。因此学校要摒弃知识本位、课堂中心的教育模式,要树立大课程资源观,突破教科书的限制,重视教育情境、社区环境和师生互动的过程与结果,改变过去仅仅囿于校内课程资源的观念,将目光投向整个社区,积极挖掘和利用社区课程资源服务于学校课程发展;要主动与社区交流和对话,争取社区的理解和支持,使学生在具体教育情境和社区环境中主动地、富有个性地学习。促进学校与社区有效互动的组织与制度建设是学校与社区有效互动的制度保障。国外的许多研究和实践表明需要建立学区教育委员会、社区教育委员会、学校董事会、家长委员会一类的机构,以协调学校与社区各方面的交往关系,促使学校与社区各方面在教育方面形成合力,形成学校与社区在资源上的共享。[①]

教师在进行主题式综合活动课程设计前,首先需要对本社区进行全面的考察,掌握本社区已有的资源,为课程资源的开发与利用提供思路,并将其进行分类,如分成人力资源、场馆资源等。其次,教师需要对社区内的资源进行筛选,筛选的标准为能满足课程目标的需要、能满足学生发展的需要、能满足学生兴趣的需要、与教师教学素养匹配,以及能与社会实际生活相联系。[②] 最后,教师要立足于学生兴趣和学生生活,开发综合活动课程的资源。

学校利用社区的课程资源,一是学生走进社区,是指学生走出学校,到社区中,利用社区的物质环境资源开展课外实践活动,如借用社区的场馆开展综合活动、去社区的菜市场、工厂中体验现场教学等等。二是社区走进学校,可以根据综合活动的主题,邀请社区内的相关人员进学校,担任学生的指导教师,给予学生适当的示范与表演,或者向学生作专题讲座。

上海市黄浦区光明小学是区体育传统项目学校,全校师生 500 多人,却只有

[①] 王聿泼:《社区课程资源的开发及其价值——基于基础教育课程改革的思考》,《教育发展研究》,2004 年第 11 期。

[②] 黄雪然:《综合实践活动课程社区资源的开发与利用研究》,西南师范大学,2005 年。

一个400平方米的操场,场地的有限导致课外体育活动难以有效开展,以应急的方式来开展体育课和体育活动,显然不是长久之计。于是学校着手于场馆课程资源的开发,充分利用场馆资源,搭建馆校共育平台,将场馆课程资源开发纳入学校课程规划体系当中,建立健全的馆校合作模式,开发了一些有特色且适合于学校的场馆课程,给学生带来不一样的学习环境,也为学生带来了丰富的学习体验。

创意 30-1　开发社区资源:玩转石库门

上海,是我们的家乡。每个生活在这个城市的人,都热爱着我们共同生活的这座充满魅力的"魔都"。每个小朋友也同样如此,他们都热爱这里,对上海的一切都充满好奇与兴趣。认识上海,了解家乡,是每位卢三学子都乐于探索的主题。

我校坐落于老卢湾的淮海路嵩山路口,地处黄浦区,黄浦区位处上海市中心,是上海历史最悠久的城区,是上海的经济、行政、文化中心。毗邻我校、同学们上下学的必经之地的新天地更是独具上海风貌的地标性景区。

充分挖掘并运用新天地的"石库门"这一在地文化资源,将其转化为学生的学习资源,让学生们在新天地这个熟悉之地探索它的历史、建筑、人文平添不少亲切感,更能激发他们热爱黄浦、热爱上海的真情实感,也是对学校在地资源的充分开发。

所以,小脚丫们就从走进新天地、玩转石库门开始!本活动采用"听、看、访、做"等学习形式:听一听新天地的过去和现在;看一看上海特有的"石库门建筑";访一访石库门里的故事;做一做石库门的推广方案和小报。学生在"听、看、访、做"的探究学习基础上,化身推广大使,开展推广大会,大胆发表自己的学习成果。活动旨在调动学生多种感官、组织学生体验多种学习方式,在丰富多样的活动中,全方位、立体化地认识、了解"石库门"文化,自信、自豪地表达"石库门"文化。

一、新天地的过去与现在:认识新天地,初识石库门

大部分同学虽然每天上下学都经过新天地,但是对新天地景区只有比较模糊的了解,而对老上海、石库门建筑等相关知识相对缺乏,探寻景区前必定要对其有一定认知。

基于二年级学生的年龄特点和认知水平,他们对历史知识和建筑知识没有基础,也缺乏理解。因此,本主题的第一个活动采取讲座的形式,由老师系统地、较为全面地介绍新天地及石库门相关知识。

二、走入新天地:探寻新天地,了解石库门

第二个活动是探访新天地,参观其中的"石库门-屋里厢博物馆"。

在老师的带领下,大家以小队为单位集合,一起走出校园,踏上"石库门"寻访之旅。来到新天地景区,即使是曾经游览过的同学,也忍不住兴奋起来。走在新天地景区的道路上,四周石库门建筑的商铺林立。于是,老师组织大家停下脚步,各小队选择一个区域进行观察,将感兴趣的内容进行简单笔录或拍照记录。

停留观察片刻后,大家继续出发,前往目的地"石库门-屋里厢博物馆"。

在解说员和老师的带领下,同学们一起静静走入这座精致的上海风情博物馆。大家一边参观一边聆听解说员介绍石库门的由来和历史,以及上海人在石库门中的生活。

解说员告诉大家,这座博物馆以前是一户有钱人家的私人住宅。房间里的老旧物件,全是二、三十年代石库门弄堂里所存留的旧时实物,让这些生活在 21 世纪的小朋友,对解放前的旧上海有了更切身的了解与认识,身临其境地体会弄堂情结。

回程路上,同学们仍然意犹未尽,兴奋地讨论着,大家都对石库门和新天地有着诉说不尽的喜爱……

三、石库门推广大使:介绍新天地,绘制石库门

考察活动后,同学们对石库门建筑有了许多新的认识和了解。将这些认识和了解通过"画一画""说一说"的方式呈现出来是适用于低年级学生的活动方式。

学生先在老师的带领下设计标语、绘制海报,并且经过一周的准备和练习,开展"石库门推广大会"。同学们以小队为单位,到校园中向陌生的、其他年级的同学或老师介绍新天地。刚开始,许多同学怯生生地不敢上前,于是老师鼓励组长先带头,陪伴并鼓励这些还不太成熟的"推广大使"。经过几次尝试,大家都慢慢自信起来,不断寻找新的推广对象。甚至还有一队同学,大胆地走进老师办公室,向老师进行推广。

此次推广大会圆满成功！更可喜的是同学们不仅在活动中体验到成功的喜悦,而且锻炼了大家与陌生人沟通的胆量和技巧,为今后真正踏上社会积累了一些经验。

四、活动成效与反思

主题式综合活动课是一种全新的课程形式,打破了学科限制,给予学生更多的学习和活动空间:

(一)用好在地资源,全面了解家乡

"我与社会"维度的活动鼓励学生走出校园、踏上社会。本活动合理地利用和开发了学校周边的社会资源,从学生身边挖掘学习内容,以学生熟悉的新天地景区为线索,设置相关主题式活动,成功地调动了学生们参与活动的积极性,让他们全身心地投入每次实践活动。

新天地景区的优势在于既具有上海独有的特色老建筑"石库门",是学生了解旧上海的绝佳资源,又有融入大量时尚元素的新式建筑,使学生能够感受上海这座飞速发展的时尚"魔都"的现代化风貌。过去、现在,在景区交融。学生们能多方位地认识上海、了解上海,从而激发对上海的故乡情怀。

(二)活动形式多样,培养综合能力

本案例开展了多元形态的活动,学生在每次活动中都饶有兴味且收获颇丰,锻炼和培养了他们各方面的综合实践能力。

讲座活动中,学生们了解到新天地的过去与现在,对石库门建筑有了初步的感受和了解,拓宽了他们的知识面。考察参观活动前,大家学习了参观礼仪和注意事项,提高了作为小小上海公民应有的素质和觉悟。考察活动中,实地探访景区和石库门博物馆,大家对新天地和石库门建筑有了真正立体的认知,也对旧上海有了更深刻的了解,切身地体会到上海这座城市独有的"海派"文化风貌。进入"推广大会"活动,在准备期间,学生们亲自动手设计、绘制和编写推广海报和标语,以小组为单位互相取长补短、合作思考,培养了综合实践能力以及团队协作能力。"推广大会"实施期间,锻炼了他们自信、大胆的口头表达和交往能力。

(三)注重体验过程,激励"童心飞扬"

本主题式综合实践活动过程中,学生有充分的时间和空间进行探索、体验与

学习。讲座活动中设置了多次讨论和互动问答，激起小脚丫们的探索热情。实地考察活动让小脚丫们在新天地景区中愉快而有序地开展探索，有理有序地参观石库门博物馆。推广大会时他们积极创造、大胆表达，在活动中展示自我、神采飞扬。通过这一系列活动，小脚丫们不仅是亲身走进新天地，更是从心底走进新天地，实现了我校"童心飞扬"的办学理念。

正如著名教育学家夸美纽斯先生在《大教学论》中所述："知识的开端永远是从感官来到的，所以智慧的开端当然不只在于学习事物的名目，而在真正知觉事物本身。"主题式综合活动课程就是这样一种综合性的，给予学生认识、体验、感悟的过程性课程。

（上海市黄浦区卢湾三中心小学　杨沁）

创意30-2　博物馆里的美丽邂逅

2017年5月中华路第三小学率先与世博馆签订协议，开展馆校共建，共同开发《"小八腊子"玩转世博博物馆》主题式综合活动课程，丰富了学校的课程资源，使学生的实践能力和创新素养的培育有了新途径。

一、课程开发，和世博博物馆的第一次美丽邂逅

本课程理念定位为学生能通过标本、模型或参观实物的体验感受文化；能通过现场观察、动手操作、亲身体验探究文化；能通过创新、发明、畅想发扬文化。

课程具有综合性、跨学科的特点，美术学科、语文学科、主题班会课、少先队活动课、亲子课程及相关拓展学科成为了课程的主要实施途径，相关教师和世博馆相关工作人员也确定为此课程的主要实施者，共同承担其教学任务。

在深入了解的基础上，教师选取与主题内容密切相关的资源，确定综合活动的主题，制定活动目标，梳理活动内容，拟定评价方案，设计适合低年级学生的主题综合活动课程。

课程目标为：通过参观世博会博物馆，让学生了解历届世博会的历史与文化，引导学生主动成为世博精神的传播者；通过职业体验课堂、世博小剧场、假期亲子

游园等课程学习活动,感悟世博文化的发展,感受世博精神的魅力所在;通过《"小八腊子玩"转世博会博物馆》课程分年级开展不同类型的比赛,借助争章活动的形式,关注世博会的未来与发展。

课程内容为以下两大模块:

(一) 综合活动课程进世博馆

1. 分年级带着任务进世博馆

同学在学科老师的带领下,带着不同内容设计的任务单,走进世博馆,开展实地参观与学习。

2. 小志愿者服务队进世博馆

寻找并确定世博馆中适合低年级学生的导览点,培养一支世博苗苗"小小讲解员"队伍,组织学生利用假期走进世博馆,开展志愿者服务活动。

3. 亲子实践活动进世博馆

学校拟利用寒暑假、节假日等时段,开展相应的亲子活动,在世博馆的参观、学习、体验中共同提高,共同进步。

(二) 世博馆资源(课程)进学校

1. 学科整合教学

结合年级特点,创设不同要求,指导学生开展世博馆卡通导览图的设计比赛、世博馆定点导游词的撰写比赛,以此满足每一个孩子在世博会博物馆的学习需求,提高学习效能。

2. 拓展课整合教学

学校现有"小草看世界""男孩课程""超级变变变"等特色拓展课程,涉及了科技、艺术、人文、环境、生活等内容。世博馆为这些拓展型课程(或社团活动)外延的拓宽、内涵的丰富又提供了一个学习的样本,可以开展融合式的教学。

二、课程实施,和世博博物馆的第N次美丽邂逅

(一) 美丽邂逅之一张任务单

针对低年级同学,分别设计了不同的参观主题和学习侧重点。一年级的参观主题为"世博走进家庭",任务单里分别设置了"亲子探秘""亲子寻忆""亲子交流"

"亲子学习""亲子互动""亲子创意"六个学习任务;二年级的参观主题为"世博亲近生活","填一填""贴一贴""逛一逛""说一说"及"城市脚印"的五项学习任务构成了二年级学生开展世博课程学习的主要任务。一、二年级的同学完成了第一次与世博馆的美丽邂逅。

(二) 美丽邂逅之一幅创意画

"妈妈,2030年的世博会会在哪里召开?到那时候的世博会会变成什么样子?"这是一年级的一位小同学在参观后问妈妈的问题。"妈妈不知道2030年的世博会会在哪里召开,但我希望世博会能再次在我们国家举办!妈妈也不知道2030年的世博会会变成什么样子,但我知道那时的世博会一定会比之前任何一届办的更有新意,更圆满!"这是这样一段简单的交流,被我们细心的课程老师捕捉到了,于是一场主题为《"小八腊子"畅游2030世博》绘画、演讲比赛活动成为了课程活动的一次美丽邂逅。

图 6-7 《"小八腊子"畅游2030世博》绘画作品

(三) 美丽邂逅之一门拓展课

《小草看世界之"小八腊子"游世博》拓展课分别围绕"我最爱的世博东道主""世博贡献知多少""世博美食我来做"三个主题开设了6个课时的教学。

低年级学生最喜欢的当属"世博美食我来做"主题。世博馆的专业老师围绕"美食"主题现场教学,学校浦老师围绕"世博美食"主题与学生们开展探究活动,学生和爸爸妈妈一起制作小报。最难忘的是学生、家长、老师共同在烘焙教室完成美食制作,品尝自己劳动成果的那一刻。

(四) 美丽邂逅之一个小创意

世博馆展示的往往是当时和现今科技创新的最新成果,影响和推动社会的进步发展。那世博会到底有哪些改变世界的发明呢?这是学生们的一份特殊作业。学生收集了电梯、缝纫机、电话、白炽灯发明的一个又一个有趣故事,同时他们更渴望自己也能成为一个个小小发明家。于是一个个奇思异想的小发明、小创意在中三"百草园"诞生了。其中奕云天同学设计的"自动硬币分拣机"和魏鸿杰同学创意制作的"太阳能小车"成了学生们点赞最多的科技创意作品。

图6-8　学生科技创意作品展示

(五) 美丽邂逅之一份导览图

世博馆里陈列着具有不同鉴赏价值和育人价值的展品。"围绕不同主题设计满足不同游客的参观导览图",这项学习任务又一次激起了学生们的好奇。老师主动引导学生在自己关注的展品或展区进行深入的研究,家长和孩子一同设计出合理的导览路线。在三方共同的努力下,学生分别以"家庭游""伙伴游""艺术游"

"科技游"四大主题设计出导览地图与广大参观市民见面。导览图创意、设计、制作的过程又是学生们与世博馆的美丽邂逅。

图6-9 学生设计的四大主题的世博馆导览图

三、课程延续,和世博博物馆的第 N+1 次美丽邂逅

馆校合作,资源共享,发挥了其独特的魅力。学校将此课程与区域学校共同分享,让课程资源得到最大化的利用和开发。此课程申报了区域共享课程,期间瞿溪路小学和市八初级中学与我校达成共识,分年级整合资源开展不同内容的综合课程研究与实践。

学校主题式综合活动课程的开展正如火如荼,它需要我们一次次的遇见与发现。我们共同期待着课程的延续,期待着与世博馆的 N+1 次的美丽邂逅。

(上海市黄浦区中华路第三小学　赵毓敏)

后 记

本书是上海市黄浦区教育行政和专业合力，整体推进小学低年级主题式综合活动课程项目的研究成果。三年来，项目推进得到了多方面的关心指导，仅以此书的出版，向为成果作出贡献的集体和个人，表示衷心的感谢！感谢黄浦区所有参与项目研究的学校，特别感谢市级试点学校和区级种子学校，它们分别是：上海师范专科学校附属小学、黄浦区复兴东路第三小学、黄浦区卢湾三中心小学、上海市实验小学、黄浦区卢湾二中心小学、黄浦区第一中心小学、上海师范大学附属卢湾实验小学、黄浦区曹光彪小学、黄浦区蓬莱路第二小学和黄浦区教育学院附属中山学校。这些学校师生的探索实践，发挥了示范引领的作用。

本书的撰写与成稿得到了上海市教育委员会教学研究室谭轶斌副主任和陈群波博士的精心指导。书稿整体框架由陈群波、杨燕、邢至晖、金羿、傅璟、呼琼霞等共同研讨编制。"第一章 确立素养导向的课程目标"由黄浦区教育学院呼琼霞、华东师范大学王厚红撰写，"第二章 从生活出发生成课程主题"由王厚红、呼琼霞撰写，"第三章 设计递进性的实践活动与任务"由黄浦区教育学院傅璟、华东师范大学杨秀秀撰写，"第四章 丰富学生的实践性学习经历"由杨秀秀、傅璟撰写，"第五章 关注活动过程与表现性的评价"由黄浦区教育学院邢至晖、华东师范大学张翔昕撰写，"第六章 保障主题式综合活动课程落地"由张翔昕、邢至晖撰写。书中的创意案例由黄浦区小学主题式综合活动课程项目学校提供。书稿由邢至晖、杨燕统稿。

由于水平有限，本书还有表述不当或存在不足之处，敬请读者给予批评指正。